천만 관광객 시대의 한국관광

중국인이 몰려온다!

한국관광학회 편 | 문화체육관광부 후원
최석호 편집책임

2013년도
대한민국학술원 선정
우수학술도서
이 도서는 교육부의 지원으로 대한민국학술원에서 선정한 "2013년도 우수학술도서"임.

백산출판사

한국관광의 신기원, 방한 관광객 천만 명 시대

최광식 (문화체육관광부 장관)

현 정부 출범 이후 한국관광은 그야말로 초고속 성장을 거듭했습니다. 몇 가지 통계지표만으로도 이는 쉽게 확인됩니다. 지난해 우리나라를 찾은 외래관광객은 사상 처음으로 구백만 명을 넘었습니다. 이명박 대통령께서 취임하신 지난 2008년부터 매년 100만 명씩 증가를 거듭한 결과입니다. 올해에는 또다시 100만 명이 증가해서 약 1,100만 명이 우리나라를 찾을 것으로 예상됩니다. 그야말로 1,000만 관광객 시대가 활짝 열린 것입니다.

천만 관광객 시대

자랑해도 될 만한 성과입니다. 전 세계 최고의 관광대국인 미국의 경우에, 우리보다 약 다섯 배 많은 관광객을 매년 유치하고 있지만 지난 2009년에는 전년대비 5% 감소한 오천만 사백구십만 명을 유치하는데 그쳤습니다. 같은 해에 유럽을 찾은 관광객은 6%나 감소했습니다(John Burns, 2010). 즉, 모든 나라가 관광호황을 누리는 가운데 이뤄낸 성과가 아니라 대부분의 국가들이 마이너스 성장을 하고 있는 상황에서 이뤄낸 급성장이기 때문에 그 의의는 무척 큽니다.

많은 수의 관광객을 유치하면서 지난 88 서울올림픽 이후로 경영에 어려움을 겪던 호텔들의 경영성과도 덩달아 호전되었습니다. 2009년 아시아 주요 도시별로 호텔 경영성과를 보여주는 국제비교를 보면, 아시아 지역에서 서울보다 호텔경영성과가 좋은 도시는 발리 단 한 곳밖에 없었습니다. 그나마 서울과 발리를 제외하면 아시아의 주요 도시에 위치한 호텔들은 모두 마이너스 성장을 했습니다. 현재 서울시내에만 모두 24곳의 호텔신축이 추진되고 있어서 1,000만 명의 관광객은 신규 투자도 촉진하는 파급효과를 산출하고 있습니다.

관광, 외화가득원

돌이켜보면, 건국 이후 한국관광의 역사는 그야말로 무에서 유를 만들어낸 창조의 역사였습니다. 한편으로는 그만큼 어렵고 힘들었다는 뜻이고, 다른 한편으로는 엄청난 성공신화였다는 말일 것입니다. 전후 복구사업의 일환으로 국가주도의 관광개발이 시작된 이래로 1960년대에는 온천장, 해수욕장, 국립공원이 개발되었지만 국민관광의 시대를 열지는 못했습니다. 그저 주한미군의 여름휴가를 국내에 유치하고 일본인 관광객을 유치함으로써 경제개발에 필요한 외화를 벌어들이는 수단이 관광이었습니다. 1970년대에는 관광을 국가전략산업으로 지정하였고, 1978년에는 드디어 외래관광객이 백만 명을 넘는 성과를 거두기도 했습니다. 그러나 관광은 여전히 외화가득원이었고 국민관광시대를 열기에는 아직 역부족이었습니다.

국민관광의 세계화

본격적인 국민관광시대가 열린 것은 1980년대였습니다. 경주, 제주, 충무, 남원 등 전국 네 곳에 관광단지를 조성했고, 1988년부터는 자연휴양림을 조성하였으며, 1980년 1월 1일부로 시작한 해외여행 자유화 조치는 1989년 1월 1일에 이르러 전면 자유화했습니다.

그러나 1990년대에 들어서 국민관광시대는 세계화와 맞물리면서 여러 가지 어려움에 직면하였습니다. 무엇보다 큰 문제는 우리 국민의 해외여행은 급속하게 늘어나는데도 우리나라를 찾는 외국인의 숫자는 정체됨으로써 관광적자가 눈덩이처럼 불어났다는 것입니다. 1998년부터 2002년까지 4년 동안은 지금과는 정반대의 현상이 벌어지기도 했습니다. 1998년에 해외여행을 나간 우리나라 국민은 430만 명에 불과했으나 2002년에는 712만 명으로 급격하게 증가했던 것이지요. 해외여행을 다녀온 우리 국민은 매년 100만 명씩 증가하는데도 우리나라를 찾는 외국인은 500만 명에 머물러 있었던 것입니다. 심지어 2002년에는 월드컵까지 개최했지만 한국을 찾는 관광객은 2001년보다 20만 명이 증가한 534만 명에 그치고 말았습니다. 급기야 관광적자는 23억 달러를 넘어서고 말았습니다. 2002년 당시 우리나라의 무역수지는 130억 달러의 흑자를 기록하기는 했으나 1997년 11월 IMF 경제위기의 악몽이 채 가시기 전이었던 점을 감안하면, 만만치 않은 적자규모였습니다.

한국관광의 신기원

이러한 상황을 극복한 것이 바로 지난 4년 동안이었습니다. 지난

1998년부터 우리나라를 찾는 외래관광객은 매년 100만 명씩 증가하기 시작했고, 문화체육관광부는 급기야 올해의 목표를 1,100만 명으로 늘려 잡았습니다. 한국관광 역사상 처음으로 외래관광객이 1,000만 명을 넘어서게 되는 것입니다. 이러한 극적인 반전에는 여러 가지 요소가 작용하고 있습니다. 낮은 환율 덕을 보고 있는 측면도 있고, 일본에서 원전사고가 일어나서 반사이익을 보고 있는 측면도 분명히 있습니다.

그러나 한국관광 자체의 매력이 증가한 것이 가장 큰 이유입니다. 한류열풍은 이제 아시아를 넘어 전 세계로 확산되고 있습니다. 한국산 모바일은 노키아의 아성과 애플의 신화를 깨고 세계 제일로 우뚝 섰습니다. 전 세계 곳곳에서 한국을 한 번 가보고 싶어 하는 사람이 매년 기하급수적으로 늘어나고 있다는 말입니다.

중국인 관광객

문화체육관광부에서도 더 많은 외래관광객을 유치하기 위해 지난 여러 해 동안 배전의 노력을 경주하였습니다. 문화체육관광부가 기울인 노력 중 하나가 바로 중국인 관광객 300만 명 유치 학관연계사업입니다. 우리나라를 찾는 중국인 관광객 없이 한국관광의 신기원을 이룩하는 것은 불가능하기 때문입니다.

학관연계사업을 시작한 2010년에 우리나라를 찾은 중국인 관광객은 187만 명이었으나 사업을 종료한 2011년에는 222만 명으로 급증하였으며, 우리나라를 찾은 전체 외래관광객 중에서 중국인 관광객이 차지하는 비율도 22.67%로 증가하였습니다.

중국인 관광객 300만 명 유치 학관연계사업은 시의 적절하였으며 한국관광의 신기원을 이룩하는 작은 밑거름이 되기도 하였습니다. 뿐만 아니라 여타 공모전사업과는 달리 언론으로부터 주목을 받기도 하였습니다. 이제 그간의 경과와 성과를 한 권의 책으로 묶어냄으로써 국민 여러분들의 관심을 환기시키고자 합니다.

감사합니다.

중국인이 몰려온다!

최석호 (한국관광학회 국제관계위원장)

우리 역사를 돌이켜보면 중국인이 우리 영토 내로 몰려올 때마다 우리는 큰 어려움을 겪었다. 7세기에만도 두 차례의 큰 침략과 그로 인한 중국과의 전쟁이 있었다.

살수대첩과 안시성전투

수(隋)나라 양제(煬帝)는 100만 대군을 이끌고 고구려의 요동성을 공격하였고, 마침내는 30만의 별동부대가 직접 수도 평양으로 쳐들어왔다. 다행히 을지문덕의 살수대첩으로 몰려온 중국인을 물리칠 수 있었다. 분명 다시 몰려올 것이라는 사실을 알았던 고구려는 장성을 쌓아서 대비했다.

아니나 다를까 당(唐)나라 태종(太宗)은 고구려에 대한 내정간섭이 먹혀들지 않자 군사를 일으켜 고구려를 침공했다(보장왕 4년, 645년). 양만춘 장군이 안시성전투에서 대승하면서 다시 한 번 몰려온 중국인을 물리칠 수 있었다.

호란과 인해전술

그러나 고려 때에는 몰려온 원(元)나라 군사를 제대로 물리치지 못했다. 그럼에도 불구하고 자랑스러운 항쟁을 이어갈 수 있었다. 조선 때에 이르러 상황은 완전히 달라졌다. 인조 5년(1627년) 후금(後金)은 조선을 쳐들어와 정묘호란(丁卯胡亂)을 일으켰다. 어쩔 수 없이 조선은 후금의 동생이 되었다.

인조 14년(1636년) 후금의 태종은 스스로 황제라 칭하고 국호를 청(淸)으로 고쳐 불렀다. 제국이 되었으니 당연히 조공을 바치는 나라가 있어야만 했다. 이에 청나라의 대군이 다시 조선으로 몰려들어 왔다. 병자호란(丙子胡亂)이다. 인조는 남한산성에서 굴욕을 당하였고, 조선은 청나라의 신하가 되었다. 끌려간 부녀자만 해도 적게는 수만 명에서 많게는 50만 명에 이른다고 하니 몰려온 중국인들이 휩쓸고 지나간 자리는 그야말로 아수라장으로 변했던 셈이다.

1950년 9월 28일 인천상륙작전이 성공하면서 파죽지세로 밀고 올라간 연합군은 압록강까지 북진을 계속했다. 통일의 기운이 온 나라를 뒤덮었던 그때 중공군이 몰려왔다. 중국인들이 얼마나 많았으면 인해전술(人海戰術)이라고 했을까!

우리에게 중국인이란?

이처럼 우리에게 몰려온 중국인은 항상 전쟁과 학살 그리고 굴욕으로 다가왔다. 잘못된 역사의 고리를 끊어야만 새 출발을 하는데 쉽사리 되지 않는다. 아마도 역사의 무게는 그렇게 무겁기 때문일 것이다.

그런데 최근 중국인이 다시 몰려오고 있다. 과거와는 비교도 안 될 정도로 많은 숫자의 중국인이 한꺼번에 몰려오고 있다. 이제는 관광객이다. 지난 2001년 불과 48만 명에 불과했던 중국인 관광객이 그로부터 10년이 지난 2011년에는 222만 명으로 무려 네 배 이상 증가했다.

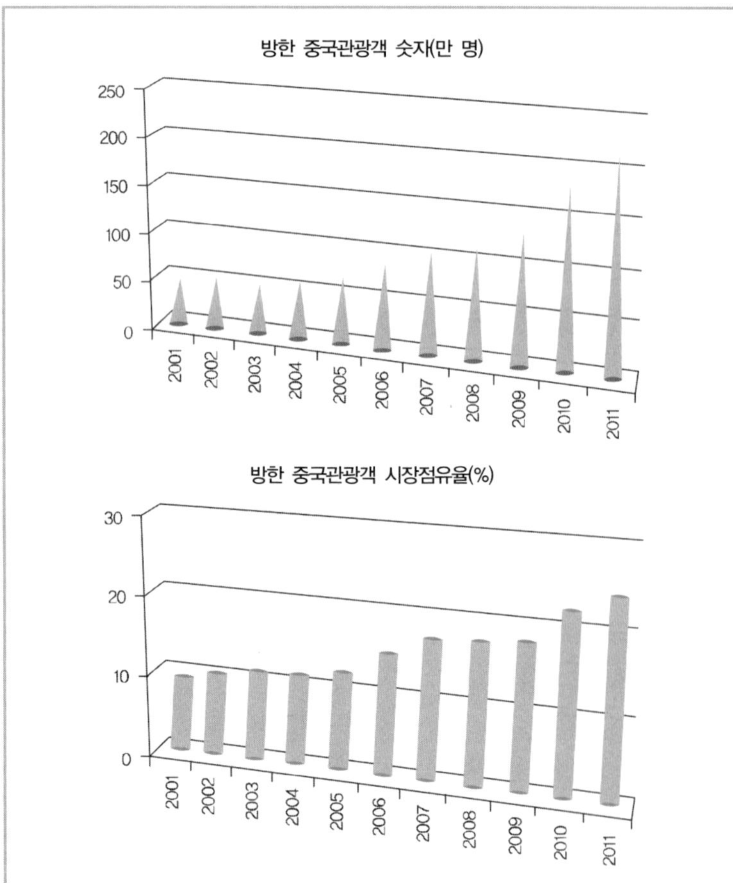

이에 따라 2001년 중국인의 방한관광시장 점유율은 9.4%였으나 2011년에는 22.67%로 껑충 뛰어올랐다. 이번에는 전쟁도 없고 살육도 없다. 오히려 중국인이 가는 곳마다 경제가 들썩인다. 1997년 IMF 경제위기 이후로 미국발 경제위기까지 계속되면서 무척 힘들었기 때문에 모처럼 몰려온 중국인이 가져다준 즐거운 소식은 반갑기 그지없다.

몰려오는 중국인 관광객

중국인 관광객이 초미의 관심사로 등장한 것은 비단 우리만이 아니다. 미국의 세계적인 경영컨설팅 기업인 보스턴 컨설팅 그룹(Boston Consulting Group, BCG)은 2011년 3월 중국관광에 대한 보고서를 발표하면서 향후 10년간 중국인 관광객은 매년 9%씩 증가할 것이고 관광시장은 매년 14%씩 성장할 것으로 전망했다.

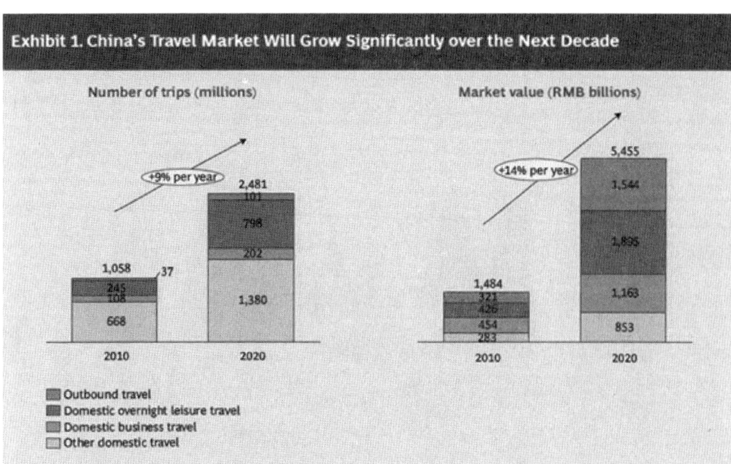

상황이 이러한데도 학관연계사업을 시작하던 지난 2009년 12월 현재 국내에는 한국관광공사의 통계보고서를 제외하고는 중국 인바운드에 대한 보고서나 연구서가 단 한 편도 없었다. 즉, 우리가 주도하여 중국 관광객을 유치한 것이 아니라 중국인 관광객 스스로 한국을 찾아온 것이다. 이에 문화체육관광부와 한국관광학회는 중국인 관광객 300만 명을 국내에 유치하기 위한 학관연계사업에 손발을 걷어붙이고 나서게 되었다.

막상 피나는 노력을 경주하겠다고 나섰을 때 현실은 더 적나라하게 다가왔다. 중국인 인바운드 관광시장에는 이미 위기의 징후들이 나타나고 있었기 때문이다. 중국인 방한관광객의 만족도는 한국을 찾는 외래관광객 만족도의 평균 이하에 머무르고 있었다. 5점 만점 전체평균은 4.12점이었지만 방한 중국인 관광객의 평균은 4.02점에 머무르고 있었다. 뿐만 아니라 재방문 의사도 전체평균 3.95점에 못 미치는 3.88점이었으며, 타인추천 의향도 전체평균은 4.01점인 데 반해 방한 중국

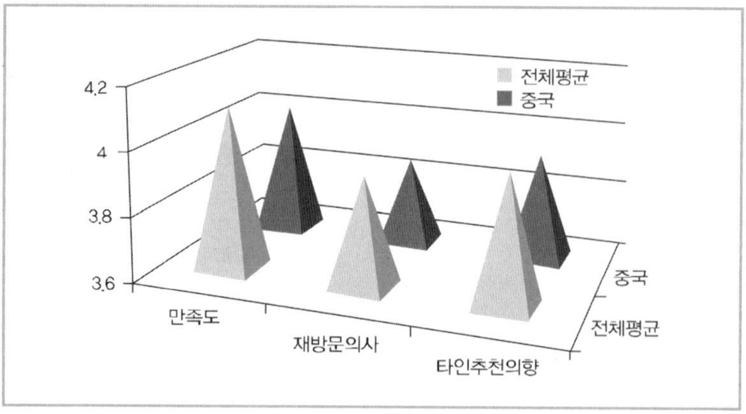

인 관광객은 3.94점으로 낮게 나오고 있었다. 이런 상태로 계속 방치한다면 한국관광 전체가 위기를 맞을 수도 있는 상황이었다.

중국인 관광객 300만 명 유치

먼저 전국의 대학(원)에 공문을 보내서 학관연계사업이 실시된다는 것을 알리고 설명회를 개최하여 가능하다면 관련 강좌를 개설해줄 것을 요청했다. 중국인 관광객 300만 명을 유치할 수 있는 대학(원)생들의 참신한 아이디어도 중요하지만 지도교수의 전문성도 같은 동전의 또 다른 한 면이었기 때문이다. 이 과정에서 모두 25편의 지도교수 연구논문이 접수되었고 2011년 2월 15일 제주 국제관광학술대회 특별세션을 통해서 발표했다. 지도교수의 전문성을 바탕으로 5월 30일 접수 완료된 논문 및 제안서는 모두 57편에 달했다. 이 중에서 47편의 논문 및 제안서가 1차 심사를 통과하였으며, 다시 수정 접수한 46편을 재차 심사하여 총 32편이 최종심사에 올라갔다.

최종심사는 국제학술대회에서 발표하는 형식으로 진행되었다. 전체 32팀은 2011년 7월 4일 제1회 외래관광객 유치 우수 프로젝트 발굴 국제학술대회에서 연구결과를 발표하였으며, 중국관광 전문가의 초청특강도 들었다. 국가관광통계를 담당하고 있는 중국사회과학원의 장광루이 교수는 중국관광사에 대해서 특강을 하였고, 우리에게는 『관광과 근대성』이라는 저서로 유명한 중국 중산대학교 경영대학 왕닝 교수의 중국인 관광객에 대한 특강도 경청하였다. 지도교수의 전문성에서 나온 연구논문과 중국인 전문가의 특강은 연구팀의 참신한 아이디어를 한층 더 정교하게 만들어줄 것이 명약관화했다.

북경 필드워크

7월 6일 거행된 시상식에서 모두 13팀이 대상, 금상, 은상, 동상, 장려상 등을 수상하였다. 10월 9일 수상팀 중에서 상위 3팀, 즉 대상 한 팀과 금상 두 팀은 중국 현지 필드워크에 나섰다. 단순히 학관연계사업으로 끝낼 것이 아니고 중국인 관광객을 실제로 유치할 수 있는 실효성 있는 연구가 되게 하기 위해서였다. 전체 필드워크 일정을 담당한 세중여행사는 한 번도 짜본 적이 없는 여행일정을 소화하느라 힘들었을 것이다.

먼저 중국 최초의 관광대학인 북경연합대학교 관광대학에 들렀다. 모든 학생들과 교수들이 참석한 가운데서 상위 세 팀의 발표가 이어졌다. 중국 교수와 학생들의 날카로운 지적과 질문이 쏟아졌다. 다음으로 중국 3대 여행사 중 한 곳인 중국청년여행사에서 또다시 발표했다. 부회장까지 직접 참석해서 각별한 관심을 보여준 중국청년여행사 한일관광팀은 업계의 전문가답게 실행 가능한 것과 불가능한 것 그리고 중국인의 관점과 한국인의 관점 간의 차이 등을 차분하게 짚어주었다. 그럼에도 불구하고 필드워크의 백미는 중국사회과학원 장광루이 교수와 북경화공대학 이지휘 교수의 특강이었다. 중국관광전문가의 관점에서 한국관광의 문제점을 수도 없이 지적해주었다. 마지막으로 방문한 북경대학 한국어과에서는 따뜻한 환대를 받았다. 귀국한 수상 팀원들은 중국 현지 필드워크에서 보고, 듣고, 경험한 바를 반영하여

한 차례 더 수정하여 최종본을 제출했다. 본서의 제3부가 바로 그 작품이다.

2011년 11월 9일 수요일 | 27

中관광객 유치'필드워크' 뒷얘기

초저가 여행상품 만족도 의문

한국의 情문화에 중국인 감동

[베이징=서병기 기자] 중국인 관광객 유치 전략이 강구되고 있는 가운데, 한국관광학회와 문화체육관광부가 펼치는 '중국인 관광객 300만명 유치를 위한 학·관 연계사업'은 중국인의 여행 성향을 보다 정확하고 깊이 있게 파악할 수 있는 소중한 기회였다.

지난 7월 제1회 외래관광 유치 우수 프로젝트 발굴 학·관 연계사업인 중국 여행객 유치전략 논문 발표회에서 뽑힌 을지대와 목포대, 서울과학종합대학원 세 팀의 학생들이 최근 베이징을 방문해 중국의 여행전문가들 앞에서 자신의 논문과 제안서를 발표하고 현지 조사를 통해 초기 논문을 수정했다.

직원만 1000여명이나 되는 중국청년여행사(CYTS)의 실무진은 중국인이 한국 여행을 할 때 참고해야 할 사항에 대해 많은 조언을 해줬다.

성과와 전망

중국인 관광객 300만 명 유치를 목적으로 한 학관연계사업은 나름의 성과를 자랑한다. 일부 언론보도를 통해 확인된 바와 같이 사회적 관심을 환기시키는 역할을 충분히 했다. 또한 한국 인바운드 관광의 위기에 대한 선제적 대응이었다. 무엇보다도 중국인 관광객 국내유치 방안을 구체적으로 제시했다. 일례로 금상을 수상한 목표대학교 연구팀의 중국인 유학생 부모를 초청하자고 하는 아이디어는 충청북도가 주최한 제1회 중국인 유학생 페스티벌에서 이미 실현되었다.

확실히 학관연계사업은 기존의 각종 공모전사업이 갖고 있는 문제점을 극복한 혁신적인 사업이다. 그러나 여기에 머물러서는 안 된다. 학관만의 문제가 아니기 때문이다. 이제 여행업계도 머리를 맞대야 할 것이다. 창의적인 아이디어를 발굴하여 관광정책에 반영하는 것도 중요하지만 창의적인 아이디어를 관광상품 개발로 연계하는 것도 그에 못지않게 중요하기 때문이다. 따라서 학관연계사업은 학·관·산 연계사업으로 확대되어야 할 필요가 있다.

더욱이 여전히 방한관광객 1위를 고수하고 있는 일본관광객을 유치하기 위한 창의적인 아이디어와 전략도 절실히 요청되고 있다. 중화권에서 한국을 찾는 관광객과 방한 일본관광객을 합친다면 사실상 인바운드 관광객의 대부분을 포괄하게 되기 때문이다. 각설하고 이제부터 몰려오는 중국인 관광객의 세계를 감상해 보자!

차례

추천사 | 한국관광의 신기원, 방한 관광객 천만 명 시대 003
머리말 | 중국인이 몰려온다! 008

제1부 중국인 관광객 019

제1장 중국 관광산업 발전 60년 021
제2장 중국인 해외여행 추세와 전망 039
제3장 중국인 관광객에 대한 분류와 이해 061

제2부 중국인 관광객 유치 전략 085

제4장 방한 중국인 관광객의 특성 087
제5장 중국의 아웃바운드 정책과 일본의 중국인 관광객 유치활동 127
제6장 수도권 관광자원 한중비교 159

제3부 중국인 관광객 유치 방안 189

제7장 대한민국, 5色으로 물들다 191
제8장 중국인 관광객 유치를 위한 한류관광 포털사이트 구축방안 205
제9장 가족에서 행복을 찾다 257

참고문헌 281

제1부 중국인 관광객

제1장

중국 관광산업 발전 60년

–정치 · 경제 화해의 길–

장광루이 (중국사회과학원 교수)

제1절 중화인민공화국 건립부터 성장에 이르는 60년

1949년 중화인민공화국의 건립은 중국 현대사에서 가장 중대한 혁명적 사건이었다. 이때부터 중국의 국가제도, 정치체제, 경제체제에 근본적인 변화가 일어나기 시작했다. 중국은 독립국가가 되었고 중국인은 자주적인 주체가 되었다. 중국인들은 온 힘을 모아 국가발전을 위해 고군분투했다. 오늘날에 이르기까지 약 60여 년의 기나긴 역사의 시간 속에서 모진 풍파와 좌절을 겪으며 꾸준한 발전과 성장을 이룩했다. 물론 지금까지도 중국은 개발도상국가에 속하고 부강한 나라로 거듭나기까지는 수많은 도전과 위기를 헤쳐 나가야 한다. 그러나 지금까지 중국이 이룩한 눈부신 경제성장은 중국인들에게 보다 나은 미래를 만들 수 있다는 확신을 심어주고 있으며, 현대적이고 조화로운 미래 건설을 위해 지속적인 노력을 기울이도록 만들어주고 있다.

중국 관광산업 역시 기타 산업과 마찬가지로 지난 60년 동안 중국의 시대적 상황과 역사적 사명이라는 커다란 테두리 안에서 성장했다. 그래서 중국의 정치, 경제 체제 변화의 영향을 고스란히 받았다. 다시 말해서, 중국 특유의 사회체제와 정치적 현황에 맞춰 관광산업이 발전했다는 뜻이다.

제2절 중국 근대관광 60년

1. 중국 관광산업 현황

중국 관광산업의 발전 현황은 다음과 같다. 지난 2007년부터 2011년까지 국가경쟁력 순위가 35위에서 26위로 상승할 동안 관광경쟁력은 71위에서 39위로 상승했다. 순위 면에서는 국가경쟁력보다 뒤지지만 발전 속도는 훨씬 빠르다는 것을 알 수 있다. 이에 따라 중국은 관광객들이 세계에서 세 번째로 많이 찾고 있는 나라이며 동시에 네 번째로 많은 돈을 쓰는 나라가 되었다.

중국 관광산업의 발전 현황은 다음과 같다. 지난 2007년부터 2011년까지 국가경쟁력 순위가 35위에서 26위로 상승할 동안 관광경쟁력은 71위에서 39위로 상승했다. 순위 면에서는 국가경쟁력보다 뒤지지만 발전 속도는 훨씬 빠르다는 것을 알 수 있다. 이에 따라 중국은 관광객들이 세계에서 세 번째로 많이 찾고 있는 나라이며 동시에 네 번째로 많은 돈을 쓰는 나라가 되었다.

〈표 1〉 중국 국가경쟁력과 국가관광경쟁력의 순위

연 도	국가경쟁력 순위/총 국가 수	전년대비 상승순위
2011-2012	26/142	1
2010-2011	27/131	2
2009-2010	29/133	1
2008-2009	30/139	4
2007-2008	34/121	1
2006-2007	35/123	

출처 : World Economic Forum

〈표 2〉 중국 관광경쟁력 순위

연 도	관광경쟁력 순위/총 국가 수	전년대비 상승순위
2011	39/139	8
2009	47/133	15
2008	62/130	9
2007	71/124	

출처 : World Economic Forum

〈표 3〉 중국 인바운드 관광객 순위

연 도	인바운드 관광객 순위	인바운드 관광객 매출순위
1980	18	34
1990	11	25
1995	8	10
1998	6	7
1999	5	7
2000	5	7

연 도	인바운드 관광객 순위	인바운드 관광객 매출순위
2004	4	4
2005	4	5
2006	4	4
2007	4	4
2008	4	4
2009	4	5
2010	3	4

출처 : World Economic Forum

2. 중국 관광산업 발전 시기별 특징

1) 1950년대 ~ 1970년대 : 관광정치

여행과 유람은 인류 사회활동의 일환으로 그 역사가 길어 정확히 언제부터 시작되었는지 알 수가 없다. 미국 관광학자 요먼의 말대로 "여행은 세계적으로 성공한 경제 이야기 가운데 하나로서 이 이야기는 흘러가는 시간처럼 시작도 끝도 없다. 여행은 창조된 하나의 현상처럼 그 자체가 매우 복잡하기 때문에 한정 지을 수가 없다. 한마디로 말하면, 시간이 시작되었을 때 여행도 시작되었다"(Yeoman, 2008). 그러나 여행은 일종의 소비방식으로 인류사회 발전의 산물이라고 할 수 있다. 일반적으로 사람들은 관광을 해외관광과 국내관광으로 나눈다. 이른바 해외관광은 여행자가 국경을 넘나들며 여행활동하는 것을 가리키며, 국내관광은 한 국가 범위 안에서 이루어지는 여행활동을 가리킨다.

해외여행은 국경을 넘어 이동하기 때문에 서로 다른 국가, 서로 다른 민족, 서로 다른 정치적 배경 아래 다양한 사람들이 접촉하고 교류

한다. 물론 관광활동은 여느 소비활동처럼 돈 없이는 할 수 없다. 그러나 특수한 상황 아래서는 여행활동의 경제적 역할보다 정치적 역할이 더 중요할 때가 있다. 이런 이유 때문에 해외여행은 국가의 정치적 목적을 달성하기 위한 일종의 도구로 활용되기도 한다. 중화인민공화국 건립 이후 30여 년 동안 중국 관광산업의 가장 큰 특징은 관광이 정치적 목적으로 활용되었다는 점이다.

1949년 중화인민공화국이 건립되었다. 그러나 초기 10년 동안 중국과 외교관계를 맺은 국가는 54개국에 불과했다. 오늘날 중국과 국교를 수립한 국가가 181개국에 달하는 것에 비하면 30%도 안 되는 수치였다. 당시 유럽에서는 사회주의 국가를 제외한 6개 국가만이 중국과 국교를 수립했다. 아메리카 대륙과 오세아니아 지역의 국가와는 외교관계가 완전히 공백상태였다. 당시 이제 막 건립된 신생국가로서 중국이 처한 국제적 형세를 충분히 짐작하고 남음이 있다.

미국을 대표로 하는 서구 열강들은 이념대립과 체제경쟁 속에서 광기 어린 정치적 보복과 경제적 봉쇄로 중국을 무너뜨리려고 안간힘을 썼다. 이러한 국제적 정세와 국내 경제발전의 이중 압박 속에서 중국은 국가발전에 숨을 틔울 수 있는 대책이 절실했다. 이때 선택된 대책이 바로 관광이었다.

당시 경제적 봉쇄 속에서는 중국 정부가 국외에서 국가 홍보를 하기가 매우 어려웠다. 궁여지책으로 해외홍보보다는 외국인을 중국으로 불러들여 새로이 건립된 중화인민공화국을 이해시키고, 중국인과 접촉하도록 하여 국제사회의 인정과 동정, 지지를 받아야 했다. 중국에서 해외교포와 화교, 친중 인사를 전문적으로 접대하는 중국화교여행사, 중국여행사, 중국국제여행사[1])가 바로 이러한 정치적 배경 아래서 설립되었다. 이로써 알 수 있듯이 당시 설립된 여행사들은 주로 해외거주 화교와 친중 인사들에게 서비스와 편의를 제공하는 역할을 맡았다. 1958년에 이르러서 국무원은 중국국제여행사의 역할을 '각국 민간 우호교류를 촉진하고 각국 국민들 간의 상호 이해를 증진시켜 평화외교 정책을 관철시키는 동시에 국가를 위해 외화를 창출하여 국가 건설자금을 비축'하는 것으로 한정했다.[2]) 비록 '국가를 위해 외화를 창출'한다는 말이 언급되기는 했지만, 당시 관광서비스 기구는 독립적인 기업이 아니었기 때문에 정부에서도 경제적 수익 창출에 대한 엄격한 요구를 하지 않았다.

다른 한편으로는 다음과 같이 분석할 수도 있다. 즉, 1950년대 중국의 1인당 국민소득(GDP)은 33달러로서 당시 미국의 57분의 1수준이었다. 대다수 사람들이 하루 세 끼 밥을 챙겨먹기도 버거운 시절이었기 때문에 관광에 대한 수요도 많지 않았다. 더군다나 경제봉쇄가 삼엄한 상황에서 외국에 나가 관광쇼핑을 즐길 수 있는 사람도 없었다. 때문에 중국 정부가 당시 상황에서 관광을 민간외교 활동의 일환으로 국제사회의 인정과 우정을 이끌어내는 매개체로 활용한 것은 매우 효과적인 정책이었다고 평가할 수 있다.

주목할 점은, 당시 중국 국내는 1958년에 '대약진운동'[3])이 일어났고,

---

1) 중국 대륙 최초의 여행사인 '복건하문중국여행사(福建厦門中國旅行社)는 1949년 10월 18일에 설립되었고, 복건하문화교복무사(福建厦門華僑服務社)는 같은 해 11월 19일에 설립되었다. 중국국제여행사는 1954년에 설립되었다.

2) 1995년 中國旅遊出版社가 펴낸 『中國旅遊大事記』에서 인용.

3) 대약진운동은 1958년부터 1960년 사이에 중국에서 비약적인 생산발전을 통한 농

1962년에 경제위기가[4] 발생하는 등 특수한 상황에 처해 있었기 때문에 관광발전에 주의를 기울일 만한 여유가 없었다는 것이다. 또한 1966년부터 1976년까지 이어진 '문화대혁명'은 중국을 정치적, 경제적으로 심각한 위기상황으로 몰아넣었다. 변태적으로 왜곡된 사고방식은 중국 전체를 기형적인 정치투쟁의 장으로 몰아넣었다. 이러한 특수상황에서 정치가 무소불위의 위치를 차지하게 되었다. 따라서 관광활동은 일종의 정치적 도구로 이용될 수밖에 없었다. 그러나 이런 상황이 오래 지속되지는 않았다.

2) 1980년대 ~ 1990년대 : 관광경제

1978년부터 시작된 경제개혁은 중화인민공화국 역사상 두 번째 혁명으로서 중화인민공화국 건립에 버금가는 중요한 의미를 갖고 있다. 역사적으로 위대한 의미를 갖고 있는 개혁운동은 30여 년이 지난 지금까지도 계속해서 진행되고 있는 중이다. 개혁개방의 가장 중요한 목표는 중화인민공화국 건립 이후 세워졌던 계획경제의 경제체제를 혁신하고, 중국 현대화를 위해 중국의 정치적 현황에 걸맞은 시장경제체제를 구축하여 발전시키는 것이다. 사실 새로운 제도를 만드는 것은 과거의 제도를 없애는 것보다 훨씬 복잡하고 힘든 과정이다. 다행히도 중국은 개혁개방의 성공적인 첫걸음을 내디뎠다.

중국 관광산업의 확립과 발전은 중국 개혁개방의 직접적인 결과물

공업 발전을 이루자는 목표 아래 진행된 대중운동이다.

4) 1962년을 전후로 자연재해와 국제적 관계의 악화로 야기된 전국적인 기아와 재난을 가리킨다.

인 동시에 관광산업의 발전은 중국의 개혁개방을 한층 촉진시키는 역할을 했다. 물론 관광산업의 기능 역시 꾸준히 개선되고 조정되었다.

첫째, 인바운드 관광산업을 발전시켜 현대화에 필요한 외화를 획득하는 것이 급선무였다. 10여 년에 걸친 계급투쟁을 골자로 한 문화대혁명은 중국경제를 붕괴 일보 직전까지 몰아갔다. 그러한 상황 아래서 중국 정부와 중국인들에게는 경제 발전과 현대화를 이루는 것이 무엇보다 시급했다. 현대화에 필요한 기계설비를 구입하고 기술력을 도입하는 데는 외화가 필요했다. 그러나 중화인민공화국 건립 이후 1979년까지 중국의 외화 보유액은 10억 달러를 넘어선 적이 없었으며, 1980년에는 12억 달러의 외화적자까지 발생했다. 다시 말해서, 중국인 일인당 1달러 이상의 부채를 지게 된 것이다. 그래서 중국 정부는 관광자원의 이점을 최대한 활용하여 인바운드 관광산업을 발전시켜 해외에서 들어온 관광객들이 중국에서 더 많은 돈을 쓰게 함으로써 국가건설에 시급히 필요한 외화를 충당하고자 했다. 이것이 바로 중국 개혁개방의 총설계자 등시아오핑(鄧小平)이 맨 처음 제안한 관광발전 기획안이었다. 주지하는 바와 같이 인바운드 관광을 활성화하기 위한 첫 번째 필수단계는 대외개방정책이다. 정치적인 관점에서 해외관광객을 끌어들이는 것이 아니라 인바운드 관광객의 수요와 경험을 만족시켜 주는 관점에서 문호를 개방해야 하는 문제였다. 오랜 시간 봉쇄정책을 펼쳤던 중국으로서는 매우 어려운 선택이 아닐 수 없었다. 그러나 과감한 대외개방정책의 실시는 매우 현명하고 시의 적절한 선택이 되었다. 중국 관광외화수입 통계에 따르면, 관광외화수입이 1980년도에는 2.6억 달러에 불과했지만, 1993년에는 개혁개방 초기 국가 지도자가 목표로 삼았던 50억 달러를 달성했으며, 2000년에는 160억 달러를 돌파했다. 관광산업을 통해 벌어들인 외화수입은 중국에 매우 소중한 자산이 되고 있다. 오늘날 비약적으로 증가한 외화수입에 비하면 당시의 관광수입은 미미한 수준이었다. 그럼에도 불구하고 인바운드 관광산업의 발전은 중국이 다방면에 걸쳐 대외개방 정책을 촉진시키는 데 중요한 역할을 했다.

둘째, 개혁개방은 중국 사회경제의 발전을 촉진시키고, 사회경제의 발전은 중국인들의 관광수요를 촉진시키며, 국민의 관광소비는 국민경제를 한층 발전시키는 촉진제 역할을 했다. 중국 정부는 시의 적절하게 국민관광 수요를 자극하는 휴가정책과 제도를 제정했다. 1990년대 중엽 '연휴' 제도가 시행되고, 이어서 장기휴가 제도가 개선됨으로써 중국인들의 국내관광은 새로운 도약의 시대를 맞이했다. 비록 장기휴가 제도는 처음 도입 단계부터 현재까지 사회적 논쟁이 분분하지만, 당시에는 국내 관광수요를 확대하여 소비를 촉진시키려는 거시적 경제정책에 잘 들어맞는 시책이었다. 1990년대 중엽부터 중국 국내 관광산업은 빠른 속도로 성장하기 시작했다. 중국인들의 국내 관광과 휴가에 대한 수요가 다양해지고, 다양한 관광상품이 개발되었으며, 관광기반설비와 서비스 시설이 지속적으로 개선되면서 국내 관광의 경제적 파급효과도 점차 두드러지기 시작했다. 특히 국내 지역경제의 균형발전과 빈곤퇴치 등 여러 방면에서 점차 중요한 작용을 하게 되었다.

셋째, 개혁개방의 심화와 관광수요의 증가 및 다양화에 따라 중국인의 해외여행은 1990년 중반 이후 눈부신 속도로 발전했다. 이러한 새로운 현상의 출현은 중국의 사회경제 발전에 따라 경제적으로 부유한 새로운 계층이 등장하기 시작했으며, 이러한 부유층은 해외여행 경비를 지불할 수 있는 능력을 갖추었다는 사실을 반영했다. 동시에 중국의 대외개방이 한층 심화되면서 중국 정부에서도 국민들의 해외여행에 대한 수요에 관심을 갖기 시작했다는 점을 의미하고 있었다. 또 다른 한편으로는 국제사회가 중국의 사회적 안정과 경제적 성장에 신뢰를 갖게 되었으며, 중국인들의 해외여행 경비 지불 능력을 인정했다는 사실을 반영했다. 왜냐하면 중국인들의 해외여행이 급증하는 것은 중국시장의 일방적인 노력만으로 가능한 일이 아니라 반드시 해외여행 목적지의 적극적인 협력과 호응이 필요했기 때문이다. 여기서 짚고 넘어갈 점은, 현재 중국인들의 해외여행에 관한 일부 통계수치가 다소 과장된 점이 있다는 사실이다. 중국인의 해외여행 시장은 이제 막 시작단계로서 본격적인 성장단계에 이르기 위해서는 앞으로도 많은 시간이 필요하다.

전반적으로 1990년대 말엽에 이르러 중국의 관광산업 발전은 지속적인 발전단계에 진입했다. 개방정책에 박차를 가해 정책적인 제약을 줄이고, 해외여행을 장려하는 다양한 시책을 강구했다. 3대 관광시장(인바운드 관광시장, 아웃바운드 관광시장, 국내 관광시장)이 균형적으로 발전하면서 관광산업의 파급효과와 영향력이 나날이 뚜렷해졌다. 이 시기의 중국 관광산업 발전정책은 3대 시장의 변화로 설명된다. 즉, '인바운드 관광을 집중적으로 발전시키고, 국내관광을 적극적으로 발전시키며, 아웃바운드 관광은 적절한 수준으로 발전시킨다.'라는 기존의 정책이 '인바운드 관광을 집중적으로 발전시키고, 국내관광을 전면적으로 향상시키며, 아웃바운드 관광을 규범에 맞게 발전시킨다'로 바뀐 것이다.

3) 21세기 이후 : 관광과 화해

21세기를 '서비스 혁명 시대'라고 말하는 이도 있고, '정보시대', '화해발전의 시대', 혹은 '아시아의 시대'라고 말하는 이도 있다. 21세기로 진입한 이래 중국의 관광산업은 새로운 발전단계에 들어섰다. 가장 두드러진 특징은 관광산업에 새로운 기능이 추가된 것이다. 중화인민공화국 건립 초기 30년 동안은 관광산업에 정치가 강조되었고, 개혁개방 이후 20년 동안은 경제가 강조되었다. 그리고 21세기에 들어서면서부터는 관광산업의 기능이 다원화되면서 화해가 강조되었다. 여기서 화해는 도시-농촌 발전의 화해, 각기 다른 민족지역 발전의 화해, 경제발달 지역과 미개발 지역 간의 화해, 경제발전과 사회발전의 화해, 관광시장과 여행목적지 간의 화해, 지역 관광발전 협력의 화해를 포함하고 있다. 다시 말해서 오늘날 관광산업의 기능은 크게 변화하여 경제뿐만 아니라 사회기능과 정치기능까지 갖추게 된 것이다.

2009년 12월 1일 중국 국무원은 〈관광산업 발전 가속화에 관한 의견〉이라는 제목의 공문을 공표했다. 이는 미래 관광산업 발전의 방향과 전략을 새로이 정의한 것으로 매우 중요한 문서이다. 동시에 지난 수년 동안 국무원에서 관광산업에 대해 가장 전면적이고 상세하게 정책 방침을 명시한 공문이었다. '산업과 기능의 위치'라는 제목의 공문에서는 경제적 전략과 서비스업의 사회성에 대해 강조하면서 '관광산업을 국민경제의 전략적 기간산업으로 육성하고, 국민들이 한층 더 만족할 수 있는 현대서비스업으로 육성하자'는 제안을 내놓았다. 과거

일부 지방정부에서 관광산업을 '기간산업'으로 발전시키자는 주장을 내놓은 적이 있지만, 중앙정부에서 관광산업을 '국민경제의 전략적 기간산업'으로 정의를 내린 것은 이번이 처음이었다. 이른바 '전략적'이란 단기적인 것이 아니라 장기적이며, 국한된 것이 아니라 전면적인 것을 의미한다. 다시 말해서, 관광산업 발전이 국민경제발전에 매우 중요하며, 국가의 장기적 발전에도 매우 중요하다는 의미이다. 그러나 이 공문에서 주의해야 할 점은 '육성하자'라는 표현이 들어간 사실이다. 이는 곧 관광산업을 기간산업이라고 정의 짓기는 했지만, 아직 기간산업의 위치에 이르지 못해 앞으로 관광산업을 지원하고 발전시켜 기간산업으로 육성시켜야 한다는 의미다. 또한 위의 공문에서는 관광산업의 경제적 기능을 강조하는 동시에 관광산업 발전의 사회적 기능까지 강조했다. 현대서비스업으로서 관광산업의 주된 기능은 나날이 증가하는 국민들의 관광수요와 소비를 만족시키는 것이다. 관광소비는 국민들의 정상적인 소비행위로서 이는 국민의 생활수준이 향상되었음을 상징한다. 위의 공문에서는 관광산업이 현대서비스업으로서 국민들이 '한층 더 만족할 수 있는' 수준으로 육성하자고 제안했다. 즉, 현재의 관광산업에 대해 국민들이 불만을 품거나 충분히 만족하지 못하고 있기 때문에 서비스 품질과 관광소비 환경을 개선하여 국민들에게 실질적인 혜택을 주어야 한다는 뜻이다. 서비스 방향과 방식에 있어서 위의 공문은 인간 중심의 서비스, 대중을 위한 서비스를 강조했다. 위의 공문에서는 3대 시장 발전의 순서를 배열하는 데 있어서 '국내관광을 중점으로' 하는 원칙을 제안했다. 이는 중국 관광산업이 특수한 발전단계에서 상시적 발전 추세를 유지하는 단계로 전환했다고 판단했기 때문이다. 이러한 원칙을 세계 금융위기와 글로벌 경제침체에 대한 시책으로 간주해서는 안 된다. '국내관광을 중점으로' 하는 순서 배열은 인바운드 관광을 더 이상 중시하지 않고 방치한다는 의미가 아니다. 이는 국민의 관광수요를 만족시키는 것이 국가의 관광발전 정책임을 표명한 것이다. 과거 중국 관광발전 초기 단계부터 시작해서 상당 기간 동안 해외여행자와 부유층의 요구를 충족시키는 데 주력하여 고품격 시장을 개척하고 고급 서비스와 시설에 주력했다면, 이제는 사회 각계각층의 다양한 요구에 관심을 갖고 사회적 약자들의 관광 수요와 관광 관련 공공서비스 시설의 건설에 주력해야 한다는 뜻이다. '국민'과 '대중', '민생'에 관심을 집중시킨 것이 위의 공문의 가장 뚜렷한 특징이다. 3대 관광시장에 대해서도 '국내관광을 중점으로 하는 발전 상태를 견지하면서 인바운드 관광을 적극적으로 발전시키고 아웃바운드 관광을 순차적으로 발전시킨다.'로 수정했다. 이것 역시 전체 중국 관광에서 '국내관광'을 처음으로 중요한 위치에 올려놓은 것이다.

2001년부터 2010년까지 지난 10년 동안 중국 관광산업은 전면적인 발전단계로 진입했다. 과거 10년 동안 전 세계의 정치와 경제는 변화무쌍했으며, 미국발 금융위기가 세계경제를 위축시켰고, 유가 불안정으로 일부 지역에서는 내란이 발생했으며, 테러리스트들이 기승을 부렸다. 설상가상 자연재해가 빈번하게 발생하여 전 세계의 관광산업은 심각한 위기를 맞이했다. 그러나 중국의 경우 중국 경제 발전의 특수성을 기반으로 관광산업 발전이 비교적 안정세를 유지해왔다. 또한 국가 관광발전 전략을 크게 수정함으로써 한층 안정된 관광 발전을 위한 토대를 마련했다.

국내적으로 3대 관광상품의 발전은 계층 간 화해와 발전을 촉진시키는 데 매우 중요한 역할을 했다.

첫째는 농촌관광이다. 현재 발전 추세에 따르면, 관광과 레저 생활의 구분이 점차 모호해지고 있다. 특히 도시 거주민의 여행 활동은 주말과 단기 휴가를 활용하여 도시 근교에서 휴가, 유람, 헬스 등과 결합한 여가활동에 집중되고 있다. 도시 거주민을 중심으로 한 시골관광은 정부의 적극적인 지원과 장려 아래 진행되면서 다음과 같은 효과가 발생했다. 즉, 도시 거주민의 레저, 헬스, 오락 등에 대한 새로운 수요를 만족시키는 한편, 농촌사업 구조의 변화와 개선을 촉진시켰다. 이로써 도시인의 관광소비에 대한 수요를 충족시키는 동시에 농촌 고유의 자원을 이점으로 활용하여 농촌경제발전을 촉진시킴으로써 도농 간의 사회경제 관계를 더욱 긴밀하게 만들었다.

둘째는 생태관광이다. 현재 '생태관광'에 대한 일반인들의 인식이 일치를 이루지 못해 '생태관광' 관련 상품을 개발하는 데 있어서도 적잖은 편차가 존재한다. 그러나 주변 환경과 생태환경 보호에 대한 국민들의 인식이 점차 높아지면서 관광상품 개발에서도 점차 '생태관광'을 중시하게 되었다. 이러한 변화는 특히 아름다운 자연환경을 그대로 보존하고 있는 소수민족 거주 지역을 대상으로 한 특수테마관광을 개발하는 데서 두드러지게 나타나고 있다. 자연의 중요성을 인식해야만 자연보호에 대한 경각심이 생기는 것이며, 또한 일정한 경제적 기반이 갖춰져야만 자연보호에 대한 이념을 현실로 옮길 수 있다. 또한 현지인들에게 이익을 가져다줄 수 있어야만 광범위한 지지를 얻어 지속적으로 발전시킬 수 있다.

셋째는 홍색관광이다. 홍색관광은 일종의 특수한 기호관광이자 문화관광으로 일반적인 의미의 휴가 활동과는 다르다. 홍색관광은 전통교육과 지식전파, 관광유람, 휴양, 관광소비를 교묘하게 결합시킨 것이다. 일반적으로 홍색관광자원은 주로 경제가 낙후된 시골이나 변방지역, 소수민족 거주지역에 집중되어 있다. 홍색관광은 정치적 특색이 농후한 관광활동으로 생동감 넘치고 활동적인 방식을 통해 역사를 이해하고 전통교육을 강화하는 효과를 달성하고 있다. 이와 동시에 관광활동을 전개함으로써 현지 서비스업 발전을 촉진시켜 경제발달 지역과의 관계를 긴밀하게 만들어주고 있다. 홍색관광을 추진하는 초기에는 정부의 투자와 비용 지출이 불가피하기 때문에 일각에서는 비판적인 의견도 있지만, 실질적인 효과를 기준으로 폐단 여부를 평가해야 한다. 홍색관광과 같은 정부의 정책 투자는 현지의 관광산업 발전을 지원해주기 때문에 순수한 구제적인 기금보다 훨씬 효과가 있다. 일정한 시간이 지나면 홍색관광도 본 궤도에 올라 자연스레 관광지로서의 경쟁력을 갖추게 될 것이며, 관광시장도 한층 확대되어 사회경제적으로 한층 발전하게 될 것이다.

넷째는 문화관광이다. 국제적인 관점에서 관광활동의 정치적 기능은 결코 무시할 수 없다. 중국의 관광발전 과정은 이 점을 확연히 증명해주고 있다. 유럽연합, 미국을 포함한 세계 대다수 국가들은 이미 중국과 관광협력 관련 협정을 체결하고 중국인들의 해외여행목적지가 되었다. 동북아시아 지역의 해외여행도 새로운 활력을 띠고 있는 가운데 동북아시아 주요 국가들은 상호 긴밀한 협력관계를 유지하고 있다. 현재 동북아시아의 모든 국가들이 중국인들의 해외여행목적지가 되었으며, 중국 대륙과 홍콩, 마카오 간의 관광협력은 매우 활발하게 진행되고 있다. 또한 대륙과 타이완의 관광활동에도 새로운 돌파구가 마련되었다. 활발한 해외여행 활동은 인접국가들 간의 관계를 한층 돈독하게 만들어 상호 간의 경제협력을 촉진시키고, 지역 간의 평화와 우호관계를 촉진시킬 것이다. 특히 오늘날 한중일 3국 간에 젊은 청년들의 해외교류활동을 중시하고 있는 점은 매우 의미심장하다.

제3절 맺음말 : 관광산업 황금기를 맞이하여

전 세계적인 관점에서 보면, 최근 수년 동안 관광산업 발전에 불리한 요인들이 끊임없이 발생했다. 새로운 정세 변화에 따라 중국은 국가 관광전략을 탄력적이고 신속하게 조정하면서 위기를 기회와 원동력으로 삼아 지난 10년 동안 비약적인 발전을 이루었다. 종합적으로 말하면, 관광산업은 발전 잠재력이 거대한 산업으로 정치적, 경제적 환경은 관광산업 발전에 매우 중요한 영향을 미친다. 일정 기간 동안, 혹은 특정 지역에서는 새로운 돌발변수로 말미암아 관광산업 발전에 다소 기복이 생길 수도 있다. 그러나 관광산업의 지속적인 발전을 유지한다면 관광산업은 인류 사회경제 발전에 크나큰 영향력을 발휘하게 될 것이다. 도전과 위기 앞에서 기회는 언제나 창의력을 지닌 지혜로운 자의 몫이라는 사실을 잊어서는 안 된다.

중국 관광산업의 발전에 대해 세계 유수의 기관들은 낙관적인 전망을 내놓고 있다. 일찍이 1978년 세계관광기구(UNWTO)는 세계관광 추세에 대한 장기적인 전망을 내놓았다. 그에 따르면, 2020년 중국을 방문하는 해외여행자는 연간 1억 3천만 명에 달해 중국이 세계 1위의 여행목적지가 될 것이며, 전 세계적으로 8.6%의 비중을 차지하며 매 년 8.6%의 성장세를 유지할 것이라고 예측했다. 또한 중국인 해외여행자 수도 1억 명으로 전 세계적으로 6.2%의 비중을 차지하며 세계 4대 해외여행시장이 될 것이며, 연간 12.5%의 성장세를 유지할 것이라고 전망했다.

세계관광기구의 최근 전망에 따르면, 중국을 방문하는 외국여행자와 출국 여행자 수의 1억 명 돌파는 2015년으로 앞당겨졌다. 중국 국무원에서 수립한 관광목표에 따르면, 2015년 국내 여행자 수는 33억 명에 달할 것이며, 2011년부터 2015년까지 매년 10% 성장할 것으로 추산했다. 중국을 방문하는 해외여행자는 9,000만 명으로 연간 8%씩 증가하며, 중국인 해외여행자는 8,300만 명으로 연간 9%씩 증가할 것으로 전망했다. 또한 관광소비는 국민소비의 10%를 차지하며, 관광부가가치세는 GDP의 4.5%를 차지할 것이며, 관광객은 매년 50만 명씩 증가할 것이라고 예측했다.

전 세계적인 관점에서 볼 때 관광산업은 거대한 발전 잠재력을 갖춘 신흥산업이다. 미래 발전 전망이 양호하며, 관광산업의 발전은 산업과 경제 범위를 초월한다. 끊임없이 변화하는 국제정세는 관광객의 수요를 변화시키고 있기 때문에 관광업계는 이러한 수요변화에 탄력적으로 대응할 수 있어야 한다. 중국 관광산업의 발전은 아직도 갈 길이 멀다. 개혁개방의 심화에 따라 관광의 기능도 점차 변화하고 있다. 관광산업을 성공적으로 발전시키려면 정세 변화에 따른 신속하고 탄력적인 대응, 관광전략수립, 인식변화 등이 필요하다. 앞으로 2020년까지의 기간은 중국 관광산업 발전의 황금시대라는 데는 모두들 공통된 인식을 갖고 있다. 물론 관광대륙을 건설하는 데는 고난과 노력이 따를 것이다.

제2장
중국인 해외여행 추세와 전망

장광루이 (중국사회과학원 교수)

제1절 머리말 : 지난 10년 동안 성장세 지속

21세기 들어 지난 10년 동안 중국 국내는 물론 국제적으로도 순탄치 않은 나날이 지속되었다. 먼저 국제적으로는 정세가 불안정하여 국지전이 끊이지 않고 테러리스트들이 기승을 부렸다. 또한 경제적으로는 전 세계적인 금융위기가 몰아 닥쳐 세계 경제가 위축되었으며, 지구촌 곳곳에서는 자연재해가 발생하여 피해가 끊이지 않았다. 중국 국내도 마찬가지였다. SARS, 지진, 우박, 가뭄 등 심각한 자연재해가 연달아 발생하였으며, 세계금융위기의 여파로 중국 국내 경제도 크게 침체되었다. 또한 2008년 북경 올림픽과 2010년 상해 엑스포 등 거국적인 초대형 국제행사를 치르느라 막대한 재원이 소요되었다.

이러한 상황에서도 중국 관광업은 지난 10년 동안 꾸준한 발전을 이루었다. 특히 해외여행은 지난 10년 동안 약 17%에 달하는 성장세를 꾸준히 유지해왔다. 이는 중국 방문 외국인 관광객 수가 매년 3.2% 증가하는 것에 비해 약 5배가 넘는 수치로서 아시아는 물론 세계 어디에서도 보기 드문 현상이다. 현재 중국의 해외여행 관련 통계수치가 중국의 출국 여행자 현황을 정확하게 반영한다고 말할 수는 없다. 그러나 중국인의 해외여행이 꾸준히 발전을 이루고 있다는 사실만은 정확하게 반영하고 있다.

〈표 1〉 2001–2010년 중국 해외여행

연 도	출국자 숫자(명)	연평균 성장률(%)
2001	12,000,000	11.50
2002	16,600,000	36.86
2003	20,220,000	21.80
2004	28,850,000	42.68
2005	31,000,000	7.50
2006	34,520,000	11.30
2007	40,950,000	18.60
2008	45,840,000	11.90
2009	47,500,000	3.60
2010	57,390,000	20.80
10년간 연평균 성장속도	–	16.9

출처 : 中國 國家旅遊局

〈표 2〉 2001–2010년 방중 관광객

연 도	방중 관광객 숫자(억 명)	연평균 성장률(%)
2001	6.84	0
2002	7.00	2.9

연 도	방중 관광객 숫자(억 명)	연평균 성장률(%)
2003	6.90	-1.5
2004	7.63	10.7
2005	8.03	5.5
2006	8.46	5.4
2007	9.03	6.6
2008	9.22	2.0
2009	8.77	-4.0
2010	9.35	6.7
10년간 연평균 성장속도	-	3.2

출처 : 세계관광기구(UNWTO)

제2절 몸말

1. 2010년 중국 해외여행 발전의 전반적인 현황

2010년은 중국 해외여행이 최근 수년 동안 가장 큰 폭으로 증가한 한 해였다. 국가관광국에서 공표한 통계에 따르면, 2010년 한 해 동안 해외여행을 떠난 중국인 수는 5,739만 명으로 전년대비 20.8%가 증가했다. 이는 국제 해외여행자 수의 증가세와 비교했을 때 엄청난 차이를 보여주고 있다. 세계관광기구(UNWTO)는 여러 국제회의 석상에서 중국 해외여행 시장이 고속성장하면서 전 세계 해외여행 부흥에 큰 공헌을 했다고 높은 평가를 내렸다.

〈2010/2011년 ITB 세계 여행 동향 보고서〉에 따르면, 중국은 세계 10대 해외여행시장 대열에 진입했다. 중국과 한국, 말레이시아는 아시아 국가 가운데 단기간에 급성장한 해외여행시장으로서, 특히 중국은 유럽에서 일본을 제치고 최대의 해외여행시장으로 부상했다(ITB, 2010).

〈표 3〉 2010년 세계 10대 해외여행 시장

순위	해외여행객 송출국	숫자(만 명)	시장점유율(%)
1	독일	7260	10
2	미국	6400	9
3	영국	5490	8
4	프랑스	3170	5
5	캐나다	2730	4
6	네덜란드	2350	3
7	이태리	2240	3
8	러시아	2170	3
9	일본	1960	3
10	중국※	1610	2

※ 중국 통계자료에서 홍콩 및 마카오는 제외
출처 : IPK 國際公司, 2010年 12月

종합적으로 살펴보면, 2010년 중국해외여행은 다음과 같은 특징이 있다.

첫째, 전반적인 증가 속도가 매우 빠르다. 2001년부터 2010년까지 출국자 수가 매년 평균 17% 증가했으며, 2005년 이후에는 18.6%에 달했다. 특히 2010년에는 큰 폭으로 증가하여 20%대를 넘어섰다. 통계적으로 보면 2010년 중국 출국자 수가 처음으로 입국 여행자 수를 초과했다. 이는 연구할 만한 가치가 있는 중요한 전환점이라고 할 수 있다.

둘째, 기본적인 정세가 매우 안정적이다. 전반적으로 중국인의 해외여행 판도는 특별한 변화 없이 홍콩, 마카오가 여전히 해외여행 목적지로 각광을 받고 있다. 홍콩 여행객은 2,247만 명으로 전년대비 27%가 증가했는데, 이는 홍콩 입국자 가운데 86%를 차지하는 수치이다. 마카오 여행객은 1,323만 명으로 전년대비 20% 증가했으며, 이는 마카오 입국자 가운데 53%를 차지하는 수치다.[1] 홍콩과 마카오 여행객을 합치면 3,570만 명으로 중국 전체 출국자 수 가운데 62.2%를 차지하는 수치이다. 하단의 표에서 보면 알 수 있듯이, 중국 대륙에서 홍콩, 마카오를 방문하는 여행자 수가 점차 증가하고 있다. 최근 5년 동안 홍콩, 마카오를 찾은 중국인 방문자 수는 150% 증가했지만 전체 여행국 가운데 중국 대륙이 차지하는 비중은 오히려 12% 감소했다. 2010년도에는 심천시((深圳市)에서 새로이 시행한 홍콩 여행 관련 정책이 시너지 효과를 발휘했다.[2] 전통적으로 중국 여행자들이 가장 선호하는 해외여행지인 태국의 경우 2010년 내란이 발생했다. 그럼에도 태국, 싱가포르 등 동남아시아를 방문하는 중국 여행자 수는 꾸준히 증가하고 있다. 싱가포르 관광국에서 발표한 통계에 따르면, 2010년 싱가포르를 방문한 중국 여행자 수는 117만 명으로 전년대비 25%가 증가했다. 또한 태국 관광국의 통계에 따르면, 2010년 태국을 방문한 중국 여행자는 약 110만 명으로 전년대비 10%가 증가했다.

---

1) 홍콩 관광발전국과 마카오특구 정부 관광국의 2011년 자료

2) 중국 공안부 입출국 관리국은 2009년 4월 1일부터 심천 호적주민을 위해 1년에 수차례 홍콩을 왕래할 수 있는 복수비자 발급 업무를 실시했다. 이로써 심천 주민들의 홍콩 여행이 훨씬 간편해졌다. 같은 해 12월 15일부터는 심천에 장기간 거주하는 비호적 주민들에게도 홍콩을 자유롭게 여행할 수 있는 비자를 발급하기 시작했다.

〈표 4〉 2001–2010년 중국 대륙 홍콩 / 마카오 관광객 숫자 변화 (단위 : 만 명)

연 도	홍콩을 여행한 중국인 숫자	마카오를 여행한 중국인 숫자	합 계	해외여행객 중에 차지한 비율(%)
2001	532.0	180.0	712.0	59.3
2002	777.1	278.3	1055.4	63.6
2003	846. 7	574.2	1420.9	70.3
2004	1224.6	953.0	2177.1	75.5
2005	1254.1	1046.3	2300.4	74.2
2006	1359.1	1198.6	2557.7	74.1
2007	1548.6	1487.3	3035.9	74.1
2008	1755.7	1552.2	3307.9	72.2
2009	1759.0	1090.0	2849.0	60.0
2010	2247.0	1323.0	3570.0	62.2
총 계				평균비율 68.5

출처 : 中國 國家旅遊局. 2001년 및 2002년의 통계치는 외국연구기관의 자료임

셋째, 대만을 방문하는 여행자가 눈에 띄게 증가했다. 2008년 중국 대륙 관광객에게 대만 여행이 정식으로 개방된 뒤로 대만을 방문하는 중국 여행자 수가 점차 늘고 있다. 중국과 대만 정부는 중국 대륙 여행자들의 대만 여행의 편의를 위해 다양한 정책과 개선책을 꾸준히 마련하고 있다. 대만 정부는 하루 동안 대만을 입국할 수 있는 대륙 여행자 인원 제한을 상향 조정했으며, 중국 대륙은 대만과 직행 운항이 가능한 지역과 범위를 늘려 직행 노선을 점차 확대하고 있다. 2010년 7월 제3차 직항로가 개방된 뒤 대륙의 모든 성(省)에서 대만과의 직행 운항이 가능해졌다. 특히 쌍방이 각각 관광사무처를 설립한 뒤로 대만을 방문하려는 여행자와 기업가들은 훨씬 간편하게 여행정보와 업무

서비스를 제공받게 되었다. 덕분에 2010년도에 대만을 방문한 대륙 여행자 수는 120만 명, 비즈니스 방문자는 160만 명에 달함으로써 전년 대비 두 배가 증가했다.

〈표 5〉 중국 대륙 거주자 대만 여행 개방 지역 시간 및 순서

개방회차	개방시간	지 역
제1차	2008년 7월	북경시, 천진시, 요녕성, 상해시, 강소성, 절강성, 복건성, 산동성, 호북성, 광동성, 종경시, 운남성, 섬서성(총 13개 지역)
제2차	2009년 1월	하북성, 산서성, 길림성, 흑룡강성, 안휘성, 강서성, 하남성, 호남성, 광서장족자치구, 해남성, 사천성, 귀주성(총 12개 지역)
제3차	2010년 7월	내몽골자치구, 티베트자치구, 간소성, 청해성, 녕하회족자치구, 신강 위구르자치구(총 6개 지역)

넷째, 테마관광 시장이 크게 확대되었다. 지난 몇 년과 비교하여 중국 해외여행의 특징 가운데 하나는 관광시장이 점차 세분화되고 있다는 점이다. 일반 관광이 주류를 이루는 가운데서도 테마 관광이 점차 활성화되고 있다. 국내 여행사들은 특정한 관광수요를 겨냥한 테마상품을 내놓고 있다. 월드컵경기 관람을 포함한 남아프리카공화국과 기타 아프리카 관광, 두바이, 미국, 터키, 유럽 국가를 대상으로 한 장거리 관광 및 쇼핑관광, 의료관광, 크루즈 관광, 실버관광, 교육시찰관광 등을 예로 들 수 있다. 이러한 테마관광 상품은 점차 비중을 넓히고 있다. 남아프리카공화국 관광국의 통계에 따르면, 2010년도 10개월 동안 남아프리카공화국을 방문한 중국 여행자 수가 55,874명으로 전년 대비 65.5%가 증가했다.

다섯째, 국제관계와 국제적 사건의 영향을 받았다. 2010년에 발생한

국제적 사건은 중국 여행자들의 여행 수요를 위축시켰다. 예를 들어, 태국의 불안한 정치현황, 필리핀에서 발생한 홍콩 여행객 피살사건, 일본의 중국 선원 억류사건 등은 중국 여행자들의 안전에 위협을 주었으며, 사건 발생 국가와의 감정 악화로 한때 관광 수요가 침체되기도 했다. 다행히도 이러한 사건들이 중국 해외여행자들에게 미친 영향은 일시적인 것으로 파급력은 그다지 크지 않았다.

2. 2010년 중국 해외여행 발전에 영향을 미친 주된 요인

해외여행 역시 외부환경의 영향을 받지만 그 영향력은 그다지 크지 않다. 전반적으로 부정적인 영향보다는 긍정적인 영향력을 더 많이 받는다. 2010년 해외여행에 영향을 미친 주된 요인은 다음과 같다.

1) 긍정적인 영향

(1) 중국의 대외개방 정책이 지속적으로 확대되면서 해외여행이 국민들 사이에 일종의 소비 트렌드로 자리 잡다

중국의 대외개방 정책이 지속적으로 확대되면서 해외여행 활성화에 큰 영향을 미쳤다. 중국 정부는 적극적인 외교정책을 통해 2010년까지 세계 대다수 국가들과 ADS(Approved Destination Status)협정을 체결했다. 이로써 중국인들의 해외여행 목적지 선택 범위도 큰 폭으로 확대되었다. 그와 동시에 중국 각 성에서도 단체여행을 조직하여 해외여행을 활발하게 전개함으로써 전국의 모든 국민들이 다양한 형식으로 해외여행 활동에 참여하게 되었다.

여행 개방으로 중국인들의 해외여행이 활발해지자 세계 각국에서도 중국을 중요한 여행시장으로 인식하기 시작했다. 특히 세계 경기회복이 지지부진한 시기인 만큼 중국 여행시장 개척은 국가 경제에 중요한 의미를 갖게 되었다. 그리하여 중국 여행객들의 공식 관광목적지에 해당하는 국가들은 중국 여행객을 위해 관광비자 발급 절차를 간소화하거나 혹은 무비자 혜택 제공 범위를 확대했다. 특히 유럽연합은 2010년 4월 5일부터 비자발급 절차를 일원화하거나 간소화한 신 조례가 발효되면서 25개 국가가 동일한 비자 발급 시스템을 갖추게 되었다. 이로써 비자발급 절차나 요구사항이 간편하고 투명화되면서 비자발급 비용도 저렴해졌다.

같은 해 8월에는 한국이 중국인 비자발급 절차를 대폭 간소화하고 복수비자 발급 대상을 확대하여 중국인들의 한국 여행이 더욱 편리해졌다. 일본도 2010년 7월부터 중국인 관광객에 대한 비자 발급조건을 완화했다. 비자 발급 대상을 기존의 연간 가구소득 25만 위안에서 3~5만 위안으로 완화했다. 또한 기존에는 북경(北京), 상해(上海), 광주(廣州) 세 곳에만 설치했던 비자발급 기관을 중경(重慶), 심양(沈陽), 청도(青島), 대련(大連) 등에 추가로 설치하여 총 7개 지역으로 늘어났다.

(2) 국제적 대형 행사가 중국인의 해외여행 수요를 자극하다

2010년 남아프리카공화국 월드컵은 중국인들을 매료시켰다. 남아프리카공화국을 비롯한 기타 아프리카 국가들은 월드컵 개최를 최대한 활용하여 중국시장을 대상으로 관광홍보 활동에 박차를 가했다. 국내외 여행사들도 월드컵 특수를 최대한 활용한 아프리카 관광상품을 기획하여 남아프리카공화국과 기타 아프리카 지역에 대한 중국인 관광객들의 관심을 고조시켰다. 남아프리카공화국 관광국의 통계에 따르면, 2010년 1월부터 10월까지 남아프리카공화국을 방문한 중국인 관광객 수는 55,874명으로 전년대비 65.5%가 증가했다. 이로써 중국은 남아프리카공화국의 아시아 관광시장 가운데 가장 성장세가 빠른 국가 중의 하나가 되었다.

(3) 인민폐의 평가절상으로 중국인들의 해외소비가 상승하다

2005년 7월 이후로 중국은 시장의 공급과 수요를 기반으로 유동환율제도를 실시하며 인민폐 환율을 꾸준히 상승시켰다. 달러와 인민폐의 환율 평균가는 2006년 1월 1일 당시 1달러 대 8.0702위안이었으나 2010년 12월 31일에는 1달러 대 6.6227위안으로 상승했다. 불과 5년 만에 약 20%가 절상된 것이다.

(4) 영화가 해외여행 수요를 창출하다

최근 수년 동안 일본은 중국인 관광객을 끌어들이기 위해 비자신청 절차를 간소화하는 등 다양한 노력을 기울였다. 공교롭게도 2008년 상영된 중국 영화 〈페이청우라오(非誠勿擾)(If you are the one)〉는 일본 홋카이도 관광붐을 일으켰다. 홋카이도는 단숨에 도쿄 다음으로 중국인 관광객들에게 각광받는 관광지로 부상했다. 이러한 홋카이도 관광붐은 2010년까지 지속되면서 목적지도 일본 전국으로 확대되었다.

(5) 국가 고위층의 외교활동이 해외여행을 주도하다

2010년은 중국 고위층 지도자들의 외교활동이 가장 활발하던 한 해였다. 공개된 자료에 따르면, 후진타오(胡錦濤) 등 중국공산당 중앙정치국상무위원들이 전 세계 50여 개 국가를 방문했다. 가깝게는 아시아 인근국가부터 멀게는 아프리카 국가까지 여러 선진국과 후진국을 방문했다. 특히 아시아의 경우에는 거의 모든 국가를 순방하며 교류활동을 전개했다. 국가의 고위급 관료들이 이처럼 대외 외교활동에 집중한 것은 역사적으로도 매우 보기 드문 사례이다. 여기서 주목할 점은, 중국 정부는 인도, 타지키스탄, 프랑스, 우즈베키스탄, 카자흐스탄, 우크라이나, 독일, 러시아, 그리스, 이탈리아, 터키 등 국가에서 발표한 공동성명에서 국가 간의 인적교류와 문화, 관광 분야의 교류를 확대하고 문화행사와 우호행사를 개최할 것을 강조했다. 또한 관광협력협의서 혹은 비망록을 체결하여 세계 각국과의 여행협력과 관광발전 루트를 개척했다. 이러한 고위층 지도자들의 외교활동은 중국 관광업 발전의 토대가 되어 중국 해외여행 발전을 촉진시키는 데 직접적인 영향력을 발휘했다.

(6) 세계엑스포 개최 기간 동안 해외여행 목적지의 선전효과를 발휘하다

상하이엑스포의 개최는 우선적으로 중국 국내여행을 활성화시켰으며, 특히 상해를 중심으로 한 장강삼각주 관광이 크게 유행했다. 또한 상해 엑스포는 공전의 최대 규모를 갖춘 '해외여행 판촉활동' 무대가 되었다. 상해 엑스포에 참여한 세계 여러 나라는 엑스포를 활용하여 자국의 관광지를 대대적으로 홍보했다. 어떤 의미에서 보면, 이는 7,000

여 중국 관람객을 대상으로 한 해외여행 홍보활동으로서 중국인들의 해외여행에 대한 관심을 크게 고조시켰다. 이러한 해외여행 홍보활동은 앞으로도 상당한 시일 동안 적잖은 효과를 발휘할 것으로 예상된다.

여기서 주목할 점은, 일부 국가들이 상해 엑스포를 계기로 중국시장의 홍보활동에 박차를 가한 것이다. 예를 들면 인도의 경우에는 2010년 인도-중국 국교수립 60주년과 상해 엑스포를 계기로 4월부터 약 반년 동안 중국에서 '2010 인도축제' 활동을 진행했다. 이 기간 동안 인도 대표단은 북쪽으로는 하얼빈(哈爾濱)에서 남쪽으로는 산아(三亞)까지, 동쪽으로는 상하이에서 서쪽으로는 은천(銀川)까지 약 35개 도시를 순회하며 축제와 연구토론회를 개최했다. 인도 총리, 외무부 장관 등 고위급 관리들이 상하이엑스포 관련 활동에 참여했는데, 이는 중국-인도 외교 역사상 처음 있는 일이었다.

2) 소극적인 영향

(1) 국가 간의 관계가 해외여행목적지 선택에 영향을 주다

2010년은 전반적으로 국가 간에 우호적인 관계를 유지했다. 그러나 특정 기간 동안 중국과 기타 국가(예 : 일본) 간에 분쟁이 발생하여 동북아시아 지역이 긴장 국면에 돌입하면서 해외여행자의 목적지 선택에도 적잖은 영향을 미쳤다.

(2) 여행자 권익 보호와 여행안전은 국민들의 근심거리가 되다

여행목적지의 여행사 혹은 가이드 관리의 허점이나 혹은 저가 패키지여행의 폐단으로 중국 해외여행자들이 외국에서 불합리한 대우를 받고 여행자의 권익을 침해받은 일이 발생했다. 또한 일부 여행지에서는 정세불안으로 여행자의 안전에 큰 위협이 되고 있다. 이 때문에 중국 해외여행자들은 해외여행 중의 권익보호와 생명 및 재산 안전에 더욱 주의를 기울이게 되었다.

(3) 여행비용이 상승하는 추세이다

정치, 경제적 요인으로 국제유가가 상승하면서 해외 여행비도 덩달아 상승했다. 또한 일부 국가에서는 여행 관련 세금이 올랐는데, 특히 숙박시설과 항공 관련 세금이 크게 올라 여행비용 상승을 부채질했다. 비록 중국 인민폐의 절상이 여행비용 상승을 상쇄하는 효과를 주고 있지만, 전반적으로 여행비용 상승은 여행자의 목적지 선택에 영향을 미치고 있다.

(4) 비자문제는 여전히 여행제한의 요인이 된다

최근 수년 동안 여러 국가에서는 중국 여행자들을 위해 비자발급 조건이나 절차를 간소화하고 있다. 그러나 비자를 발급하는 데는 여전히 적잖은 제한이 따르고 있다. 특히 개인 여행비자 발급은 절차가 매우 까다롭다. 비자를 면제해주는 국가가 매우 적고, 개인비자가 발급되더라도 여행을 할 수 있는 지역이 국한되어 있고, 관련 정책도 수시로 바뀌고 있다. 또한 여행사를 통해 비자를 발급받을 때는 은행잔고증명서와 재산증명서, 개인소득증명서, 보험금 납부 등 까다로운 조건을 충족해야 하는 번거로움이 있다.

3) 중국 해외여행 발전의 몇 가지 문제점

(1) 국제 무역수지 적자

중국 여행 발전 과정에서 국내 여행은 중국 관광의 주된 골격을 이루고 있으며, 국내 여행자의 소비는 중국 전체 관광 수입 가운데 가장 큰 비중을 차지하고 있다. 국제 여행의 경우 인바우드 관광 즉, 외국인 입국자의 관광수입과 아웃바운드 관광 즉, 내국인 출국자의 관광지출 모두 꾸준히 증가하고 있다. 그러나 내국인 출국자의 관광지출이 외국인 입국자의 관광수입에 비해 훨씬 빠른 속도로 증가하여 국제관광 무역수지에 적자가 발생하고 있는 추세이다. 현재 중국은 내국인의 해외여행 소비에 대한 공식적인 통계가 이루어지지 않고 있다. 대신 세계관광기구의 통계에 따르면, 2009년 중국여행자의 해외여행 지출은 473억 달러로 같은 해 중국을 방문한 외국인 입국자의 관광수입이 390억 달러였던 것에 비하면 약 80억 달러의 차이가 났다. 중국인 출국자 수와 외국인 입국자 수의 증가 속도를 비교하면, 2010년도 중국인 해외여행지출과 외국인 입국자의 관광수입 차이가 이미 2009년도 수치를 훨씬 웃돌고 있다는 사실을 확인할 수 있다. 세계관광기구는 2010년도 중국인 해외여행 지출이 17% 증가할 것으로 전망했다(UNWTO, 2011). 즉, 중국인 해외여행지출과 외국인 입국자의 관광수입이 100억 달러 이상 차이가 난다는 뜻이다. 사실 이러한 관광 무역수지 적자는 매우 정상적인 현상으로 앞으로도 적자 폭이 계속해서 확대될 것이다. 이러한 관광 무역수지 적자 현상이 중국 경제에 실질적으로 부정적인 영향을 미치지는 않는다. 그러나 경각심을 가질 필요는 있다. 중국 국내

관광지에 대한 해외 홍보활동을 강화하여 외국인의 국내 관광을 적극적으로 활성화해야 한다.

〈표 6〉 2009년 세계 해외여행지출 순 (단위 : 억 달러)

순 위	국 가	해외여행지출
1	독일	808
2	미국	731
3	영국	485
4	중국	473
5	프랑스	389
6	이태리	278
7	일본	251
8	캐나다	243
9	러시아	208
10	네덜란드	207

출처 : 세계관광기구(UNWTO)

(2) 소비와 비소비의 분쟁

일반적으로 쇼핑을 목적으로 한 해외여행자도 많지만 전체 중국인 해외여행자들 가운데 이들이 차지하는 비중은 그다지 크지 않다. 물론 해외여행에서 쇼핑을 하지 않는 여행자도 있지만 이는 극소수에 불과하다. 세계 각국의 관광발전 현황을 살펴보면, 해외여행자의 쇼핑은 관광수입의 중요한 비중을 차지하고 있다. 해외쇼핑은 여행자의 필요에 의해 이루어지기도 하지만, 해외여행 체험 활동의 일환으로 이루어지기도 한다. 최근 수년 동안 해외여행 쇼핑은 아시아 국가 여행에서 적잖은 분쟁을 일으켰으며, 장거리 여행일수록 해외쇼핑으로 인한 문제가 많이 발생했다.

즉, 일부 국가에서 여행사 관리의 부재로 가이드가 관광객을 대상으로 강압적으로 쇼핑을 강요하거나 쇼핑몰 업자와 합세하여 관광객에게 사기를 쳐서 여행자들이 쇼핑에 대한 경계심이나 반발심을 갖게 만들었다. 또 다른 한편으로는 여행자들이 저렴한 비용에 혹하여 값싼 패키지여행을 떠났다가 여러 가지 불만이 쌓여 가이드와 불필요한 분쟁을 일으키는 일이 많아졌다. 이러한 현상은 중국 국가 관광부서와 해외 여행기관의 협력으로 다소 개선시책이 마련되었지만 여전히 중국인 해외여행자들 사이에서 자주 발생하고 있다.

(3) 프리미엄 여행시장과 패키지 여행시장의 수요에 대한 변화

시장의 세분화는 여행시장 발전의 필연적인 추세이다. 중국인 해외여행 시장은 비록 초기 단계이지만 여행시장은 이미 세분화되기 시작했다. 단거리든 장거리든 중국인들의 해외여행 목적지 대부분은 패키지 중심으로 이루어지는 중저가의 대중화된 여행시장이다. 대부분 홍콩, 마카오, 동남아시아 지역이 주를 이루고 있다.

이와 동시에 특수 테마관광 시장이 형성되기 시작했다. 몰디브 휴양지와 같은 高품격 휴양지에서 느긋한 휴가를 즐기는 휴가여행이나, 미국, 캐나다 등 여러 국가를 유람하는 실버여행을 예로 들 수 있다.

그 외에도 특정 목적지에서 쇼핑을 즐기거나 독특한 문화 체험을 주제로 한 여행시장도 등장했다. 두바이, 이집트, 남아프리카공화국, 터키, 유럽 여행이나 세계일주 여행을 예로 들 수 있다.

전반적인 추세를 살펴보면, 단체여행이든 자유여행이든 대중적인 여행시장은 꾸준한 성장세를 보이고 있다. 여행목적지를 점차 확대하는 동시에 여행상품과 서비스 품질 개선에도 노력하고 있다. 또한 개인적인 만족이나 특별 서비스를 위해서 고가의 여행비용도 흔쾌히 수용할 수 있는 고객을 겨냥한 고품격 여행시장도 계속해서 발전하고 있다.

(4) ADS와 자유여행의 변천

모두가 알다시피, 중국에서 만든 ADS 제도의 여행방식은 단체여행이다. 물론 구체적인 시행 과정에서 여행단체의 규모는 각각 다를 수 있으며, 심지어는 1~3명의 최소 인원수로 줄일 수 있다. 그러나 단체여행 방식으로 진행되는 것은 변함이 없기 때문에 단체비자가 발급되고 여행자의 투어일정이나 여행방식도 제한을 받는다. 그러나 최근 들어 여행자가 스스로 일정을 짜고 혼자서 여행을 떠나는 '자유여행' 혹은 '배낭여행'에 대한 수요가 늘어나기 시작했다. 더불어 중국 주재 여러 나라의 대사관이나 관련 기관에서도 적극적으로 여행 비자를 발급하거나 혹은 비자 면제 혜택을 제공하여 중국인들의 해외 자유여행이 더욱 편리해졌다. 특히 여행에 필요한 숙박지와 교통수단을 온라인상에서 간편하게 예약할 수 있어서 자유여행은 크게 인기를 끌며 새로운 추세를 이루고 있다. 어떤 의미에서 보면, 이는 중국 여행시장이 성숙해가는 증거라고 할 수 있다. 여행사에서도 투어일정을 탄성적으로 조정하여 '반패키지' 혹은 '에어텔'만을 제공하는 여행상품을 내놓고 있다.

4) 향후 중국 해외여행 예측

세계관광기구의 2011년 세계 여행 동향 보고서 자료에 따르면, 해외여행의 전반적인 발전 속도는 2010년도에 비해 미진하여 해외여행자 수의 증가 속도가 4~5%대에 머물 것으로 전망하고 있다. 그 근거는 글로벌 경제가 점차 회복되고 있지만 실업률이 여전히 높고, 일부 국가는 재정수입을 확대하기 위해 여행관련 세금을 늘리거나 새로운 세수 항목을 신설하여 여행발전에 적잖은 지장을 초래할 가능성이 크기 때문이다. 뿐만 아니라 2011년도의 유가 상승은 국제 관광산업 발전 속도를 저하시킬 가능성이 크다.

반면에 중국시장의 경우, 별다른 제약을 받지 않을 것으로 예상된다. 국제정세나 세계경제에 돌출 변수가 발생하지 않는 이상 2011년 중국 해외여행은 지속적인 성장세를 유지할 전망이다.

(1) 해외여행 성장세 지속

전반적으로 중국인의 해외여행은 지속적인 성장세를 유지하며 여행시장도 꾸준히 확대될 것이다. 특히 홍콩, 마카오, 대만을 방문하는 여행자 수가 계속해서 증가할 것이다. 새로운 여행 목적지가 꾸준히 개발되면서 여행자 수도 늘어날 가능성이 크다.

첫째, 대만 자유여행의 개방이다. 중국 대륙 주민들에게 대만 여행은 지속적으로 인기를 끌고 있는데, 현재 논의 중인 중국 대륙 주민의 대만 자유여행이 빠른 시일 내에 성사될 경우 대만 관광은 새로운 관광붐을 일으키게 될 것이다. 대만 관광붐은 대만과 인접한 광동(廣東), 복건(福建) 등 연해지역은 물론 내륙지역에도 관광붐을 불러일으킬 가능성이 크다.

다음은 홍콩, 마카오 자유여행의 확대이다. 홍콩, 마카오는 대륙주민들이 자유로이 여행할 수 있는 지역으로 각광을 받고 있다. 이러한 자유여행이 한층 확대될 경우 중국인들이 연휴를 틈타 홍콩, 마카오를 여행하는 일이 일상화될 것이며, 내륙지역에서 홍콩, 마카오로 여행하는 사람들의 숫자도 큰 폭으로 늘어날 것이다. 홍콩과 마카오를 여행하는 사람들의 주된 목적은 여전히 휴양과 쇼핑이 될 것이다.

여기서 주목할 점은, 새로운 여행 목적지가 개발되고 있다는 점이다. 전통적인 여행목적지를 찾는 여행자 수도 꾸준히 늘어나고 있지만 동시에 새로운 여행목적지를 찾은 여행자 수도 큰 폭으로 증가하고 있다. 아시아 지역의 인도에서부터 아프리카 케냐, 중동 아랍에미리트, 미국, 캐나다, 파나마 등 국가의 여행상품이 크게 증가할 것이며, 선박여행, 섬관광, 쇼핑관광, 골프관광 등 테마관광도 크게 발전할 것이다.

(2) 해외관광지 영국의 부상

유럽 특히 센겐협정(Schengen Agreement)을 체결한 국가들은 중국 여행자의 인기 관광지로 각광을 받을 것이다. 영국은 센겐협정 당사국이 아니어서 기타 유럽 국가들에 비해 관광비자 발급 절차가 복잡하지만 중국인 해외여행자들에게 상당한 매력을 갖춘 여행시장이다. 2010년 영국 윌리엄 왕자의 결혼식과 2012년 런던올림픽 준비 행사와 홍보 활동은 중국인 해외여행자들의 관심을 유발시킬 것이다. 때문에 영국은 중국 해외여행자들의 인기 관광지 혹은 유럽 여행의 일환으로 각광받을 가능성이 크다.

(3) 동북아시아에 새로운 변화

동북아시아는 아시아태평양 지역에서 관광산업이 가장 활발한 지역이다. 이 지역의 관광대국인 중국, 한국, 일본 간에는 관광교류가 나날이 증가하고 있다. 글로벌 경제가 점차 회복되면서 한중일 3국의 관광교류협력도 더욱 긴밀해지고 있다. 현재 한중일 3국의 관광부서는 2016년까지 한중일 3국간의 여행자 수 2,600만 명 돌파를 목표로 삼아 구체적인 관광협력 시책을 마련했다. 한국 역시 앞으로 2년 안에 300만 명의 중국 관광객 유입을 목표로 구체적인 방안을 세웠다. 이로써 한국과 일본을 방문하는 중국인 관광객 숫자가 큰 폭으로 증가할 전망이다.

(4) 청소년 교류 증가

2010년 중국 고위급 지도자들의 활발한 외교활동의 성과로 중국과 기타 국가들의 청소년 교류활동이 2011년 이후 한동안 국제 교류의 중점이 될 전망이다. 이러한 교류활동으로 유학생의 증가는 물론 경험과 견문을 넓히기 위한 중국 젊은이들의 해외여행이 증가될 가능성이 매우 크다. 젊은이들의 해외교류는 가족 간의 해외여행으로 확대되어 중국과 세계 각국 간의 관계 개선에 매우 중요한 역할을 맡게 될 것이다.

(5) 여행안전과 권익보호 강화

2011년 중국인 해외여행자의 주된 관심사는 여행안전과 권익보호가 될 것이다. 2010년 해외 여행목적지에서 여행자의 권익과 안전을 침해하는 사건들이 발생했다. 이는 해외여행자의 안전보호 의식에 경각심을 더해줬다. 국내외 관련 부서에서도 여행자 안전을 위한 적극적인 대책 방안을 강구하여 여행자들에게 관련 정보를 제공하고 있다. 주목할 점은, 2011년에도 국제정세가 여전히 불안하여 전통적인 여행목적지나 신흥 인기관광지에서 적잖은 사건이 발생할 가능성이 크다는 점이다. 그러므로 여행자들은 신변 안전에 더욱 관심을 갖게 될 것이며, 이는 여행활동에도 영향을 미칠 것이다.

제3절 맺음말

최근 2년 동안 비약적인 발전을 이루고 있는 중국 해외여행 시장은 세계 각국의 뜨거운 관심과 기대를 받고 있다. IPK국제기업은 2020년까지 중국인 해외여행자 수가 2010년의 두 배 수준으로 증가하여 인도와 함께 전 세계 6대 해외여행 시장 가운데 하나로 부상할 것으로 전망하고 있다. 현재 여러 국가에서도 중국을 해외시장 개척 목표로 삼고 있으며, 유럽관광위원회 대표는 유럽연합을 대표하여 중국에서 관광홍보 활동 진행에 착수했다. 기타 국가들도 앞다퉈 중국을 상대로 관광홍보 활동에 열을 올리고 있다.

중국의 해외여행시장이 점차 성숙해지면서 중국인들의 해외여행도 크게 발전할 것이다. 중국인들의 해외여행은 대중적인 여행코스가 주류를 이루는 가운데 점차 세분화될 것이며, 여행자들도 여행상품과 서비스 품질에 더욱 관심을 기울이게 될 것이고, 고품격 관광과 테마관광도 한층 활성화될 것이다. 특정지역에 국한된 해외여행이 주류를 이루는 가운데서도 새로운 여행목적지와 장거리 여행지도 크게 발전하게 될 것이다. 중국 정부도 다양한 시책을 마련하여 국내외 정부 기관 및 관광업계와의 적극적인 협력을 통해 중국인들의 해외여행을 더욱 간소화하여 권익과 안전을 보장할 것이다.

제3장

중국인 관광객에 대한 분류와 이해

–중국인 관광객이란 누구인가?–

왕닝 (중국 중산대학교 경영대학 교수)

제1절 머리말

인류 인식의 역사를 살펴보면 인류는 사물을 분류함으로써 사물에 대한 이해를 시작했다. 관광객도 마찬가지다. 관광객에 대한 분류는 이해의 출발점이며, 학술적인 가치를 지니고 있을 뿐만 아니라 응용가치도 크다. 예를 들면, 관광시장 세분화는 관광객을 특정한 방식으로 분류함으로써 진행한다.

관광객을 분류하는 데 있어서 아직 풀지 못한 숙제가 하나 있다. 즉, 관광객에 대한 분류 기준은 과연 모든 국가에서 모든 방문자에 적용할 수 있는 보편적인 것인가 아니면 특정 국가 및 사회적인 상황에 연관시켜야 하는 특수한 것인가? 본 논문은 보편적 분류와 특수한 분류, 두 분류 기준이 모두 어느 정도 합리성을 가지고 있으며, 각자는 서로 다른 목적을 갖고 있다는 점을 강조한다.

보편적인 분류 기준은 학술적인 목적을 제공하는 반면에, 특수한 분류 기준은 마케팅과 같이 응용 프로그램의 목적을 제공하고 있다. 우리가 보편적인 분류 기준으로 관광객에 대한 분류를 할 때면, 관광객의 배경은 그다지 중요하지 않다. 그러나 특수한 분류 기준으로 관광객을 분류하면, 관광객의 배경은 대단히 중요해진다. 본 논문의 목적은 중국의 특수한 맥락(particular contexts)에 의거하여 특수한 분류 기준을 사용함으로써 중국 관광객을 경험적으로 분류하고, 이를 바탕으로 중국인 관광객이 누구인지를 이해하고자 하는 것이다.

제2절 중국인 관광객 분류

1. 비맥락의존적 분류

관광객에 대한 기존의 분류는 주로 보편적 분류가 사용되고 있다. 즉, 관광객이 처한 특수한 사회적 상황이 아니라 관광객 그 자체의 특성과 행위에 따라 분류하는 것이다. 예를 들어, 에릭 코헨(Eric Cohen)은 관광객을 네 가지 범주로 구분한다. 먼저, 제도적 관광객(Institutional tourists)과 비제도적 관광객(Non-institutional tourists)으로 구분하고 있다. 다음으로, 전자의 제도적 관광객은 조직적 대중관광객(The organized mass tourist)과 개별적 대중관광객(The individual mass tourist)으로 나누고, 후자의 비제도적 관광객은 탐험가(The explorer)와 표류자(The drifter)로 나뉜다(Cohen, 1972).

후에 코헨은 여행경험에 대해서도 분류했다(Cohen, 1979). 그는 여행경험을 레크리에이션경험(Recreational experience), 기분전환경험(Diversionary experience), 체험경험(Experiential experience), 실험경험(Experimental experience), 실존경험(Existential experience) 등 5가지 유형으로 나눈다. 이 분류법은 계단식 분류법이다. 즉, 뒤에 있는 유형으로 가면 갈수록 더 높은 수준의 여행경험이면서 앞의 유형을 모두 포함하는 여행경험이 된다. 앞선 유형의 경험을 바탕으로 새로운 경험을 추가함으로써 더 발전된 유형의 여행경험을 형성하는 것이다. 따라서 순열 뒤에 있는 유형은 새로운 경험을 추가하기 때문에 앞의 유형과 동일하지 않고, 앞의 유형보다 더 높은 단계인 경험유형이 된다. 이처럼 관광객의 종류도 추구하는 여행경험의 유형을 바탕으로 여가관광객, 기분전환관광객, 체험관광객, 실험관광객 및 실존관광객으로 나눌 수 있다. 그러나 이러한 계단식 분류법은 논리적인 문제를 안고 있지는 않지만, 관광에 관련된 수많은 요소를 모두 포함시키지 못하는 한계를 갖고 있다.

스미스(Smith, 1977)는 관광객을 다음과 같은 7개 범주로 나누었다: 탐험가(Explorers), 엘리트관광객(Elite tourists), 이색관광객(Off-beat tourists), 특수관광객(Unusual tourists), 초기 대중관광객(Incipient mass tourists), 대중관광객(Mass tourists), 전세관광객(Charter tourists). 이 분류법은 관광객 시장의 크기를 기준으로 한 계단식 분류법으로서, 앞에서 뒤로 갈수록 관광객 시장이 더욱 커진다. 하지만 이 분류법은 겹치는 부분이 발생한다. 예를 들면, 일반관광객과 전세관광객은 둘 다 일반관광객에 해당된다.

또 어떤 학자는 관광객의 성격 특성에 따라서 분류한다. 예를 들어, 플로그(Plog)는 관광객을 심리중심형(Psychocentrics) 및 타인지향형(Allocentrics)의 두 가지로 분류한다(Plog, 1974). 이 분류법은 지나치게 단순하다. 분류범주 사이에 연속성이 존재하지 않고 단절된 채로 양극화되어 있다.

관광객의 특성에 대한 이해를 심화시키는 데 있어서 보편 분류법은 매우 중요하다. 하지만 이 분류법은 한계가 있다. 첫째, 어떤 특정 상황에서 벗어나 보편적으로 다 적용될 수 있다는 가정이다. 하지만 중국을 예로 들자면, 전세기 여행은 매우 드물다. 둘째, 너무 이상적인 분류법이며, 경험 데이터(empirical data)에 따라 분류시키고 있는 것도 아니다.

2. 맥락의존적 분류

특수분류는 특정 국가의 사회적 상황을 고려한 분류법이다. 이 분류법은 해당 국가의 경험 데이터를 바탕으로 특정한 상황에 따라 설정한 기준을 토대로 추출된 맥락에 의존하는 분류법이다. 특수분류법은 보편적인 응용 가치를 가지고 있다고 주장하지는 않는다. 하지만 이런 분류법에서 제시한 분류 원칙은 보편적으로 사용되는 가치가 있다. 이러한 원칙은 첫째, 분류 기준은 경험적 자료에 의해 만들어져야 하며 실제 경험을 벗어나서는 안 된다. 둘째, 분류는 특정한 사회적 맥락(social contexts)을 고려해야 한다. 셋째, 분류는 다중 기준을 사용해야 한다.

본 논문의 목적은 경험적 데이터를 바탕으로 중국의 구체적인 사회적 맥락을 고려하여 중국 관광객에 대한 특수분류를 진행하고자 하는 것이다. 저자는 자료를 수집하기 위해 인터뷰 방법을 사용했다. 지난 2006년 총 35명의 중국 광저우 주민을 인터뷰하였다. 응답자의 샘플은 포화 데이터의 원칙(data saturation)에 따랐다. 인터뷰 내용은 논문에 그대로 인용하였으며, 자료는 데이터 분석의 코딩 방법을 이용해 분석하였다.

1) 의미와 동기의 차원

관광의 의미에 대한 두 가지 기준, 즉 신성한지 혹은 세속적인지 그리고 관광객의 동기가 능동적인지 혹은 수동적인지라는 두 가지 기준을 서로 교차(cross-tabulate)하여 관광객을 네 가지 유형으로 나누었다 ([그림 1]을 보라).

[그림 1] 의미와 동기에 의한 관광객 분류

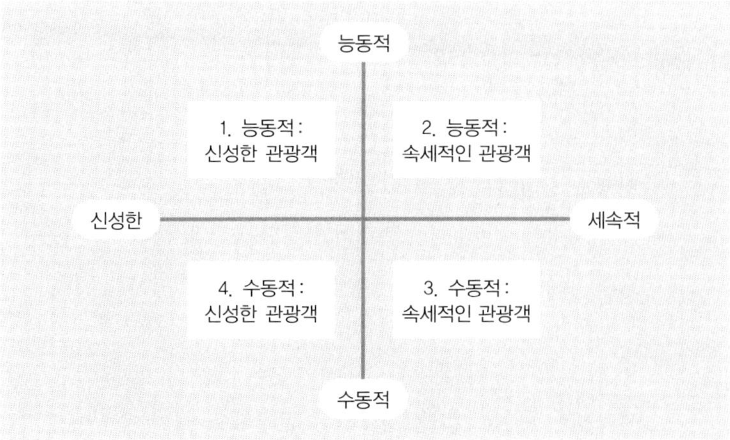

(1) 능동적 – 신성한 관광객

능동적 - 신성한 관광객이란 여행에 신성한 의미를 부여하여 강력한 관광 동기를 가지고 있는 관광객이다. 이런 관광객에게 여행은 인생 의미의 원천이고, 기계적인 활동이 아닌 여행 그 자체가 목적이 된다. 이러한 이유로 능동적 - 신성한 관광객에게 여행의 고생과 피로는 아무것도 아니다. 그들에게 여행이란 맥캔넬이 말하는 "준 순례(semi-pilgrimage)"라고 할 수 있다(MacCannel, 1976). 다음 인터뷰 자료에서 여행이 이런 유형의 관광객에게 얼마나 신성하고 중요한지를 알 수 있다.

Q : 티베트에 가장 가고 싶은 이유가 무엇인가요?

A : 평안한 환경을 찾아서 푹 쉬려고요. 하늘과 하나가 되어서(人天合一) 자연으로 다시 돌아가는 느낌이라고나 할까요? 저는 이렇게 평안을 추구하는 소박한 인생을 영위하고 싶지만 실제 생활에서는 그렇게 되지 않더라고요. 공산당에서 일한 지도 벌써 10년이 넘었습니다. 저와 같이 번잡한 일상을 살아가는 현대인들에게 신앙생활은 거의 불가능하지요(공청단 간부, 남, 34세).

Q : 여행은 당신에게 무슨 의미인가요?

A : 제가 생각하는 바람직한 여행이란 정신을 승화시키고 영혼을 맑게 해주는 것입니다. 여행을 하면서 풍경을 바라보면, 나도 모르게 신성한 신과 더 가까워지는 것 같고 동물적인 본성과는 더 멀어지는 것 같아요. 조용하고 맑은 것과 더 가까워지고, 시끄럽고 더러운 것과는 멀어지는 것 같아요. 이런 여행은 정

말 성지순례 같은 느낌이 들어요(신문사 편집자, 남, 31세).

A : 제가 가장 아낌없이 투자할 수 있는 곳은 바로 여행입니다.

Q : 왜요?

A : 여행은 저의 가치관과 연관이 있어요. 저는 한 사람이 평생 동안 먹고 입고 하는 그 모든 것들은 한도 끝도 없어서 아무리 애쓰고 힘써도 영원히 도달할 수 없을 정도로 무궁무진하다고 생각합니다. 그럼에도 불구하고 한 사람에게 가장 중요한 것은 이 짧은 인생 안에서 자신의 경력 및 경험을 끊임없이 쌓는 것이겠지요. 여행은 바로 그런 것 같아요(대학교행정직원, 남, 26세).

Q : 여행은 당신에게 무슨 의미가 있을까요?

A : 여러 가지 의미가 있어요. 인생도 원래 여행이잖아요. 여행은 자신에게 '사람은 항상 여행 중'이라는 느낌을 피부로 더 느끼게 하는 것 같아요(문서직원, 여, 20세).

A : 저는 유독 여행을 좋아해요. 학생 때부터 그랬어요. 대학교 시절부터 밖으로 많이 돌아다녔어요. 돈은 먼저 빌려서 여행하고, 나중에 돌아와서 장학금으로 갚았어요. 저는 정말 여행을 좋아하는 스타일이에요. 밖에 있는 느낌을 특히 좋아해요. 저는 어렸을 때부터 좀 내성적인 성격이라 사람들과 커뮤니케이션을 잘 못해요. 그래서 그런지 사람과 소통하는 것보다 자연과 교감하는 것이 더 쉬웠어요(경찰, 여, 26세).

(2) 능동적－세속적인 관광객

능동적－속세적인 관광객이란 여행을 즐거움의 원천으로 생각하는 관광객이다. 그들은 여행에 신성한 의미를 부여하지는 않지만, 여행을 하면서 즐거움과 기쁨을 매우 즐긴다. 이런 관광객은 순례자나 예비 순례자는 아닐지라도 '여행을 즐기는 자'라고 할 수는 있겠다. 그들은 여행에 동기를 부여함에 있어 능동적-신성한 관광객과 마찬가지로 매우 능동적이지만, 능동적-신성한 관광객과는 달리 여행에 신성한 의미를 부여하지는 않는다. 그들에게 여행은 즐거운 경험이다. 아래의 인터뷰 자료에서 이런 관광객의 즐거움을 확인할 수 있다.

Q : 최근에 여행을 간 적이 있어요?

A : 저는 해마다 여행을 가요. 저는 여행을 정말 좋아해요.

Q : 왜요?

A : 그냥 좋아해요. 특별한 이유가 없어요.

Q : 여행에 어떤 것이 좋아요? 구체적으로 말씀해 주세요.

A : 저는 현지의 모습과 경치를 즐겨요. 현지의 특산물, 현지의 풍속, 이런 것을 다 좋아해요. 저는 호기심이 강해요(경리, 여, 24세).

A : 저는 여행을 즐겨요. 비록 과정은 좀 힘들 때도 있지만, 여행을 하고 나면 마음이 즐거워져요. 자아도취라고 해야 하나요. 저는 힘들다고 포기하는 스타일이 아니에요. 아무튼 저는 여행을 좋아해요"(전업주부, 여, 24세).

(3) 수동적-세속적인 관광객

수동적-세속적인 관광객이란 자신이 여행을 좋아하지는 않지만 가족에 대한 의무나 사회적 의무를 다해야 하기 때문에 어쩔 수 없이 여행을 하는 사람들이다. 이러한 관광객은 여행을 좋아하기 때문이 아니라 어떤 특정한 의무를 이행하기 위해서 여행을 하는 것이기 때문에 관광활동을 적극적으로 추구하지 않는다. 당연한 결과이지만 여행동기도 약하기 때문에 항상 여행사의 패키지투어와 같은 편안한 여행을 선호한다.

Q : 여행을 좋아해요?
A : 보통이에요.
Q : 왜 여행을 가나요?
A : 아내가 여행을 좋아해서 같이 가요.
Q : 해마다 몇 번 정도 여행을 가나요?
A : 1년에 한두 번 정도요.
Q : 패키지여행을 가나요, 배낭여행을 가나요?
A : 대부분 여행사 패키지여행을 가요. 개인적으로 하는 여행은 귀찮아요(엔지니어, 남, 31세).

Q : 여행을 좋아해요?
A : 그저 그래요. 여행가는 것이 즐겁기도 하지만 안 가도 아무렇지 않아요. 일부러 여행을 가는 편은 아니에요.
Q : 그럼 왜 여행을 가나요?
A : 사실은 다른 사람들이 같이 가자고 해서 가는 편이에요. 어떤 때는 친구나 동료, 다른 때는 여자 친구가 가자고 해요.
Q : 그럼 여행은 당신에게 중요하지 않나요?
A : 개인적으로는 노는 것을 별로 좋아하지 않아요. 하지만 다른 사람이 놀고 싶어 하니까 어쩔 수 없이 놀지요. 예를 들면 여

자 친구가 심심하다고 하면 그녀를 즐겁게 해주고 싶어서 같이 여행을 가요. 제가 여자 친구에게 여행 제의를 하지만 제가 가고 싶은 것은 아니에요(자유업, 남, 30세).

(4) 수동적-신성한 관광객

수동적-신성한 관광객이란 여행에 신성한 의미를 부여하지만, 객관적인 제약조건으로 인해 여행을 갈 시간이 없는 사람이다. 여기서 말하는 제약조건이란, 경제적 제약(소득이 낮거나, 여행을 갈 만한 여유 있는 돈이 없는 사람), 생리적 제약(몸이 안 좋아서 오래 지속되는 여행을 할 수 없다거나, 신체적 장애가 있어서 전문시설 혹은 동반자가 필요한 사람), 시간적 제약(너무 바빠서 여행을 가지 못하는 사람) 등을 일컫는다. 이러한 제약이 있기 때문에 그들은 강력한 관광동기를 가지고 있지 않으며, 여행은 언제나 실제 행복이 아니라 상상하는 행복에 머무르고 만다. 하지만 그들이 직면한 제약조건을 제거해 줄 수 있다면 여행은 자신의 인생에 있어 성스러운 일이라고 생각할 것이다.

2) 비용의 원천 차원 : 누가 여행비용을 지불하나?

중국의 경우, 여행을 하는 사람과 여행경비를 지불하는 사람이 동일하지 않을 수 있다. 여행비용의 원천에 따라 중국 관광객을 자비관광객, 인센티브관광객, 회색관광객 등의 범주로 나눌 수 있다.

(1) 자비관광객

이름에서 알 수 있듯이, 자신이나 가족이 여행비용을 부담하는 관광객을 의미한다. 대부분 관광객은 자비관광객이라고 말할 수 있다.

(2) 인센티브관광객

인센티브관광이란 여행경비를 근무하는 회사에서 지불해주는 여행 형태이다. 이러한 여행은 보통 회사의 복지서비스로 인식되며, 이런 혜택을 받은 관광객을 인센티브관광객이라 할 수 있다. 이런 관광객은 개인 여행 또는 회사에서 단체로 가는 여행 활동을 다 포함하여 말할 수 있다. 중국에서는 공공 재정 관리의 허점을 이용하여 종종 정부기관 등 공공기관이 공적자금을 사용하여 소속 직원의 단체여행을 보내주기도 한다. 정부기관과 비교하면 민간기업의 이런 인센티브관광의 수는 비교적 적은 편이다. 아래 인용된 자료는 이런 관광객의 여행경비 출처에 대해 설명한 것이다.

> "최근 2년 동안 회사에서 가는 단체여행 외에는 다른 여행을 간 적이 없어요"(회사원, 여, 24세).
>
> **Q** : 회사에서는 어떤 활동들을 제공해주나요?
> **A** : 네, 예를 들어, 여유 있을 때 같이 여행을 가요(민간기업 기술 디자이너, 남, 29세).
>
> **Q** : 그럼 당신이 다니는 회사는 보통 어디로 단체 여행을 가나요?
> **A** : 일반적으로 성(省)[1] 안으로 가는데, 가장 먼 곳은 호남(湖南)

1) 한국의 도(道)에 해당하는 행정단위

이었어요. 작년에는 장사(長沙)로 한번 갔어요(대학교행정직원, 여, 40세).

A: "최근 2년 동안 회사에서 단체여행을 한 적이 있어요. 재작년에는 운남(雲南), 작년에 은천(銀釧), 서부지역을 갔었어요"(행정간부, 여, 32세).

Q: 여행을 좋아해요?

A: 여행이라면 보통 회사 단체 여행으로 가요. 개인적으로 여행을 좋아하는 편은 아니에요.

Q: 왜요?

A: 힘들잖아요. 나가면 힘들어요.

Q: 그럼 당신이 다니는 회사에서 최근 1년 동안 단체여행을 보내 준 적이 있나요?

A: 네. 많은 곳을 보내줬어요. 하지만 다 가까운 곳이었어요. 종화(從化)는 두 번 다녀왔어요. 회의하러 갔었거든요. 또 연안(延安), 주해(珠海) 등 많은 곳을 가봤어요.

Q: 그럼 비용은 스스로 부담하거나 아니면…?

A: 당연히 회사 돈으로 하죠. 안 그랬다면 저는 안 갔을 거예요(간부, 여, 32세).

(3) 회색관광객

회색관광객이란 겉으로는 출장의 명분을 가지고 실제로는 관광을 즐기는 자로 정의할 수 있다. 그들의 여행비용은 공공자금으로 지불된다. 일반적으로 두 가지 형식이 있는데, 하나는 방문·회의 혹은 다른 출장의 명분을 빌려서 실제로는 여행을 하는 경우인데 기업의 공적 자금으로 이러한 활동의 비용을 부담한다. 이런 관광 형태는 실제로 일종의 부정행위라고 할 수 있지만 중국에서 이런 여행을 불법으로 정의한다는 것은 쉬운 일이 아니다. 왜냐하면 이런 관광객은 공공자금을 가지고 여행하는 것을 합법화시킬 수 있기 때문이다. 따라서 겉으로 보면 합법적인 형태이지만 본질적으로 불법적인 여행 형태를 '회색관광'이라고 부른다. 공적 자금을 가지고 하는 여행이 합법적인 형태(즉, 회색 관광객이 지불한 여행경비는 기업의 청구제도를 충족시킬 수 있음)로 되어 있기 때문에 이런 회색여행은 더 일반적이고 보편화되어 있다. 아래 사례는 바로 이런 경우를 설명한다.

Q : 당신은 왜 여행을 가나요? 일을 하러 가는 경우 말고요.

A : 사실 주요 목적은 일이 아니고 여행이죠(웃음).

Q : 당신이 하는 여행은 다 공적비용으로 하는 거죠?

A : 지금까지는 그렇다고 봐야죠.

Q : 그럼 당신은 여행에 대한 투자는 없나요?

A : 아니에요. 공적비용으로 여행을 가더라도 돈을 좀 쓰긴 써요. 먹을 것을 사온다든지 물건을 사게 되면 당연히 제 돈을 쓰죠. 하지만 자비로 여행을 간 적은 정말로 없네요(행정간부, 남, 34세).

회색관광의 또 다른 유형은 출장을 가는 김에 여행을 하는 것인데 추가 발생한 여행활동의 비용 혹은 부분비용은 회사의 돈으로 지불하는 것이다. 다음의 두 사례는 바로 이런 경우다.

Q : 평소에 당신은 여행을 갈 기회가 많나요?

A : 많은데 다 무료예요. 자비로 가는 여행은 적은 편이죠. 저희는 공적비용으로 가는 경우가 비교적 많으니까요. 회의하러 어디를 가거나, 학교에서 뭘 하러 가거나… 가는 김에 여행도 함께 좀 하고… 저희는 음대라서 그런지 이런 활동이 많은 편이고, 기본적으로 다 공적비용으로 가죠(대학교행정직원, 남, 33세).

Q : 그럼 당신은 보통 어디로 여행을 가나요?

A : 국내는 거의 다 가봤어요. 북경은 빼고요. 절강성(浙江省)을 비롯한 지역을 많이 가는 편이고요. 최근 2년 동안 외국도 많이 갔어요. 항상 회의하러 나갔다가 여행도 겸사겸사 했어요. 저는 미국, 영국, 서유럽 그리고 인도를 가봤어요(대학교수, 남, 35세).

3) 관계 및 구조적인 차원

두 가지 일반적인 여행의 형태는 단체여행과 단독여행이다. 어리(Urry, 1990)는 집단적인 시선(collective gaze)과 낭만적인 시선(romantic gaze)의 두 가지 형태로 구분한다. 이와 동시에 여행을 할 때 여행사 패키지투어에 참여하는 여부에 따라 관광객의 여행형태를 또 다른 두 가지로 나눌 수 있다. 코헨(Cohen, 1972)이 정의한 제도적(institutional) 및 비제도적(non-institutional) 여행은 바로 이 두 가지 유형에 대한 분류이다. 두 분류의 기준은 중국에서도 다 적용된다. 그러나 중국에서의 집단적 시선은 낯선 집단과 친밀한 집단으로 나눠야 한다. 따라서 관계에 의해 나누어보면, 관광객은 낯선 집단, 친밀한 집단, 개인(즉, 어리가 말하는 낭만적인 시선) 등으로 나눌 수 있다. 이처럼 관계를 기준으로 나눈 세 가지 유형과 제도화 기준에 의해서 나눈 두 가지 유형(제도적 여행과 비제도적 여행)을 교차하여 결합해 보면 다음과 같이 6가지 유형으로 관광객을 세분화시킬 수 있다: 제도적 낯선 집단, 제도적 친밀한 집단, 제도적 개인, 비제도적 낯선 집단, 비제도적 친밀한 집단, 비제도적 개인(〈표 1〉을 보라).

〈표 1〉 관계 및 제도화에 따른 관광객에 대한 분류

	제도적	비제도적
낯선 집단	제도적 낯선 집단	비제도적 낯선 집단
친밀한 집단	제도적 친밀한 또는 아는 집단	비제도적 친밀한 또는 아는 집단
개 인	제도적 개인	비제도적 개인

(1) 제도적 낯선 집단

제도적 낯선 집단이란 개인, 연인 혹은 부부 등 여행사 투어 프로그램에 각자가 신청하여 여행을 하는 경우 여행을 가기 전까지는 투어에 참가하는 사람들과 잘 모르는 상태에서 패키지투어를 하게 되는데, 이렇게 낯선 사람들로 이루어진 집단을 제도적 낯선 집단이라 말할 수 있다. 여행하는 동안에 일부 여행 구성원은 서로를 알아가면서 여행이 끝난 후에 친한 친구로 발전하는 경우도 있지만, 일반적으로 계속해서 긴밀한 관계를 유지하기는 어렵다. 대부분의 경우에 여행사 투어에 같이 참여했던 사람들은 여행이 끝나면 바로 헤어지고 서로 연락을 하지 않는다. 관광객이 이런 여행방식을 선택하는 이유는 첫째, 여행사가 개개인의 여행스케줄을 전부 짜주기 때문에 편리하고, 둘째는 개인 배낭여행보다 이러한 패키지투어가 비용 면에서도 더 경제적이기 때문이다. 아래 인용된 자료는 바로 이런 경우를 설명한다.

> **Q**: 회사 단체여행, 개인여행, 여행사 패키지, 이렇게 3가지 방식 중에서 만약 전부 자비로 여행을 해야 한다면 당신은 어느 방식을 선택하겠습니까?
>
> **A**: 여행사 패키지요. 개인적으로 여행사에 대한 신뢰가 높은 편이라서 여행사가 다 해주면 편할 거란 생각이 들고 또 경제적이잖아요.
>
> **Q**: 좀 더 구체적으로 말하면요?
>
> **A**: 편안한 것은 바로 스스로 고생하지 않아도 된다는 거죠. 최근에 여행사 패키지는 할인도 많이 하고, 개인적으로 가는 것보다 더 경제적일 수 있어요(대학교교사, 남, 35세).

(2) 제도적 친밀한 집단

제도적 친밀한 집단이란 여행사 투어에 신청하는 구성원들끼리 여행을 가기 전에 이미 친밀하거나 아는 사이로 구성된 집단을 의미한다. 이것의 변형은 친밀한 지인들끼리 더 큰 투어 집단에 신청하여 여행을 할 때 나타날 수 있는데, 집단 안에 친밀하거나 아는 지인끼리의 그룹과 또 다른 낯선 사람들로 이루어진 그룹으로 하나의 집단을 형성한다. 다음의 인터뷰에서 말하고 있듯이 친구와 여행경험을 공유하는 것 자체가 이러한 집단의 행복 원천이다.

"친구랑 같이 있으면 즐거워요. 여행의 포인트는 누구랑 가는지, 누구랑 함께 있는지에 있어요"(세관공무원, 남, 30세).

(3) 비제도적 낯선 집단

비제도적 낯선 집단이란 여행사 투어에 참여하지 않은 관광객으로 여행을 하는 동안에 어떤 원인으로 인하여 임시적으로 결합된 집단을 말한다. 예를 들면, 어떤 관광지에서 우연히 같은 해설자에 따라 임시적으로 형성된 낯선 집단, 대중교통을 이용하면서 우연히 같이 승차하게 된 사람, 또는 사고가 일어난 경우 같이 있게 된 임시적인 집단(천재지변으로 인해 같은 호텔이나 부두에서 머무르게 된 집단) 등이다. 여행을 출발할 때는 서로 같은 집단이 아니었기 때문에 엄밀히 말하자면 비제도적 낯선 집단은 실제 분류에 의미가 있는 범주는 아니다.

(4) 비제도적 친밀한 집단

비제도적 친밀한 집단이란 단체로 여행을 가는 관광객이 어떤 여행사 투어에 참여하지 않고 서로 긴밀한 관계로 인하여 동반여행을 가는 것을 의미한다. 이런 여행 방식은 항상 발기인과 호응자가 있다. 그들의 교통수단은 보통 자가용을 운전하거나, 관광버스를 대절하여 공동으로 사용한다. 이런 여행의 목적 중 하나는 멤버들 간의 감정을 유지하거나 촉진하기 위한 것이다. 뿐만 아니라 구성원 간의 커뮤니케이션이 경치를 구경하는 것 이외의 또 다른 중요한 즐거움의 원천이라 볼 수 있다. 이런 관광 그룹의 구성은 가족 단위이거나 친구들끼리인 경우가 대부분이다. 중국에서 이런 여행의 형태는 점점 더 인기를 끌고 있다.

"저는 여행을 가려면 그곳에 대해 대략적으로는 알고 있어야 할 거 같구요, 자기가 좋아하는 사람과 같이 가는 것이 좋을 것 같아요. 여행사 투어를 따라가는 것은 그냥 돌아다니는 것뿐이고 남는 것이 없어요"(기자, 남, 31세).

"저는 배낭여행을 하고 싶어요. 두세 명이 함께 차 한 대를 렌트해서 가는 길의 풍경도 즐기고 하는 식으로요"(간부, 남, 34세).

Q : 최근 2년 동안 여행을 간 적이 있나요?

A : 있기는 있어요. 여행은 갔는데 대부분 아이를 데리고 간 것이었죠. 심천 놀이공원으로 갔던 거, 항공모함을 보러 갔던 거, 그리고 축구경기를 보러 갔던 거… 아무튼 다 아이를 위해서 간 거였어요(대학교수, 남, 35세).

A : 여행사 패키지는 대부분 막 돌아다니면서 그냥 구경하는 수준이고, 한 곳에서 한 곳으로 그냥 가봤다는 것뿐이에요. 저는 개인적으로 배낭여행을 더 좋아해요.

Q : 그럼 당신은 여행사 말고 혼자 여행 가는 것을 계획하고 있나요?

A : 저는 혼자 여행을 가지 않아요. 제 남편이나 친구들과 같이 가요(대학교행정직원, 여, 40세).

(5) 제도적 개인

제도적 개인이란 여행사를 통하여 교통 및 숙박 등 여행사의 여행 서비스를 이용하는 개인 관광객을 의미한다. 이런 유형은 중국에서 아직 흔치 않다.

(6) 비제도적 개인

비제도적 개인이란 여행사의 여행 서비스를 이용하지 않는 배낭여행객을 의미한다. 이런 관광객은 비록 여행사의 도움을 받지 않지만 여행하는 도중에 피할 수 없이 제도적인 관광서비스를 이용해야 하는 경우도 있다. 예를 들면 교통, 숙박, 식사, 투어 가이드 등. 배낭관광객은 바로 전형적인 비제도적인 개인이다. 서양에서 유행된 배낭관광객이 이제 중국에서 출현하기 시작했다. 아래 인용된 인터뷰 자료가 이런 비제도적 개인의 경우를 설명하고 있다.

> "여행사 투어를 따라가면 제가 보기에는 그냥 그곳에 한 번 가봤다는 것뿐이고요. 그곳에 가서 한번 보고, 경험하고, 그뿐이에요. 의미가 없어요. 저라면 혼자 갈 거예요. 거기서 한동안 살아보려고요"(대학원생, 여, 27세).

> "전부 다 배낭여행으로 갔어요. 여행사 투어를 따라가지 않았어요. 저는 여행을 혼자해요. 누구랑 같이 가지도 않아요. 혼자서 낯선 곳으로 가는 느낌이 진짜 좋아요. 최고죠"(대학교행정직원, 남, 26세).

4) 명소 선호의 차원

서양 관광객들과 같이 중국 관광객도 특정 명소에 대한 선호가 있다. 선호하는 명소 유형에 따라 중국 관광객을 분류하면 다음과 같다. 자연관광객, 유산관광객, 전통생활관광객, 이색 민족관광객 등. 물론 실제 여행에서의 다양한 매력은 종종 여행 중 결합을 하면서 나오기도

하지만, 관광객이 좋아하는 자신만의 명소 선호순위에는 영향을 미치지 못할 것이다.

(1) 자연관광객

자연관광객이란 이름에서 알 수 있듯이 맑은 호수와 푸른 산이 어우러진 아름다운 생태환경을 우선 선호 순위로 설정하는 관광객을 의미한다. 이들은 대도시의 시끄러운 환경과 직장의 스트레스를 피해 자연환경에서 해탈하고 스트레스를 푸는 느낌을 얻으려고 한다. 아래 인용된 자료에서 이런 유형의 관광객의 자연경치에 대한 선호를 설명하였다.

Q : 어디로 여행을 가고 싶나요?

A : 구체적인 생각은 없어요. 하지만 산이 맑고 물이 깨끗한 곳을 좋아해요. 자연 생태 관광을 주로 할 거예요(민간기업 기술디자이너, 남, 29세).

Q : 왜 신강(新疆) 같은 곳으로 여행을 가고 싶나요?

A : 자연환경이 좋잖아요, 풍경도 아름답고, 신강 아가씨도 예뻐요! 감숙(甘肅) 지역은 석굴이라든지, 청해(青海), 은천(銀川) 등 지역은 다 자연풍경이 아름다운 곳들이죠. 제 아내가 가봤는데, 전부 야생꽃으로 뒤덮여 있고, 하늘도 푸르고, 구름도 하얗고, 호수도 맑대요! 티베트 쪽으로 가거나 운남 리장도! 아 참, 내몽고 초원 위에 말을 타면서 끝없는 초원을 바라보면 정말 상쾌할 것 같아요. 저는 봄에 가는 걸 좋아해요. 모든 곳

이 다 푸르고 생기가 있기 때문이죠(간부, 남, 34세).

Q : 그럼 당신은 자연풍경이 좋은 곳으로 여행을 가는 걸 좋아하나요?

A : 네. 저는 자연풍경이 좋은 곳을 즐겨요. 장가계(張家界)는 한 번 가봤어요. 정말 좋았어요. 자연으로 되돌아가는 느낌이었어요(왕씨, 대학교행정직원, 40세).

(2) 유산관광객

유산관광객은 문화고적, 역사유산 등을 우선 선호 순위로 선정하는 관광객을 의미한다. 이런 관광객은 보통 상대적으로 높은 문화자본을 가지고 있으며 역사와 문화 전통에 대해 잘 알고, 인문학 기반이 풍부한 문화유산 및 기념물에 대해서 관심이 많다. 다음에 인용된 인터뷰 자료는 이런 유형의 관광객의 선호를 설명하고 있다.

"우리가 대부분 가는 곳은 다 인문경관이었어요. 특별히 이런 인문적인 분위기가 강한 곳을 골라서 갔어요. 안 그러면 어디든지 맘대로 찍어서 현지 생활체험을 하는 것도 괜찮아요"(교수, 남, 40세).

"저는 그냥 산만 보고 물만 보는 것이 아니라, 문화적인 정서를 느끼고 싶어요. 태산(泰山)은 오악의 지존이며, 남경(南京)은 6개 왕조의 수도잖아요. 봉황고성(鳳凰古城)을 가보면 심종문(沈從文)의 아름다운 산문이 떠오를 것이고. 저는 가는 곳마다 그곳의 역사와 연관시켜 그곳의 문화고적이 뭐가 있는지, 문화고적의 고시를 연상해요. 이로 인해 또 다른 느낌을 받게 돼요. 옛것과 우리나라의 역사에 대해 성찰하고, 내 자신의 생활과 생각을 연관시켜 봐요. 이것은 그냥 보는 것과는 전혀 달라요"(간부, 남, 34세).

(3) 전통생활관광객

전통생활관광객이란 민속풍토 및 전통적인 생활방식에 대한 관심이 많으며, 이런 요소들을 우선 선호 순위로 설정하는 관광객을 의미한다. 이런 관광객은 일반적으로 현대화되고 도시화된 삶과는 상반된 시골 마을의 소박한 전통 생활과 오래된 민속 풍습에 대한 갈망이 있다. 이들은 일상생활에서 부족한 진정성을 찾기 위해 민속풍토에서 삶의 참모습을 추구하고 체험하려는 관광객들이다. 아래 인용된 자료는 이런 관광객의 갈망을 설명하고 있다.

"대도시는 이미 매력이 없어요. 홍콩 같은 데 가봤지만 재미가 없었어요. 광주, 상해 등 도시는 다소 차이가 있긴 하지만 운남 같은 곳은 아직까지 소수민족이 많이 살고 있고 현대 문명과 고립된 곳이라서 그런지 사람들이 순수한 거 같아요. 저는 재작년에 호남성 서부에 있는 봉황고성에 가봤는데 거기 가면 수많은 이기적인 생각을 버리게 되더라고요. 거기서는 옷을 벗은 어린 아이가 시원한 물에서 수영하는 걸 볼 수 있어요. 강변에 있는 작은 집은 누추한 여관이었는데 누추하다고 느껴지지 않고 오히려 소박하고 예스럽게 느껴졌어요. 아침에 일어났을 때 여관 옆에 어떤 여인이 자신의 딸의 머리를 만져주고 있는 모습도 볼 수 있었고요. 이 모든 것들이 그대로의 모습으로 자연스럽게 일어나고 있는 것 같았어요. 우리 삶의 진실이 되돌아가면서 시간도 멈춰 버릴 것 같다는 느낌이 들었어요"(신문사 편집인, 남, 31세).

(4) 이색 민족관광객

이색 민족관광객이란 소수민족 또는 외국의 문화와 라이프스타일에 큰 관심이 있는 사람이고, 이런 요인들을 관광의 우선 선호 순위로 설정하는 관광객을 의미한다. 문화와 라이프스타일의 차이가 관광객의 호기심을 유발시킬 뿐만 아니라 그들의 로맨틱한 정서까지도 불러일으키게 한다. 이런 관광객은 문화와 라이프스타일의 차이를 로맨틱하게 해석하기도 한다. 아래 인용된 자료에서 이런 심리 상태를 설명하고 있다.

Q : 앞으로 가장 여행가고 싶은 곳이 어디인가요?

A : 저는 외진 지역으로 가보고 싶어요. 티베트, 신강, 몽고 등 소수민족이 있는 곳, 해발이 높고 자연적인 환경이 그대로 보존되어 있고 개발이 그다지 심한 편이 아닌 곳이요. 도시에서 놀고 싶지 않아요. 외진 지역에 가보고 싶고, 종교적인 분위기가 강한 곳으로도 가보고 싶어요. 그런 곳은 광주와 완전히 다른 세계라고 봐요. 거기는 풍경도 좋고, 사진을 찍으면 멋질 것 같아요. 거기서 사는 사람들의 생활을 알고 싶어요. 특별한 목적 같은 것은 없는데 그냥 알고 싶어요. 새로운 환경에서 어떻게 적응하고, 어떻게 일하고 사는지 보고 싶어요(이씨, 과학연구원, 33세).

제3절 맺음말

관광객에 대한 이해는 그들이 처한 사회적 맥락에서 벗어날 수 없다. 관광객의 동기 및 행위는 보편성과 특수성을 동시에 가지고 있다. 후자는 그들이 처한 특수한 맥락과 관련이 있다. 따라서 관광객을 잘 이해하려면 보편성의 관점에서뿐만 아니라 특수성의 시각으로도 이해할 필요가 있다. 특수성의 시각이라는 것은 바로 관광객이 속한 국가의 구체적인 사회적 맥락을 의미하며 거기서부터 분류 기준을 찾아 관광객을 분류해야 한다.

관광객에 대한 분류는 관광객에 대한 이해 방법이라고 볼 수 있다. 기존의 분류법은 주로 관광의 민족 및 국가 특성에서 벗어난 보편적인 분류이다. 이런 분류법은 유용하기도 하지만 한계가 있다. 왜냐하면 이는 특별한 일부 국가 관광객의 독특하고 중요한 특성을 무시해 버리기 때문이다. 본 논문에서는 특수한 사회적 상황을 감안하여 중국 관광객에 대한 경험적 분류를 시도하고자 하였다.

분석 결과, 중국 관광객은 서양 관광객과 유사한 특징도 있지만 자신만의 고유한 특성도 가지고 있다는 것을 알 수 있었다. 이런 특성은 중국의 특별한 사회적 상황과 밀접한 관계가 있다. 따라서 중국 관광객을 이해하려면 보편적인 분류에 국한하지 말고, 특수한 상황 및 경우에 따른 관광객의 분류가 중국 관광객을 더 정확하게 이해하는 데 도움이 될 수 있을 것이다. 또한, 이러한 분류법은 단일화하지 않은 다원적 분류법이다. 이러한 다원적인 분류를 통해 우리는 중국 관광객에 대해 전반적으로 파악할 수 있을 것이다.

제2부 중국인 관광객 유치 전략

제4장
방한 중국인 관광객의 특성

이양수 (부산대학교 관광컨벤션학과 교수)

제1절 머리말

1. 중국인의 방한현황

경제성장과 대외개방 정책을 추진하고 있는 중국은 글로벌 소비시장으로 부상함과 동시에 국제관광시장에서 차지하는 비중이 점점 확대되고 있는 것이 오늘의 현실이다. 특히 1992년 한·중 국교수립 이후 문화적, 지리적으로 인접한 중국은 한국 제1의 교역국일 뿐 아니라 새로운 인바운드 관광시장으로 급부상하고 있는 실정이다. 2000년 들어 중국 정부는 해외 단체관광 전면자유화를 단행하면서 송출 관광객의 수가 지속적으로 증가하고 있으며, 2010년부터 위안화가 절상되면서 해외관광객의 증가추세는 당분간 지속될 것으로 예상된다. 2010년 중국의 해외여행객은 약 5,400만 명에 이르고 있으며, 해외여행으로 지출한 금액이 480억 달러로 추산되고 있다. 이처럼 중국 정부의 지속적인 개혁개방정책과 함께 관광산업 확대정책, 그리고 경제의 지속적 성장으로 중국인의 해외관광은 당분간 계속 성장할 것으로 전망된다.

이러한 전망은 중국이 사회·경제적 발전으로 국민들의 소득이 증가하고 중산층이 두터워지면서 세계관광시장의 판도를 가늠할 주요한 변수로 세계 각국의 주목을 받고 있으며, 전 세계는 중국인 관광객 유치를 위한 치열한 경쟁에 돌입하였다고 할 수 있다. 2008년 대만, 미국에 이어 2010년에는 캐나다도 중국의 해외여행자유국가(ADS)로 지정되었고 최근에는 독일, 프랑스, 오스트리아, 하와이가 대 중국전담 관광업무 담당자를 임명하는 등 중국시장 선점을 위해 발 빠르게 대처하고 있다(정기은, 2010).

지난 2001년 중국인 방한입국자 수는 33만여 명으로 전체의 6.3%였으나, 2004년 44만 명, 2009년 134만 명으로 전체 방한입국자의 17.2%로 지속적인 증가추세를 보이고 있는 실정이다. 2010년 우리나라를 방문한 전체 외래관광객 수는 약 880만 명으로 집계되었으며, 이 중 중국인이 차지하는 비중은 21.4%로 188만 명에 육박하여 실로 엄청난 증가세를 보여주고 있다.

우리나라를 방문하는 외국인 관광객 상위 3개국을 살펴보면 일본, 중국, 미국이 차지하는 비율이 전체 외래관광객의 약 60~64%를 차지하고 있으며, 이 중 일본관광객의 비중이 여전히 가장 높으나 그 추세를 살펴보면 일본의 경우는 점점 감소하는 추세를 보이는 반면, 방한 중국인 관광객의 수는 지속적으로 늘어나는 추세를 보이고 있다. 지난 10년간 방한 중국인 관광객 증가율은 평균 18~20%의 높은 증가추세를 보이며, 2010년에는 전년대비 40% 증가하여 급격한 성장률을 보이고 있다(한국관광공사 외래국입국 월별 통계자료 및 보도자료).

중국이 세계관광업계의 새로운 소비시장으로 부상함에 따라 우리나라 정부는 2010년 8월 1일부터 중국인에 대한 '복수비자 적용대상자 확대와 복수비자제도'를 실시하는 등 방한 중국인 관광객을 맞이할 정책적, 제도적 준비를 하고 있다. 최근 몇 년 동안 한국을 방문하는 중국인 관광객이 매년 빠르게 증가하고 있는 덕분에 국내 항공사, 음식 숙박업체, 유통업체 등 관광 관련 서비스업체가 중국인 관광객 특수를 톡톡히 누리고 있으나 이러한 성장추세가 일시적 현상으로 끝나지 않도록 하기 위해서는 중국관광시장을 철저히 분석하여 세계 관광업계의 새로운 소비계층으로 부상한 중국인 관광객을 국내 서비스산업 글로벌화의 초석으로 활용하는 지혜가 필요하다.

이러한 세계 관광업계의 변화에 따라서 향후 방한 중국인 관광객 증가에 능동적으로 대처하고 중국인 관광객을 효과적으로 유치하기 위해서 방한 중국인 관광객의 실태조사를 바탕으로 그들의 여행패턴, 활동, 여행자들의 특성을 구체적이고 정확하게 이해하고 이를 바탕으로 시장을 세분화[1]하고 이에 근거한 관광마케팅전략 및 정부정책이

1) 관광시장 세분화란 총체적으로 이질적인 관광시장에서 비교적 동질적 수요를 가진 관광집단을 선별하고 그 시장의 필요와 욕구를 충족시킴으로써 한정된 자원을 최대한 효과적으로 활용하려는 것으로 관광시장 세분화를 통해 여행자의 욕구, 구매동기들을 보다 정확히 파악할 수 있으며 변화하는 관광시장수요에 효율적으로 대응할 수 있기 때문에 관광마케터들은 관광시장을 세분화하려고 한다. 특히 관광시장 세분화에 따라 효과적인 홍보수단을 마련하고, 맞춤형 수요에 대응할 수 있는 인적자원의 개발과 교육프로그램을 개발하는 데 유익한 정보를 제공받을 수 있을 것이다(Goodrich, 1977). 관광시장 세분화는 모든 관광소비자들은 독특한 요

수립될 필요성이 절실히 요구된다고 할 수 있다. 본 연구는 이러한 세계관광시장의 변화에 적절히 대응하기 위한 연구배경에서 출발하였다.

2. 방한 외국관광객의 특성 : 일본, 중국, 미국을 중심으로

방한 외래관광객은 꾸준히 증가하여 2000년 532만 명에서 2010년 880만 명, 그리고 정부는 2012년에는 1,000만 명의 외래관광객을 유치할 것을 목표로 세우고 있다. 2010년 우리나라를 방문한 880만 명의 외래관광객 중 일본, 중국, 미국이 차지하는 비율을 살펴보면 일본이 34%, 중국이 21%, 그리고 미국이 7%로 집계되고 있다. 상위 3개국의 관광수요의 변화추이를 살펴보면, 일본은 점차 감소하는 반면, 중국인 관광객 수요는 증가하고 있는 실정이며, 미국은 크게 변화 없이 5~7% 수준을 유지하고 있는 실정이다.

방한 외래관광객들의 여행특성을 분석하는 것은 외래관광객 수용태세를 개선하고, 국가별, 여행패턴에 맞는 효과적인 마케팅전략을 수립하는 기본적인 정보로 활용할 수 있을 뿐 아니라 국가별 여행문화를 이해하는 데 도움이 될 것으로 기대한다.

구와 욕구를 지니고 있어 근본적으로 관광수요가 이질적이라는 사실에 근거를 두고 있으며 이는 관광시장에 대해 총량적이고 획일적인 접근이 아닌 개별적이고 차별적인 접근이 필요함을 의미하는 것이다(한승엽 외, 2007; 오상훈 외, 2008). 관광시장 세분화의 기준변수는 일반적으로 인구통계적 특성(연령, 성별, 소득, 직업), 심리적 특성(개성, 만족도, 동기, 충성도), 형태적 특성(추구편익, 구매기회, 가격 민감도), 지리적 특성(국가, 지방, 도시) 등이 있다(오민재 외, 2009; 이승길, 2010).

제2절 몸말

1. 분석자료

본 연구에 사용된 자료는 한국관광공사가 주관하는 2009년, 2010년 〈외래관광객 실태조사〉[2] 자료를 기본으로 하여 분석하였다. 외래관광객 실태조사는 매년 우리나라를 방문한 외래관광객의 여행전반에 대한 실태를 조사한 자료로서 입국 관광객의 여행성향을 분석함으로써 외래관광객의 효과적인 유치는 물론 관광수용태세 개선을 위한 정책 수립의 기초자료로 활용하고자 의도된 조사 자료이다(한국문화관광연구원, 2010). 이와 같은 사후 관광행동조사는 관광객들이 실제로 관광지를 여행하면서 보고, 느끼고, 체험을 통해 암묵지(tacit knowledge)를 명시지(explicit knowledge)로 전환함으로써 스스로도 잘 모르는 숨겨진 마음을 드러낼 수 있다는 측면에서 효과적인 관광객 유치 전략 수립에 중요한 자료가 될 수 있다는 데 의의가 있다.

자료의 통계처리는 SPSS 18.0을 이용하였으며, 국가 간 관광실태를 비교분석하고자 자료탐색 및 기술통계분석을 실시하였으며, 국가 간 분포의 차이성 유무를 검정하기 위해서 명목척도 변수의 경우는 Chi-square(X^2) 분석을 실시하였으며, 양적자료의 변수인 경우는 평균분

2) 한국관광공사는 1975년부터 〈외래관광객 여론조사〉를 매년 실시하였으며 이후 1991년에는 2년 주기, 1995년부터 다시 1년 주기로 변경하였다. 2004년부터는 매 1월부터 12월까지 매월 1차례씩 실시하고 있으며 설문내용과 표본수를 확대해오고 있으며, 2009년부터 조사주관기관이 한국관광공사에서 한국문화관광연구원으로 변경되었다.

석(t-test)을 실시하였다.

2. 분석결과

1) 방한목적 및 여행형태

2009년, 2010년 방한 외래관광객들의 방한목적, 순수관광목적 여행객들의 한국 여행동기, 여행정보원, 숙박형태, 쇼핑, 관광소비액, 관광목적 및 여행형태 등을 분석하면 다음과 같다.

〈표 1〉 국가별 방한목적 비교

방한목적	일 본		중 국		미 국	
	2009	2010	2009	2010	2009	2010
여가 / 위락 / 휴가	**67.3%**	**66.7%**	**45.9%**	**53.2%**	12.5%	13.0%
친구 / 친지방문	10.4%	9.5%	9.8%	12.0%	*27.6%*	*23.9%*
사업 / 전문활동	*20.2%*	*22.2%*	*36.6%*	*24.7%*	**55.5%**	**58.8%**
치료 / 종교 / 기타	2.2%	1.7%	7.6%	10.2%	4.4%	5.0%

국가별 방한목적을 살펴보면 일본과 중국은 여가 / 위락 / 휴가를 포함한 순수관광이 과반 이상을 차지하고 있으며, 다음으로 사업 및 전문활동이 약 22~24%를 차지하고 있다. 그러나 미국의 경우는 과반이 사업 및 전문활동을 방한목적이라 응답하였고, 다음이 친지 / 친구방문 순으로 나타나 중국, 일본과는 다른 방한목적을 보여주고 있다. 중국의 경우 2009년과 비교할 때 여가 / 위락 / 휴가를 포함한 순수관광의 비율이 전년도에 비해 7% 이상 증가한 반면, 사업 및 전문활동 목

적이 약 12% 이상 감소하는 현상을 보여주고 있다. 국가 간 여행목적의 차이성 검정결과 p<.001 수준에서 유의미한 차이가 있는 것으로 나타났다(*2009년; X^2 = 783.88, p-value = .000, 2010년; X^2 = 825.74, p-value = .000*).

〈표 2〉 방한 중국인 관광객의 방한목적

방한목적	2009		2010	
	남	여	남	여
여가 / 위락 / 휴가	38.8%	54.0%	44.0%	62.4%
친구 / 친지방문	9.8%	9.9%	10.5%	13.4%
사업 / 전문활동	46.2%	25.7%	36.2%	13.2%
치료 / 종교 / 기타	5.2%	10.4%	9.3%	11.0%

방한 중국인 관광객들의 방한목적을 남녀별로 나누어 살펴보면, 여성들은 여가/위락/휴가를 포함한 순수관광과 치료/종교/기타 목적이 높은 비율을 차지하고 있으며, 상대적으로 남자들은 사업 및 전문활동을 목적으로 한국을 방문하는 비율이 높게 조사되었다. 특히 여성들의 경우 2010년에는 여가/위락/휴가 위주의 순수관광과 친구/친지방문을 목적으로 한국을 방문한 비율이 전년도와 비교할 때 각각 8.4%와 3.5% 높게 나타난 반면, 남·여 모두 사업/전문활동을 목적으로 한국을 방문한 비율은 전년대비 약 10%와 13% 각각 감소하는 특징을 보여주고 있다.

〈표 3〉 국가별 방한 여행형태 비교

여행형태	일 본		중 국		미 국	
	2009	2010	2009	2010	2009	2010
개별여행	47.6%	50.3%	62.8%	60.2%	94.9%	96.3%
단체여행	29.8%	23.1%	35.1%	38.6%	2.3%	3.0%
Air-tel Package Tour	22.6%	26.6%	2.1%	1.2%	2.8%	0.6%

여행형태는 관광객들이 여행목적지를 선택할 때 가장 먼저 고려하는 것으로 여행형태에 따라 관광활동은 물론 목적지를 결정하는 중요한 영향 요인으로 작용할 것이다. 중국인 관광객의 관광형태별 특징을 살펴보면 개별여행이 약 60.2%를 차지하고 단체여행이 38.6%를 차지하고 있다. 이에 비해 일본의 경우는 Air-tel 여행이 약 26.6%를 차지하는 특징이 있으며 개별여행은 50.3%에 그치고 있는 것으로 나타났다. 일본은 중국, 미국에 비해 Air-tel 여행의 비중이 높게 나타나는 특징을 보여주고 있다. 또한 개별여행과 Air-tel 여행의 비중은 전년대비 증가하는 반면, 단체여행의 응답비율은 감소하였다. 미국은 응답자 거의 대부분(96.3%)이 개별여행으로 이루어지는 특징을 보여주고 있다. 국가간 관광형태의 차이성 검정결과 p〈.01 수준에서 유의미한 차이가 있는 것으로 나타났다(*2009년; X^2 = 782.81, p-value = .000, 2010년; X^2 = 989.18, p-value = .000*).

2) 순수관광객의 여행동기

다중응답결과를 바탕으로 2009년, 2010년 일본, 중국, 미국의 순수관광목적 여행객들의 여행동기 상위 4개를 살펴보면 다음과 같다. 중국인들은 쇼핑, 자연풍경 감상, 패션/유행 등 세련된 문화 체험, 역사/문화유적을 답사하기 위해 한국을 방문한 경우가 전체의 약 60%를 차지하고 있으며, 일본의 경우는 중국과는 달리 대부분 쇼핑을 포함하여 음식탐방, 그리고 지리적 근접성, 저렴한 여행비용 등의 이유로 한국을 방문하는 것으로 조사되었다(75%). 서양문화권인 미국관광객들은 역사/문화유적, 휴양/휴식, 자연감상 및 음식탐방이 전체응답자의 52.3%를 차지하고 있다. 이처럼 한국을 방문한 순수관광 여행객들의 여행동기 중 일본과 중국인들은 쇼핑이 차지하는 비율이 미국에 비해

〈표 4〉 국가별 순수관광객들의 여행동기 비교

여행동기	일 본		중 국		미 국	
	2009	2010	2009	2010	2009	2010
자연풍경 감상	1.8%	2.2%	16.2%	16.3%	9.5%	10.7%
쇼 핑	19.6%	22.0%	23.0%	23.5%	10.8%	9.5%
역사/문화유적	5.0%	5.2%	8.7%	8.3%	19.7%	19.9%
음식/미식탐방	18.5%	19.7%	7.9%	9.2%	13.8%	10.1%
휴양/휴식	2.9%	3.4%	7.3%	9.2%	14.4%	11.6%
유흥/놀이시설	3.9%	5.0%	3.3%	3.8%	2.0%	3.1%
패션 등 세련된 문화	0.9%	1.6%	11.2%	11.0%	2.0%	1.2%
기후/뚜렷한 사계절	0.3%	0.3%	2.9%	2.5%	1.0%	3.4%
저렴한 여행비용	18.0%	12.2%	6.3%	5.0%	5.9%	5.8%
가까운 거리	19.0%	16.8%	5.8%	5.1%	8.2%	8.3%
안 전	3.9%	3.3%	2.2%	1.9%	2.0%	3.7%
숙박시설/편리한 교통	1.4%	1.6%	1.3%	1.0%	3.0%	3.4%
한류/드라마 촬영지	3.3%	4.5%	2.3%	2.2%	1.0%	0.9%
기 타	1.4%	2.2%	1.7%	1.1%	6.9%	8.6%

상대적으로 높게 나타났다. 중국과 일본을 비교할 때 자연풍경을 감상하기 위한 여행동기에서 두 나라 간에 큰 차이를 보여주고 있다.

특히 중국은 우리나라의 세련된 문화를 체험하기 위해 방문하는 비율이 일본, 미국에 비해 매우 높게 나타난 것이 특징이다. 그리고 미국은 상대적으로 다양한 여행동기를 보여주는 특징이 있다. 예를 들면 미국의 경우 동양문화권과는 달리 많은 응답자가 역사, 문화유적, 휴양, 휴식을 위해 한국을 방문한다고 응답하였으며, 일본 순수관광객들은 쇼핑과 음식탐방, 지리적 근접성, 경제적인 이유가 한국을 방문하

〈표 5〉 방한 중국 순수관광객의 남녀별, 여행형태별 여행동기 비교

여행동기	2009		2010		2009		2010	
	남	여	남	여	개별여행	단체여행	개별여행	단체여행
자연풍경 감상	16.7%	15.9%	18.7%	14.7%	12.1%	18.2%	15.0%	17.2%
쇼 핑	19.5%	25.8%	20.6%	25.5%	24.8%	22.3%	23.1%	23.6%
역사 / 문화유적	10.4%	7.3%	10.6%	6.6%	4.8%	10.5%	8.3%	8.2%
음식 / 미식탐방	7.3%	8.4%	8.9%	9.3%	11.0%	6.6%	10.1%	8.6%
휴양 / 휴식	8.2%	6.6%	11.0%	7.8%	6.7%	7.7%	7.8%	9.9%
유흥 / 놀이시설	4.3%	2.4%	4.9%	3.0%	3.2%	3.3%	4.7%	3.3%
패션 등 세련된 문화	9.1%	12.9%	8.4%	13.0%	11.9%	10.7%	11.1%	11.1%
기후 / 뚜렷한 사계절	2.4%	3.2%	2.4%	2.6%	2.4%	3.1%	1.6%	3.0%
저렴한 여행비용	7.0%	5.6%	4.6%	5.2%	7.3%	5.5%	4.2%	5.4%
가까운 거리	6.8%	4.9%	5.2%	5.1%	5.8%	5.5%	5.0%	5.1%
안 전	2.7%	1.8%	1.7%	2.1%	1.9%	2.4%	3.1%	1.3%
숙박시설 / 편리한 교통	1.3%	1.2%	1.0%	1.0%	1.7%	1.1%	2.0%	0.5%
한류 / 드라마 촬영지	1.8%	2.8%	1.3%	2.8%	2.4%	2.3%	2.6%	1.9%
기 타	2.5%	1.1%	1.0%	1.1%	3.9%	0.8%	1.3%	0.9%

는 주된 목적이라고 응답하였다. 연도별로 살펴보면 2009년에 비해 일본, 중국 모두 쇼핑을 주된 목적으로 한국을 방문하였다는 응답자가 늘어났으며, 중국의 경우 음식 탐방 및 휴양/휴식이 여행의 동기였다는 응답자도 전년대비 증가하였다.

방한 순수 중국인 관광객들의 여행동기를 남녀별, 여행형태별로 세분하여 살펴보면 다음과 같은 특징을 발견할 수 있다. 2009년, 2010년 모두 쇼핑이나 세련된 문화의 체험은 여성이 남성보다 높은 비율을 나타내며, 반대로 자연감상이나 휴양/휴식은 남성의 비율이 높게 나타났다. 여행형태별로는 개별 순수여행객들은 음식탐방에서 높은 응답비율을 보여주고 있으나, 자연풍경 감상의 경우는 단체 순수관광객이 보다 선호하는 여행동기라고 할 수 있을 것이다. 쇼핑의 경우는 여행형태에 따라 거의 차이가 없는 것으로 나타났다. 순수관광객들의 연도별 여행동기를 살펴본 결과 특별한 차이는 발견할 수 없었다.

3) 여행정보원 비교

여행지에 관한 정보는 잠재적인 관광객들에게 자기 상품에 대한 긍정적인 메시지를 전달하고, 관광활동을 유도하는 역할을 담당하게 된다. 관광정보는 관광활동의 질을 향상시키고 여행 전 위험을 감소시키며 목적지에서의 여행형태, 관광활동과 숙박에 대한 의사결정에 있어 매우 중요한 역할을 한다(최영기 · 홍영호, 2010). 이러한 선호하는 여행정보원을 파악하는 것은 적절한 수요층을 파악하고, 타깃 마케팅을 함에 있어 중요한 정보를 제공한다는 측면에서 중요한 의의를 가지고 있다.

〈표 6〉 국가별 여행정보원 비교

여행정보원	일 본		중 국		미 국	
	2009	2010	2009	2010	2009	2010
여행사	16.2%	14.5%	18.5%	22.5%	8.6%	8.9%
친지 / 친구 / 동료	20.3%	20.4%	25.1%	23.0%	27.0%	26.3%
인터넷	23.6%	26.3%	23.3%	24.7%	28.9%	30.5%
관광안내서적	19.9%	23.1%	8.1%	8.0%	12.2%	11.4%
보도(TV, 잡지 등)	7.6%	5.3%	12.4%	9.6%	2.8%	2.9%
한국기관(관광공사 등)	1.9%	1.7%	4.6%	4.3%	2.7%	3.3%
항공사, 호텔	1.9%	1.5%	3.2%	2.4%	7.1%	7.8%
기 타	3.2%	3.0%	3.7%	4.5%	6.6%	5.4%
무정보	5.3%	4.2%	1.1%	1.0%	4.1%	3.7%

2009년, 2010년 우리나라를 방문한 일본, 중국, 미국 관광객들이 한국 여행에 대한 상세한 정보나 지식을 습득할 때 주로 이용하는 여행정보원에 대한 다중응답을 분석한 결과는 다음과 같다. 전체 응답을 기준으로 보면 일본의 경우는 인터넷, 친지 / 친구 / 동료, 그리고 관광안내책자가 중요한 정보원으로 활용되고 있으며, 중국의 경우는 친구 / 친지 / 동료, 인터넷, 그리고 여행사가 선호되는 정보원이라고 응답하였다. 또한 중국은 일본이나 미국에 비해 여행사를 정보원으로 이용하는 비율이 상대적으로 높게 나타난 것이 특징이다. 미국의 경우는 인터넷, 친지 / 친구 / 동료, 그리고 관광안내책자가 중요한 정보원으로 활용되어 일본과 유사한 응답결과를 보여주고 있다. 그리고 3개 국가 중에서 인터넷 활용 비율이 가장 높다고 응답한 나라가 미국이다. 여행정보원 변수를 연도별로 나누어 살펴보면 전체적으로는 인터넷의

활용 비율이 계속적으로 증가하는 추세를 볼 수 있으며 특히 중국의 경우는 2009년에는 친구 / 친지 / 동료의 비율이 가장 높았으나 2010년에는 인터넷이 더 높은 응답비율을 보여주고 있다.

〈표 7〉 방한 중국인 관광객의 성별, 여행형태별 여행정보원 이용현황

여행정보원	2009		2010		2009		2010	
	남	여	남	여	개별여행	단체여행	개별여행	단체여행
여행사	17.4%	19.7%	23.1%	22.0%	12.0%	29.4%	16.1%	32.5%
친지 / 친구 / 동료	25.2%	25.0%	22.0%	23.9%	29.8%	17.9%	26.0%	18.4%
인터넷	23.1%	23.5%	23.9%	25.5%	23.6%	22.5%	26.0%	22.7%
관광안내서적	8.0%	8.2%	7.8%	8.3%	7.0%	9.7%	7.8%	8.4%
보도(TV, 잡지 등)	13.4%	11.3%	9.6%	9.6%	12.5%	12.5%	9.2%	10.1%
한국기관(관광공사 등)	4.2%	5.1%	4.4%	4.2%	4.9%	3.7%	4.8%	3.5%
항공사, 호텔	3.4%	3.0%	3.1%	1.7%	3.8%	1.9%	2.7%	1.7%
기 타	4.0%	3.3%	5.0%	4.1%	4.7%	2.1%	5.9%	2.4%
무정보	1.3%	0.9%	1.2%	0.8%	1.7%	0.3%	1.5%	0.3%

중국인 관광객들이 선호하는 여행정보원에 대한 다중응답을 성별, 여행형태별로 나누어 분석해보면 다음과 같다. 남녀별로 뚜렷하게 선호하는 여행정보원은 발견하기 힘들었다. 왜냐하면 연도별 그 응답비율에 일관성이 발견되지 않았기 때문이다. 다만 2010년에는 여행사 및 인터넷을 통한 정보 획득이 2009년보다 남녀 모두 증가하였으며, 반대로 보도매체의 이용률은 감소하는 경향을 보여주고 있다. 그러나 여행형태별로는 보다 뚜렷한 차이를 발견할 수 있었는데 단체여행객들은 여행사가 주 정보원으로 활용된 반면, 개별여행객들에게는 친지 / 친

구 / 동료를 통해 여행지에 대한 정보를 획득한다는 응답이 상대적으로 높았으며 인터넷을 통한 정보의 획득도 개별여행객들이 약간 높은 응답비율을 보여주고 있다.

4) 숙박시설 이용현황

2009년, 2010년 방한 외래관광객들의 숙박시설이용 실태를 살펴보면 다음과 같다. 중국, 일본, 미국 관광객들이 주로 이용하는 숙박시설은 모두 호텔이 가장 높은 것으로 나타났다. 그러나 상대적으로 일본 관광객들의 호텔이용률은 중국, 미국에 비해 20% 이상 높은 응답률을 보여주는 특징을 발견할 수 있었다.

〈표 8〉 국가별 숙박시설 이용현황 비교

숙박시설	일 본		중 국		미 국	
	2009	2010	2009	2010	2009	2010
호 텔	88.5%	87.5%	61.7%	61.4%	63.7%	64.4%
유스호스텔, 여관, 게스트하우스	3.8%	5.1%	10.2%	9.7%	3.1%	3.3%
콘도, 펜션, 레지던스인	1.0%	2.1%	1.4%	1.1%	2.9%	4.9%
친척 / 친구집	4.6%	3.8%	16.6%	17.1%	23.3%	19.5%
학교기숙사 / 연수원	2.1%	1.5%	10.1%	10.5%	6.7%	7.8%
사 찰	0.0%	0.0%	0.1%	0.2%	0.3%	0.1%

2010년을 기준으로 할 때, 중국인 관광객의 호텔이용현황은 전체의 61.4%를 차지하고 있으며, 일본이 87.5% 그리고 미국이 64.4%를 차지하고 있다. 그러나 일본, 미국에 비해 중저가 숙박시설인 유스호스텔, 여관 이용률이 중국은 9.7%로 일본의 5.1%, 미국의 3.3%보다 높게 나

타나는 특징을 보여주고 있다. 또한 중국의 경우 중저가 숙박시설뿐만 아니라 기숙사, 연수원 등의 숙박시설 이용률이 응답자의 10.5%로 상대적으로 높게 나타났다. 중국과 미국 여행객의 경우 호텔 다음으로 많이 이용하는 숙박시설로 친구, 친척집을 선택한 것으로 나타났는데, 미국이 19.5%, 그리고 중국의 경우 그 비율이 17.1%를 차지하고 있다. 국가 간 숙박이용현황의 차이성 검정결과 $p<.01$ 수준에서 유의미한 차이가 있는 것으로 나타났다(*2009년;* $X^2 = 430.63$, *p-value* $= .000$, *2010년;* $X^2 = 400.72$, *p-value* $= .000$).

〈표 9〉 방한 중국인 관광객의 남녀별, 여행형태별 숙박시설 이용현황

숙박시설	2009		2010		2009		2010	
	남	여	남	여	개별여행	단체여행	개별여행	단체여행
호 텔	62.3%	61.0%	66.3%	56.6%	43.6%	93.9%	42.9%	89.7%
유스호스텔, 여관	11.1%	9.2%	7.6%	11.8%	14.0%	3.7%	11.8%	6.3%
콘도, 펜션, 레지던스인	1.3%	1.5%	0.5%	1.7%	1.6%	0.5%	1.9%	0.0%
친척 / 친구집	14.4%	19.0%	15.4%	18.9%	25.7%	1.2%	27.2%	1.8%
기숙사 / 연수원	10.8%	9.3%	10.0%	10.9%	14.9%	0.7%	15.9%	2.2%
사 찰	0.2%	0.0%	0.2%	0.2%	0.1%	0.0%	0.3%	0.0%

중국인 관광객들의 한국방문 시 여행지 숙소이용 형태를 남녀별, 여행형태별로 구분하여 살펴보면 성별에 따른 숙소 이용형태를 발견하기 힘들었다. 다만 남성들의 호텔 이용률이 여성에 비해 다소 높으며, 여성들의 경우는 친척/친구집을 이용한다는 응답자가 남성들보다 높게 나타났다. 그러나 여행형태별로는 보다 뚜렷한 차이를 발견할 수

있었는데 단체여행객들은 호텔이 월등히 높은 반면, 개별여행객들은 친구 / 친척집, 여관, 기숙사 / 연수원 등 보다 다양한 형태를 숙소로 활용하고 있는 것으로 조사되었으며, 이는 2009년, 2010년 모두 비슷한 경향을 보여주고 있는 것으로 분석되었다.

5) 여행활동내용 및 쇼핑장소 비교

인바운드 시장의 관광활동에 대한 분석은 향후 관광개발에 대한 다양한 정보를 제공할 수 있다는 데 의의가 있다. 2009년, 2010년 한국을

〈표 10〉 국가별 한국방문 시 주요 활동내용 비교

방문 중 활동	일 본		중 국		미 국	
	2009	2010	2009	2010	2009	2010
관광지	19.7%	19.1%	19.4%	22.1%	19.9%	19.9%
쇼 핑	27.8%	26.7%	29.8%	27.9%	18.5%	18.1%
식도락	25.6%	25.4%	10.3%	11.8%	4.7%	3.9%
미용 및 치료	6.0%	6.7%	1.8%	1.8%	1.9%	1.0%
유흥 / 오락	2.0%	1.7%	2.6%	2.0%	8.6%	9.8%
카지노	2.0%	1.8%	2.4%	2.7%	0.6%	0.7%
테마파크	0.7%	0.5%	3.9%	4.7%	1.8%	1.7%
온천, 스파	2.0%	1.6%	1.6%	2.3%	0.8%	0.5%
휴양, 휴식	1.7%	1.7%	3.9%	4.3%	3.4%	3.5%
스포츠 및 레포츠	0.3%	0.3%	1.5%	1.6%	2.6%	3.6%
전통문화체험	0.2%	0.3%	3.6%	3.3%	2.9%	2.9%
공연, 민속행사	1.2%	2.1%	1.7%	1.7%	2.6%	2.1%
시찰(산업시설 등)	0.7%	0.8%	1.9%	1.9%	2.9%	2.5%
연수, 교육, 연구	1.8%	1.5%	4.5%	3.7%	4.2%	3.8%
미팅, 회의참가	2.8%	2.4%	3.0%	2.5%	7.7%	5.6%
업무수행	5.4%	6.4%	7.9%	4.4%	16.7%	17.8%
기 타	0.0%	1.0%	0.3%	1.2%	0.4%	2.5%

방문한 관광객들이 국내에서 가장 많이 활동한 내용을 다중응답을 중심으로 분석해보면 다음과 같다. 2010년을 기준으로 국가별 방한 관광객들이 국내에서 가장 선호한 활동을 조사한 결과, 일본의 경우는 쇼핑과 식도락 관광이며(52.1%), 중국은 쇼핑과 관광지 방문(50.0%), 그리고 미국의 경우는 관광지 방문과 쇼핑(38.0%)이 가장 높게 나타났다.

특징적인 것은 일본의 경우 식도락관광이 상대적으로 높은 25.4%를 나타내며, 미국의 경우는 업무수행이 17.8%로 높게 나타나는 특징

〈표 11〉 방한 중국인 관광객의 남녀별, 여행형태별 주요 활동내용 비교

방문 중 활동	2009		2010		2009		2010	
	남	여	남	여	개별여행	단체여행	개별여행	단체여행
관광지	17.9%	21.1%	21.1%	23.2%	14.3%	27.7%	18.3%	28.2%
쇼 핑	27.3%	32.4%	25.3%	30.3%	29.5%	30.4%	26.8%	29.7%
식도락	9.1%	11.5%	10.0%	13.5%	10.0%	11.1%	12.6%	10.4%
미용 및 치료	1.0%	2.8%	1.1%	2.5%	1.9%	1.7%	1.7%	1.9%
유흥 / 오락	4.0%	1.1%	2.3%	1.7%	3.3%	1.7%	2.3%	1.6%
카지노	2.8%	2.1%	3.6%	1.9%	2.0%	3.1%	2.4%	3.2%
테마파크	3.7%	4.1%	4.9%	4.6%	3.5%	4.5%	4.2%	5.6%
온천, 스파	1.6%	1.7%	2.3%	2.3%	1.5%	1.9%	2.0%	2.9%
휴양, 휴식	4.0%	3.7%	4.4%	4.3%	2.9%	5.4%	4.2%	4.6%
스포츠 및 레포츠	1.7%	1.1%	1.8%	1.4%	1.8%	1.1%	1.6%	1.5%
전통문화체험	2.8%	4.4%	2.7%	4.0%	2.4%	5.1%	2.8%	4.0%
공연, 민속행사	1.5%	1.8%	1.7%	1.7%	1.4%	2.1%	1.4%	2.2%
시찰(산업시설 등)	2.7%	1.0%	3.2%	0.7%	2.8%	0.4%	2.6%	0.9%
연수, 교육, 연구	5.0%	3.9%	3.9%	3.5%	6.2%	1.4%	5.5%	0.9%
미팅, 회의참가	4.1%	1.8%	3.9%	1.0%	4.2%	1.0%	3.7%	0.6%
업무수행	10.3%	5.3%	6.8%	2.1%	12.0%	1.2%	6.4%	1.1%
기 타	0.5%	0.1%	0.9%	1.4%	0.4%	0.2%	1.4%	0.7%

을 보여주고 있다. 또한 국가별로는 미국은 일본이나 중국에 비해 다양한 관광을 보여주는 한편 중국, 일본은 한두 가지 활동에 집중되어 있는 것으로 나타나 이에 대한 대비가 필요할 것으로 판단된다. 미미하지만 일본이나 미국에 비해 중국인들이 상대적으로 높게 나타나는 활동으로는 테마파크 방문이 높은 것이 특징으로 분석되었다.

2009년, 2010년 한국을 방문한 중국 남녀 관광객들의 여행활동 내용을 분석하면 쇼핑, 관광지방문, 음식체험 및 업무수행이 대부분을 차지하고 있다. 남성들은 업무수행과 교육/연수, 유흥/오락 등에서 높은 비율을 보여주고 있으며, 여성들은 관광지방문과 쇼핑, 미용/치료 등의 활동에서 높게 조사되었다. 여행형태별로는 관광지방문, 휴양/휴식, 문화체험 등은 단체관광객들에게 높게 나타나는 활동이며, 개별여행객들은 교육/연수, 업무활동이 높게 나타났다. 쇼핑과 음식체험

〈표 12〉 국가별 주요 쇼핑장소 비교

쇼핑장소	일 본		중 국		미 국	
	2009	2010	2009	2010	2009	2010
공항면세점	17.3%	12.1%	23.8%	20.0%	17.6%	9.9%
시내면세점	13.4%	13.8%	11.6%	12.3%	1.5%	1.6%
백화점	12.5%	12.4%	11.7%	14.8%	12.3%	13.0%
남대문시장	8.7%	6.5%	5.0%	4.8%	8.6%	7.7%
동대문시장	5.5%	6.7%	15.6%	17.4%	9.1%	8.3%
이태원시장	0.7%	0.4%	0.7%	0.6%	12.8%	11.4%
명 동	18.0%	20.9%	15.0%	16.5%	5.2%	6.8%
인사동	2.7%	2.8%	1.5%	1.6%	8.2%	8.9%
소규모상점	11.1%	13.4%	7.9%	6.9%	16.7%	21.1%
대형할인점	10.0%	11.1%	7.1%	5.1%	7.9%	11.1%

활동은 여행형태별로는 큰 차이를 발견할 수 없었다.

국가별 주요 쇼핑장소를 분석하면 다음과 같다. 2010년을 기준으로 일본관광객들은 명동을 가장 선호하는 쇼핑장소라고 응답하였고 다음이 공항면세점과 시내면세점, 백화점, 소규모상점 및 대형할인마트가 각각 12.1%와 13.8%, 12.4%, 13.4% 그리고 11.1%를 골고루 차지하고 있다. 이에 비해 중국은 공항면세점을 선호하는 특성이 뚜렷하며(20.0%) 다음은 동대문시장과 명동이 17.4%와 16.5%를 각각 차지하고 있다. 미국의 경우는 소규모상점이 21.1%로 가장 높고 다음이 백화점으로 13.0%를 나타내고 있다. 이처럼 중국은 일본, 미국과 비교할 때 소규모상점 및 대형할인점의 이용률이 낮은 반면, 면세점과 백화점의 이용률이 높은 특징을 보여주고 있다.

〈표 13〉 방한 중국인 관광객의 남녀별, 관광형태별 주요 쇼핑장소

쇼핑장소	2009		2010		2009		2010	
	남	여	남	여	개별여행	단체여행	개별여행	단체여행
공항면세점	23.8%	23.8%	**22.3%**	17.9%	22.1%	26.1%	18.6%	**21.7%**
시내면세점	11.4%	11.8%	12.2%	12.5%	7.3%	19.0%	7.1%	**20.3%**
백화점	11.8%	11.6%	15.0%	14.6%	13.5%	8.8%	**17.5%**	10.8%
남대문시장	6.1%	3.9%	5.3%	4.4%	6.6%	2.4%	6.3%	2.7%
동대문시장	13.9%	17.4%	16.5%	**18.2%**	14.5%	17.9%	17.5%	17.4%
이태원시장	0.7%	0.6%	0.6%	0.6%	0.8%	0.4%	0.6%	0.6%
명 동	13.7%	16.5%	15.2%	**17.7%**	15.0%	14.4%	**17.3%**	15.3%
인사동	1.6%	1.5%	1.4%	1.8%	2.0%	0.8%	1.7%	1.5%
소규모상점	9.0%	6.8%	6.8%	7.0%	9.3%	5.8%	7.3%	6.3%
대형할인점	7.9%	6.3%	4.8%	5.3%	8.8%	4.4%	6.1%	3.4%

2009년, 2010년 한국을 방문한 중국 남녀 관광객들의 쇼핑장소를 살펴보면, 2010년을 기준으로 볼 때 남성관광객들은 공항면세점을 선호하는 것으로 나타났고, 여성들은 동대문 혹은 명동을 쇼핑장소로 보다 선호하는 것으로 조사되었다. 그리고 단체여행객들은 공항면세점과 시내면세점을 이용하는 경향이 높게 나타났다. 특히 시내면세점의 경우 단체관광객들이 개별관광객들보다 13% 이상 높게 나타나는 특징을 보여주고 있다. 개별관광객들은 백화점과 명동에서 높은 응답비율을 나타내는 것으로 분석되었다. 2009년과 비교할 때 공항면세점의 이용 비중은 점점 감소하는 반면, 시내면세점과 백화점 그리고 동대문시장은 증가하는 추세를 보여주고 있다.

6) 여행동반자, 여행기간 및 관광지출액 비교

여행객들에게 있어 동반자는 여행행동을 결정하는 데 중요한 영향을 미칠 것으로 예상할 수 있다. 또한 문화에 따라 여행동반자에 차이

〈표 14〉 국가별 여행동반자 현황 비교

여행동반자	일 본		중 국		미 국	
	2009	2010	2009	2010	2009	2010
혼 자	23.5%	22.3%	29.9%	27.3%	57.2%	58.2%
배우자 / 연인	17.7%	18.0%	13.9%	17.2%	13.2%	15.2%
자 녀	4.9%	4.3%	2.9%	2.4%	1.4%	2.7%
부 모	3.0%	3.4%	3.2%	4.5%	1.1%	1.4%
친 구	31.3%	30.0%	21.2%	22.4%	6.0%	5.7%
직장동료	11.3%	13.8%	22.6%	17.6%	16.8%	13.7%
기타가족 / 친지	6.8%	6.8%	4.9%	7.1%	3.8%	2.2%
기 타	1.5%	1.4%	1.5%	1.5%	0.6%	0.9%

를 보일 것으로 예상된다. 2010년 방한 외국인들의 여행동반자를 살펴보면, 일본과 중국은 친구 혹은 직장동료의 비율이 40%에 달하고 있는 반면, 미국의 경우는 혼자 여행을 왔다는 응답이 58.2%나 되어 대조적임을 알 수 있었다.

이러한 현상은 일본, 중국은 직장의 동료나 친구들이 사회생활의 중요한 동반자임에 비해 미국은 친구나 동료보다는 개인이 중심이 되는 사회적 분위기를 부분적으로 설명할 수 있는 부분이라 판단된다. 그 외에도 일본, 중국, 미국 모두 배우자 혹은 연인들과 함께 한국을 방문하였다는 응답자의 비율이 15~18%의 범위를 나타내고 있다. 예상과는 달리 3개 나라 모두 자녀나 부모와 함께 한국을 방문하였다는 응답비율은 4~7%로 상대적으로 낮은 응답비율을 보여주고 있다.

〈표 15〉 방한 중국인 관광객의 남녀별, 여행형태별 여행동반자 비교

여행동반자	2009		2010		2009		2010	
	남	여	남	여	개별여행	단체여행	개별여행	단체여행
혼 자	33.5%	25.7%	30.7%	23.9%	42.4%	8.3%	41.6%	5.4%
배우자 / 연인	13.7%	14.2%	17.1%	17.4%	12.4%	17.3%	13.6%	23.2%
자 녀	1.8%	4.2%	1.9%	3.1%	1.9%	4.6%	2.0%	3.3%
부 모	1.6%	4.9%	2.9%	6.0%	2.6%	4.1%	3.7%	5.8%
친 구	17.6%	25.4%	18.1%	26.6%	18.1%	26.6%	18.7%	27.9%
직장동료	26.7%	17.9%	20.9%	14.3%	17.8%	30.0%	13.9%	22.5%
기타가족 / 친지	4.0%	5.8%	6.7%	7.4%	3.8%	6.8%	6.1%	8.5%
기 타	1.1%	1.8%	1.7%	1.4%	1.0%	2.2%	0.4%	3.3%

방한 중국인 관광객들의 동반여행자를 살펴보면 남성들은 혼자 오거나 혹은 직장동료들과 함께 여행한다고 응답한 비율이 높은 반면, 여성들은 친구들 혹은 배우자 / 연인들과 온다고 응답한 비율이 남성들에 비해 높게 나타나 서로 다른 취향을 보여주고 있다. 2010년을 기준으로 할 때 혼자 여행보다는 동반자와 함께 한국을 방문하는 경향이 증가추세를 보여주고 있으며, 배우자 / 연인 혹은 친구들과 동반하는 비율은 증가하는 반면, 직장동료들과의 동행은 감소하는 추세를 나타내고 있다.

〈표 16〉 국가별 한국방문횟수, 동반자 수, 체류기간, 관광소비액 비교

		일 본		중 국		미 국	
		2009	2010	2009	2010	2009	2010
최근 3년간 방문횟수		4.37	3.76	6.22	2.96	1.99	2.56
본인 제외 동반자 수		2.80	2.95	6.44	6.58	4.00	2.82
한국체류기간		2.87	3.32	7.61	9.35	10.64	11.24
여행비	개별여행객($)*	897	909	1410	1636	1380	1888
	단체여행객($)	1257	1233	1773	1725	1974	1887
쇼핑비	개별여행객($)*	391	326	770	862	307	329
	단체여행객($)	555	478	992	956	521	459

* 개별여행객들의 여행경비총액은 항공료 혹은 선박료가 제외된 금액을 기준으로 함

관광지 재방문횟수는 관광소비자가 관광상품이나 서비스를 체험한 후의 행동을 측정하는 것으로 재방문횟수는 이전 관광 경험에 의한 종합적인 평가의 산물이므로 방문횟수를 통해 관계지속적 행동이나 타인에 대한 추천의도 그리고 고객만족의 척도로 이용될 수 있다는 점에

서 중요한 정보를 제공해준다. 재방문횟수에 대한 국가 간 비교분석결과를 보면 일본과 중국의 경우는 2009년에 비해 2010년에는 감소한 반면, 미국은 1.99회에서 2.56회로 증가하는 것을 볼 수 있었다. 특히 중국의 경우는 최근 3년간 방문횟수가 6.22회에서 2.96으로 1년 만에 3.26이나 줄어들어 그 원인을 파악할 필요가 있다.

본인을 제외한 여행동반자 수에 있어서는 일본 약 3명, 중국은 6.5명, 미국은 2009년에는 4명, 2010년에는 2.8명으로 조사되었다. 또한 방한 외래관광객들의 평균 체류기간을 살펴보면, 일본은 약 2~3일, 중국은 7~9일, 미국은 10~11일을 체류하는 것으로 나타났다. 미국은 지리적 원거리임을 감안할 때 중국과 객관적인 비교가 될 수 없겠으나 일본에 비해서는 오래 머무르는 경향이 있음을 알 수 있다. 이러한 여행의 특성을 고려한 맞춤형 관광상품의 개발이나 여행패턴에 맞는 관광 서비스의 제공이 필요할 것으로 생각된다.

외래관광객의 체류기간에 영향을 미치는 변인을 밝히는 것은 국제관광정책이나 마케팅전략을 수립하는 데 필요한 가장 기본적인 정보라 할 수 있다. 경제적 측면에서 체류기간은 관광객의 지출액과 가장 밀접한 관계에 있다. 체류기간이 길면 일반적으로 숙박서비스, 쇼핑, 교통비 등의 지출에 밀접한 상관관계가 존재함을 볼 수 있다(박상곤 외, 2010). 2010년을 기준으로 체류기간은 중국이 9.35일로 일본의 3.32일에 비해 훨씬 오래 머무는 것으로 나타났다. 장거리 여행객인 미국인들의 경우 평균 11.24일로 가장 긴 체류기간을 보여주고 있다.

중국, 일본, 미국과 비교할 때 가장 두드러진 특징 중의 하나가 여행지출액 항목인데, 중국 개별관광객의 경우 여행지출액인 1,636달러를 지출하고, 일본이 909달러, 미국 관광객이 1,888달러를 지출한 것으로 조사되었다. 2010년 이들 개별관광객이 쇼핑비용으로 지출한 금액은 중국이 862달러, 일본이 326달러, 미국이 329달러를 지출한 것으로 조사되었다. 단순한 지출금액 자체를 비교하는 것은 무리가 있지만 여행거리, 체류기간, 동반자 수, 여행활동 내용을 종합적으로 평가할 때 중국인 관광객들의 여행비 지출이 다른 나라에 비해 높은 수준이라는 것을 짐작할 수 있다.

2009년, 2010년을 비교해보면 한국체류기간이 일본, 중국, 미국 모두 소폭 증가하는 경향을 보여주고 있으며, 일본의 경우를 제외하고는 여행비와 쇼핑비 지출에 있어서도 증가하는 추세를 보여주고 있다. 일본의 경우는 장기불황이라는 국가 경제상황을 고려할 때 이해할 수 있는 부분이라 할 수 있을 것이다. 국가 간 여행지출액, 동반자 수, 체류기간의 차이성 검정을 위해 실시한 ANOVA 분석결과 모두 $p < .01$ 수준에서 유의미한 차이가 있는 것으로 나타나 외래관광객들의 여행비 지출에 차이가 있음을 알 수 있다.

종합적으로 보면 방한 외래관광객의 대다수를 차지하고 있는 일본, 중국, 미국 관광객 중에서 특히 중국 관광객들은 동반자 수, 체류기간 및 관광지출액 측면에서 보다 뚜렷한 특징을 보여주고 있는데 중국인 관광객들의 평균 동반자 수(가족 · 친지, 친구, 연인, 동료 포함)는 약 6.6명으로 일본(3.0명), 미국(3.0명)에 비해 상대적으로 많은 동반자와 함께 한국을 방문하여, 오랫동안 머물면서(9.4일), 쇼핑에 많은 지출을 하는 것으로 나타났다. 이러한 특성을 반영하여 여행상품을 개발한다든지 여행수용태세를 마련하는 것이 보다 효과적일 것이다.

〈표 17〉 방한 중국인 관광객의 한국방문횟수, 동반자 수, 체류기간, 관광소비액 비교

		2009		2010		2009		2010	
		남	여	남	여	개별여행	단체여행	개별여행	단체여행
최근 3년간 방문횟수		6.24	6.21	3.67	2.26	9.1	1.4	4.0	1.3
본인 제외 동반자 수		6.38	6.51	6.75	6.43	2.7	10.7	3.2	9.8
한국체류기간		7.82	7.35	9.06	9.64	9.5	4.4	12.6	4.7
관광소비액		2009				2010			
		남		여		남		여	
여행비	개별여행객($)*	1378		1453		1579		1701	
	단체여행객($)	1861		1693		1676		1764	
쇼핑비	개별여행객($)	703		857		810		920	
	단체여행객($)	1013		972		848		1040	

* 개별여행객들의 여행경비총액은 항공료 혹은 선박료가 제외된 금액을 기준으로 함

방한 중국인 관광객의 남녀별, 관광형태별 여행특성을 분석하면 남녀별 여행특성의 큰 차이는 발견할 수 없었다. 다만 방문횟수에 있어서 2010년 여성들의 재방문횟수가 남성에 비해 1.4일이 낮은 점을 발견할 수 있었다. 또한 체류기간이 2009년에 비해 2010년에는 남녀 모두 1.24일과 2.09일 증가하는 경향을 볼 수 있다. 이러한 여행패턴을 개별여행과 단체여행객을 중심으로 대별하여 살펴보면, 개별여행객들의 재방문횟수와 체류기간이 단체관광객들에 비해 월등히 높음을 발견할 수 있었다. 여성 개별관광객들은 여행비와 쇼핑비 지출에 있어서 남성들보다 많이 지출하고 있으며, 단체관광객들의 경우는 일관성 있는 패턴을 찾아보기 힘들었다. 다만 2009년과 2010을 비교하면 중국 남성관광객들의 평균 관광소비액이 소폭 감소한 것을 알 수 있다.

7) 여행불편사항 비교분석

〈표 18〉 국가 간 여행불편사항 비교

여행불편사항	일 본		중 국		미 국	
	2009	2010	2009	2010	2009	2010
언어소통	24.0%	25.6%	40.1%	40.5%	38.0%	40.6%
방한비자 취득	0.2%	0.0%	4.8%	4.7%	0.7%	0.7%
음 식	2.8%	2.7%	15.3%	14.3%	4.4%	3.0%
출입국수속	2.0%	2.0%	1.6%	1.4%	0.5%	1.2%
관광정보	3.7%	3.7%	3.3%	2.8%	2.3%	3.0%
안내표지판	18.0%	15.5%	6.6%	5.6%	12.9%	11.6%
비싼 물가	1.6%	1.6%	14.1%	16.5%	6.9%	7.3%
교통혼잡	16.7%	15.7%	4.5%	3.5%	21.0%	19.0%
관광종사원	1.8%	1.3%	1.6%	2.8%	1.1%	1.5%
택시기사	7.3%	7.5%	1.8%	3.3%	4.5%	4.3%
상품구입 강요	13.1%	16.7%	0.9%	0.9%	5.0%	4.9%
대중교통	5.1%	4.3%	2.3%	0.9%	1.6%	1.2%
숙박시설	2.4%	2.3%	2.1%	1.7%	0.5%	1.0%
관광안내	1.4%	1.0%	1.0%	1.1%	0.7%	0.7%

외래관광객의 여행불편사항에 관한 다중응답조사 결과를 분석하면 다음과 같다. 여행불편사항에 대한 정보는 한국을 재방문하거나 잠재 방문객들에게 우리나라를 홍보할 때 매우 중요한 정보를 제공할 수 있다는 측면에서 시사하는 바가 크다고 할 수 있다. 2010년 우리나라를 방문한 외래관광객들이 느끼는 여행불편사항을 분석하면 언어소통에 큰 어려움을 느낀다고 응답하였다. 특히 중국, 미국의 경우는 응답자의 40%가 언어소통의 어려움을 지적하였으며, 일본은 상대적으로 낮

은 25.6%의 응답비율을 나타내고 있다. 일본의 경우는 언어소통의 불편 외에도 상품구매의 강요, 교통혼잡과 안내표지판이 부족하다고 응답한 비율이 높게 나타났으며, 중국은 음식이 입에 맞지 않으며, 물가가 비싸다는 응답이 높게 나타났다. 미국 여행객들은 교통혼잡과 안내표지판이 불편하다는 응답비율이 높게 조사되었다.

〈표 19〉 방한 중국인 관광객의 남녀별, 여행형태별 여행불편사항

여행불편사항	2009		2010		2009		2010	
	남	여	남	여	개별여행	단체여행	개별여행	단체여행
언어소통	**40.6%**	**39.6%**	**42.2%**	**38.9%**	**38.3%**	**43.2%**	**37.0%**	**45.5%**
비자취득	5.0%	4.7%	5.3%	4.2%	7.0%	1.7%	6.6%	2.1%
음 식	**15.4%**	**15.2%**	**15.7%**	**12.9%**	**12.5%**	**19.5%**	**13.9%**	**14.9%**
출입국수속	1.1%	2.0%	1.8%	1.0%	1.4%	1.7%	1.7%	0.9%
관광정보	3.4%	3.1%	2.4%	3.2%	3.1%	3.7%	3.1%	2.2%
안내표지판	7.1%	6.1%	6.0%	5.2%	5.7%	8.1%	5.4%	5.9%
비싼 물가	**12.9%**	**15.5%**	**14.0%**	**19.0%**	**15.4%**	**12.4%**	**17.4%**	**15.1%**
교통혼잡	4.4%	4.6%	2.9%	4.0%	5.9%	2.2%	3.9%	3.0%
관광종사원	1.2%	1.9%	2.4%	3.2%	1.7%	1.4%	2.3%	3.5%
택시기사	2.1%	1.5%	3.0%	3.5%	2.5%	0.5%	4.2%	1.8%
상품강매	1.1%	0.5%	0.6%	1.2%	0.7%	1.0%	0.8%	1.0%
대중교통	2.8%	1.8%	0.5%	0.5%	3.1%	1.0%	1.2%	0.5%
숙박시설	1.7%	2.6%	2.0%	2.0%	1.7%	2.6%	1.7%	1.8%
관광안내	1.1%	0.9%	1.1%	1.1%	1.1%	0.9%	0.7%	1.6%

방한 중국인 관광객들이 한국여행에서 가장 불편을 느끼는 부분은 언어, 음식 그리고 물가를 꼽을 수 있다. 이러한 3가지 영역이 차지하

는 불평이 응답항목 중에서 70%를 차지하고 있다. 특히 남성들이 언어, 음식에 대한 불편이 여성에 비해 높게 나타나고 있으며 여성들은 물가가 비싸다는 점을 지적하고 있다. 관광형태별로는 전반적으로 단체관광객들이 여행불편을 크게 느끼는 것으로 조사되었으나, 비자취득, 교통혼잡, 그리고 택시기사의 불친절은 개별여행객들에게 높게 나타나는 불편요인으로 조사되었다.

〈표 20〉 국가별 쇼핑 불편사항 비교

불편사항	일 본		중 국		미 국	
	2009	2010	2009	2010	2009	2010
쇼핑품목이 단순	4.8%	3.7%	6.6%	7.5%	7.3%	6.7%
한국적이지 않다	5.8%	4.0%	7.9%	7.7%	4.6%	3.0%
호객행위	27.1%	28.4%	4.1%	3.8%	10.5%	8.4%
쇼핑장소 부족	0.8%	0.6%	3.2%	3.5%	4.4%	2.2%
점원불친절	12.6%	13.7%	4.2%	6.2%	4.8%	5.7%
언어소통불편	23.3%	20.8%	49.3%	47.6%	43.5%	44.9%
폐점시간 빠름	3.7%	4.8%	10.4%	10.2%	6.7%	7.9%
안내표지 부족	18.7%	20.2%	12.2%	12.6%	14.2%	16.3%
기 타	3.3%	4.1%	2.1%	0.9%	4.0%	4.9%

외래관광객 쇼핑관련 불편사항에 관한 다중응답조사 결과를 분석하면 다음과 같다. 2010년을 기준으로 할 때 일본의 경우는 호객행위와 언어소통의 불편을 28.4%와 20.8%로 높게 지적하였고 다음이 안내표지판의 부족을 20.2%라고 응답하였다. 중국의 경우는 언어불편이 47.6%라고 응답한 반면 호객행위는 3.8%로 낮게 나타났다. 오히려 상

점의 폐점시간이 이르다는 불편과 안내표지판의 부족을 쇼핑의 불편사항으로 지적하였다. 미국의 경우도 언어소통의 불편과 안내표지판의 부족을 44.9%와 16.3%로 각각 응답하여 중국과 비슷한 경향을 보여주고 있으나 일본과는 다른 응답을 한 것이 특징이다. 국가 간 쇼핑 시 느끼는 불편사항의 차이성 검정결과 p<.01 수준에서 유의미한 차이가 있는 것으로 나타났다.

〈표 21〉 방한 중국인 관광객의 남녀별, 관광형태별 쇼핑 불편사항 비교

불편사항	2009		2010		2009		2010	
	남	여	남	여	개별여행	단체여행	개별여행	단체여행
쇼핑품목이 단순	6.8%	6.4%	7.3%	7.7%	5.5%	7.6%	6.0%	9.4%
한국적이지 않다	7.2%	8.6%	8.5%	6.9%	8.4%	7.3%	9.9%	5.2%
호객행위	4.6%	3.6%	2.7%	4.7%	4.6%	3.3%	4.5%	2.8%
쇼핑장소 부족	2.6%	3.8%	3.6%	3.4%	2.5%	3.9%	2.6%	4.3%
점원불친절	3.7%	4.7%	5.8%	6.5%	4.3%	4.3%	5.2%	7.2%
언어소통불편	50.5%	48.1%	48.0%	47.3%	51.2%	47.5%	46.1%	49.2%
폐점시간 빠름	10.1%	10.7%	9.7%	10.6%	9.1%	11.8%	10.6%	10.0%
안내표지 부족	12.7%	11.6%	13.8%	11.5%	11.8%	12.6%	13.6%	11.4%
기 타	1.8%	2.4%	0.5%	1.3%	2.5%	1.7%	1.4%	0.5%

중국인들의 남녀별, 관광형태별 쇼핑 불편사항을 비교하면 다음과 같다. 2010년을 기준으로 살펴보면 남성들이 언어소통이나 안내표지 부족으로 인한 불편을 더 많이 느끼는 것으로 조사되었으며 쇼핑품목의 부족이나 점원들의 불친절은 2009년보다 더 심각한 것으로 조사되었다. 여행형태별로는 별다른 차이점을 발견할 수 없었다.

8) 여행만족도 및 향후 여행의도 비교

2010년 우리나라를 방문한 외래관광객들의 평균 여행만족도를 분석하면 일본의 경우는 전반적 만족도 점수가 4.08, 중국이 4.00 그리고 미국이 가장 높은 4.48을 보여주고 있다. 세부항목별 가장 높은 만족도 지수를 살펴보면, 일본은 음식, 중국은 출입국절차, 미국은 출입국절차와 대중교통에 높은 만족도를 보여주고 있으며, 반대로 가장 낮은 만족도 지수는 일본은 대중교통, 중국은 관광지 매력도, 미국은 관광안내서비스에 가장 낮은 만족도를 보여주고 있다.

〈표 22〉 국가 간 여행만족도 및 향후 여행의도 비교 (단위 : 평균)

여행만족도	일 본		중 국		미 국	
	2009	2010	2009	2010	2009	2010
출입국	3.87	3.90	4.20	4.10	4.52	4.47
대중교통	3.57	3.36	4.05	4.01	4.44	4.47
숙 박	3.93	3.92	3.99	3.97	4.44	4.38
음 식	4.16	4.17	3.79	3.88	4.28	4.31
쇼 핑	3.98	4.04	4.07	4.06	4.20	4.26
관광지매력	3.79	3.88	3.78	3.82	4.21	4.25
관광안내서비스	3.71	3.78	3.88	3.91	4.14	4.18
전반적 만족	4.05	4.08	3.97	4.00	4.49	4.48
이미지향상	3.69	3.66	3.90	3.94	4.08	4.06
추천의향	4.05	4.02	3.93	3.94	4.3	4.14
재방문의사	4.02	4.08	3.83	3.89	3.90	3.90

일본과 중국의 경우는 전년대비 전반적 만족도는 근소하지만 증가하였으며, 중국의 경우는 이미지 향상에 도움이 되었다는 응답이 3.90

에서 3.94로 나타났다. 종합하면 국가별로 느끼는 만족의 정도에 차이는 물론 세부항목에 있어서도 만족의 정도가 서로 다른 경향을 볼 수 있었다. 자동차문화가 보편적인 미국인이 느끼는 대중교통 이용의 만족 정도와 대중교통이 잘 정비된 일본인들이 느끼는 한국의 대중교통 만족도는 서로 다름을 발견할 수 있었다.

〈표 23〉 방한 중국인 관광객 성별, 여행형태별 여행만족도 및 향후 의향 (단위: 평균)

여행만족도	2009		2010		2009		2010	
	남	여	남	여	개별여행	단체여행	개별여행	단체여행
출입국	4.19	4.21	4.13	4.08	4.17	4.25	4.09	4.11
대중교통	4.04	4.05	4.03	3.98	4.05	4.04	4.04	3.93
숙 박	3.97	4.00	4.01	3.93	3.98	3.98	4.03	3.87
음 식	3.75	3.82	3.89	3.87	3.83	3.70	3.96	3.75
쇼 핑	4.01	4.13	4.04	4.09	4.11	4.00	4.10	3.99
관광지매력	3.73	3.84	3.83	3.81	3.80	3.76	3.85	3.77
관광안내서비스	3.84	3.93	3.93	3.89	3.84	3.95	3.91	3.92
전반적 만족	3.97	3.97	4.01	4.00	3.97	3.97	4.03	3.95
이미지향상	3.88	3.92	3.93	3.94	3.86	3.96	4.01	3.82
추천의향	3.89	3.97	3.92	3.95	3.92	3.92	4.00	3.84
재방문의사	3.82	3.84	3.88	3.91	3.89	3.70	3.99	3.74

〈표 23〉의 남녀별 만족도를 평가해보면, 2009년도의 경우 여행만족도는 남성들보다는 여성들이 높게 나타났으나, 2010년에는 남성들의 여행만족도가 높게 나타났다. 다른 사람에게 한국을 여행지로 추천할 의향이나 재방문의도를 묻는 질문에는 2009년, 2010년 모두 여성들이

남성들보다 높은 평균점을 보여주고 있다. 여행형태별로는 전반적으로 개별여행이 단체여행보다 높은 만족도를 보여주고 있으나 출입국 절차 부분에서는 단체여행이 높게 나타났다. 추전의향이나 재방문의사를 묻는 질문에서도 개별여행이 단체여행보다 높게 나타나 개별여행객들의 여행만족도가 단체여행객들보다 높다는 것을 알 수 있다.

제3절 맺음말

아시아태평양관광협회(PATA)에 따르면 2011년 중국인의 해외여행객은 약 5,000만 명 이상이 될 것으로 예상하고 있는데 이는 우리나라 전체인구와 비슷한 수준이다. 2008년 쓰촨성 대지진과 미국발 세계금융위기에도 불구하고, 2011년 한 해 동안 중국인들이 해외여행경비로 쓴 돈은 무려 550억 달러에 이를 것으로 예상하고 있다.

우리나라와 중국은 지리적으로 인접해 있을지라도 역사적 원인과 이데올로기의 차이로 인해 국교 수립 이전까지 오랫동안 단절되어 있었다. 1992년 8월 한·중 국교수립 이래 무역, 정치, 외교, 문화 등 다양한 분야에서 양국 간의 교류가 빠르게 증가하였고, 1998년 중국 정부는 공민들의 방한 관광을 공식적으로 허용하였다. 이후 한·중 관광교류가 지속적으로 증가하여 2009년 기준 방중 한국 관광객의 수가 350만 명에 이르게 되었고, 2010년 방한 중국 관광객은 188만 명에 이르고 있으며, 대중국 관광서비스 수지는 1998년 2억 500만 달러 적자를, 2009년에는 6억 5,000만 달러, 2010년 약 3억 달러로 적자폭이 감소로 반전되기는 하였으나 여전히 적자를 기록하고 있다. 특히 한·중 교역량은 점점 확대되어 중국은 우리나라 제1의 수출국이자 수입국이 되었다. 관광분야에 있어서는 무역수지 적자가 계속되고 있는 실정이다(산업자원부, 2011).

2009년 중국 정부는 제3차 「여행사 조례」 개정을 통해 중국 여행시장의 체질개선과 아웃바운드 관광객의 소비자 권리를 강화함으로써 기존의 국가 통제적, 관리적 정책에서 탈피하여 개방화, 자율화 방향으로 변화하고 있음을 보여주고 있다(김현주, 2009). 또한 경제성장 측면에서 중국은 소비 잠재력이 가장 큰 나라 중 하나다. 주요국 국내총생산(GDP) 대비 민간 소비 비중이 미국 71%, 영국 67%, 일본 55%, 한국 48% 등에 비해 중국은 37% 정도의 낮은 수준에 그치고 있으며 특히 가계 소득 수준은 계속 증가하고 있기 때문에 일정수준까지는 소비가 점진적으로 증대될 것으로 예상된다. 이러한 중국 정부의 관광정책 변화와 국민경제성장은 향후 국제 관광시장에서 차지하는 중국의 비중이 계속 확대될 것이라는 점을 쉽게 짐작할 수 있는 요인이다.

1. 방한 중국인 관광객 추이

방한 중국인 관광객 규모는 1998년 약 21만 명을 기준으로 연평균 19.9%의 고속 성장세를 보이고 있으며 2010년에는 약 188만 명에 이르렀고 2011년에는 약 200만 명에 이를 것으로 예상된다. 중국시장의 성장 추세를 감안하면 향후 인바운드 시장에서 일본을 추월하고 제1 시장으로 자리매김할 것으로 예상된다. 특히 이러한 예상은 위안화의 강세와 방한 중국인에 대한 비자발급의 완화, 그리고 중국 신용카드사용의 확대 등으로 쇼핑, 미용 및 성형 등 의료관광 및 카지노, 골프 등을 목적으로 한 방한수요가 증가할 것으로 예상된다.

방한 중국인 관광객의 성별 현황을 살펴보면 2009년에는 남성의 비중이 52.7%를 차지하였고, 2010년에는 50.2%를 차지하여 여성 관광객의 비중이 전년대비 증가하는 경향을 보이고 있다. 중국인의 방한목적을 살펴보면 순수관광을 위한 방문이 50% 이상을 차지하고, 2009년과 비교할 때 사업목적이 줄어드는 반면 친구/친지방문과 치료를 포함한 기타 목적을 위한 방한 관광객이 늘어나는 특성을 보여주고 있다. 특히 여성들은 순수관광과 치료 목적을 위해 한국을 방문하는 비율이 남성들에 비해 높게 나타나고 남성들의 경우는 사업차 방문이 상대적으로 크게 줄어드는 특성을 보여주고 있다. 이러한 경향은 일본, 미국과 비교할 때 뚜렷한 차이를 보여주는 국가별 관광목적의 특성이라 할 수 있다.

2. 방한 중국인 관광객의 관광 특성

2009년, 2010년 외래관광객 실태조사의 분석을 통해 나타난 중국인 관광객의 관광 특성을 살펴보면 다양한 변화와 특성을 발견할 수 있었다. 중국 방문객들의 방한목적을 살펴보면 순수관광 목적의 관광객 비중이 최근 들어 크게 늘어나는 추세다. 일본, 미국의 경우는 거의 변화가 없는 데 비해 중국은 2009년 대비 7% 이상 순수관광객들이 늘어났으며, 사업 목적 방한 비중은 지속적으로 감소하고 있는 실정이다[3].

반면, 친구 / 친지 방문은 소폭(2.2%) 증가하고 있는 실정이다. 순수관광객들의 여행동기를 살펴보면 일본, 중국의 경우 쇼핑을 목적으로 한 관광 비중이 가장 높은 것으로 나타났다. 특히 일본과 중국은 순수관광객의 22.0%와 23.5%가 쇼핑을 여행동기라 응답하였으며, 미국은 역사 / 문화유적 답사를 방한의 주요 동기라 답하여 서로 다른 방한 동기를 보여주고 있다.

중국인 관광객들의 방한 동기를 살펴보면 쇼핑, 세련된 문화, 음식탐방과 같은 감성적 관광동기가 높게 나타나고 있으며, 미미하지만 쇼핑, 음식탐방, 휴양 / 휴식 등의 비율은 전년대비 소폭 증가하는 경향을 보여주고 있다. 이외에도 중국인들의 경우 자연풍경 감상이 16.3%를 차지하고 있으며, 일본의 경우는 저렴한 여행비용과 가까운 거리가 한국을 방문하는 주요 동기라고 응답하였다.

중국인들의 남녀별 여행동기를 살펴보면 감성적인 동기인 쇼핑이나, 세련된 문화, 한류, 음식탐방 등은 여성들의 응답비율이 높고, 자연풍경, 휴양 / 휴식은 남성들이 선호하는 여행동기로 볼 수 있었다. 여행형태별로는 단체여행객들은 자연풍경이나 역사 / 문화유적 탐방을 선호하였으며 쇼핑, 패션 / 세련된 문화 등은 여행형태별 차이를 발견할 수 없었다. 개별여행객들은 음식 / 미식탐방에서 상대적으로 높은 응답비율을 나타내고 있으며 이는 자유로운 여행을 통해서 다양한

3) 이러한 통계분석의 결과는 실제 사업목적의 방한이 많아서가 아니라 중국인들의 해외여행 자유화가 가속되면서 보다 자유롭게 해외여행 문화를 반영한 결과로 해석될 수 있을 것이다. 즉 이전의 순수관광객들은 자신의 여행목적을 표면적(ostensibility)으로는 사업목적이라 하지만 실제적으로는 순수관광목적을 위해 방문한 것으로 해석할 수 있을 것이다.

음식문화를 체험할 수 있기 때문이라 생각된다.

2009년, 2010년 방한 외래관광객들이 선호하는 쇼핑장소로는 일본의 경우는 명동시장이 가장 높게 나타났고, 중국은 공항면세점, 미국은 백화점과 이태원을 선호하는 것으로 조사되었다. 공항면세점의 경우 일본, 중국, 미국 모두 감소하는 특징을 보여주고 있는 반면, 명동이나 백화점 등은 증가하고 있는 것으로 조사되었다. 특히 미국의 경우는 특이하게도 소규모상점이나 인사동을 쇼핑장소로 선호하여 일본이나 중국과는 대조를 보이고 있다. 이는 우리와 문화가 다른 서양인들에게는 한국적인 것을 선호하는 것으로 볼 수 있을 것이다.

체류기간은 2009년에 평균 7.6일을 머물던 것이 2010년에는 9.4일을 머무는 것으로 나타나 큰 폭의 증가를 보여주고 있으며, 동반자 수는 6.4명에서 6.6명으로 늘어났다. 2010년 기준으로 체류기간 중 이용하는 숙박시설을 살펴보면 전체 외국인 관광객의 약 75%가 호텔을 이용하는 반면, 중국인 관광객의 호텔 이용비율은 61.4%에 그치는 한편, 호텔 이외에는 친척 및 친구 집(17.1%), 게스트하우스 및 유스호스텔(9.7%) 등과 같은 숙박시설이 주로 이용되는 것으로 나타나고 있다. 2010년 기준 중국인 관광객의 여행정보 입수 경로를 보면 인터넷(24.7%), 친지 / 친구 / 동료(23.0%), 여행사(22.5%)의 이용 비중이 거의 유사한 수준을 보이고 있어 인터넷을 통해 가장 많은 여행정보를 얻는다는 전체 외국인 관광객의 응답과는 차이가 발견된다. 그러나 인터넷 사용의 비중은 2009년 23.3%에서 24.7%로 증가하였다.

방한 중국인 관광객의 1인당 관광 지출액 추이를 살펴보면, 2009년 개별여행객들은 1,410달러, 2010년에는 1,636달러로 증가하였으며, 단체관광객들은 2009년 1,773달러, 2010년에는 1,275달러로 감소하였다. 그리고 개별여행객들의 쇼핑으로 지출한 금액은 2009년 770달러에서 2010년 862달러로 증가하였으나, 단체여행객들의 쇼핑비 지출은 992달러에서 956달러로 감소하여 전반적으로 단체관광객들의 지출액은 감소하였다.

3. 정책제안 및 마케팅전략

본 연구결과를 요약하면 여행동기적 측면에서는 중국, 일본 모두 쇼핑이 매우 중요한 동기이며, 중국은 패션과 세련된 문화체험, 미국은 역사문화, 일본은 경제적 동기가 추가되고 있다. 앞으로 여행은 보다 다양한 동기를 바탕으로 새로운 관광상품에 대한 수요를 발굴하여 잠재고객들의 욕구를 충족시켜야 할 것이다. 여행정보원으로는 인터넷, 친구 / 친지를 통한 구전이 중요한 역할을 함과 동시에 여행사와 보도매체 이용률이 높은 것이 특징이다. 숙박시설은 호텔이 주요 숙박시설이나, 유스호스텔, 여관 그리고 회사 기숙사나 연수원 이용률이 높아지는 특징을 보여주고 있다.

이러한 연구결과는 중국 관광객유치를 위해서는 쇼핑뿐만 아니라 세련된 문화를 널리 알리는 것이 필요하며, 홍보에 있어서는 이전 한국 방문에 경험이 있는 사람들에게 한국 여행에 대한 좋은 추억을 바탕으로 구전을 통한 한국 홍보가 효과적일 것이라는 점을 유추할 수 있다. 또한 다양한 숙박시설의 활용가능성을 제공하는 것도 필요할 것이다. 인바운드 관광시장에서 여행만족도는 여러 측면에서 중요한 의미를 내포하고 있다. 특히 재방문의도나 구전을 통한 관광지 홍보에 매우 중요한 역할을 한다는 측면에서 정부는 물론 관련기업들도 관심을 가져야겠다.

여행만족도에서 남 · 여 가장 낮은 것이 관광지매력도와 음식으로 이와 관련된 개선책이 강구되어야 할 것이다. 또한 여행불편사항을 묻는 질문에는 언어소통과 음식에 대한 불평이 가장 높은 것으로 조사되었다. 과거에 비해 지하철에서 중국어로 자막과 방송 서비스를 하는 등 방한 중국인 관광객들의 여행편의를 도모하고 있음에도 불구하고 안내표지판, 교통표지판, 간판, 매표소 등에는 중국어 병기가 되어 있지 않은 경우가 많고, 안내서비스가 제대로 마련되어 있지 않을 뿐만 아니라 점원들이 불친절한 경우가 많아 중국인들이 한국을 여행하면서 느끼는 대표적인 불편한 요인으로 조사되었다. 명동과 야시장 등 쇼핑거리가 많고 많은 물건들, 특히 화장품이 홍콩에 비해 저렴하여 중국인들의 한국 제품 쇼핑에 대한 전반적인 만족도는 높으나, 쇼핑 시 의사소통 문제는 개선이 필요한 부분이며 중국인 관광객의 방문이 잦은 상점에 중국어 구사 가능 판매원 배치, 제품 소개용 중국어 안내책자 비치 등을 통해 쇼핑 편의성이 제고될 필요가 있다. 관광지 매력도는 다양한 요인이 영향을 미치는 종합적인 판단의 결과이므로 음식, 숙박 등의 만족도를 높이는 전략이 필요할 것이다.

중국인에게 음식은 여행에 있어서 매우 중요한 요인이기 때문에 시간을 가지고 환담하면서 식사를 할 수 있는 식사 분위기나, 간단한 설명이 첨부된 중국어 메뉴의 준비 등 음식서비스에 대한 세심한 배려가 필요하다. 특히 경제적 능력을 지닌 60세 이상의 노인단체관광객들이나 장년 고소득층들은 불법체류의 가능성은 낮고 여행지출액은 많기 때문에 이들을 위한 정책적 개선이 필요할 것으로 판단된다.

여행형태별로는 단체관광보다는 개별관광형태가 점차적으로 증가하는 추세를 고려할 때 기존의 인바운드 업계의 대량 모객방식보다는 개별여행자를 위한 마케팅전략이 다양한 관광수요에 대응할 수 있는 효과적이며 미래지향적인 중국인 관광수용태세가 될 것이다.

그러나 국제 관광수지 개선이라는 측면에서는 단체관광객들의 관광소비지출액이 많다는 점을 감안하면 이들에 대한 타깃 마케팅을 소홀히 할 수도 없는 입장이다. 이 부분에 대해 본 연구가 제시하는 관광수지개선 측면에서의 마케팅전략은 다음과 같다. 젊은 계층은 개별여행을 선호하기 때문에 이들에게 맞는 마케팅전략을 수립하고 반면, 경비지출을 많이 하는 중 · 장년층은 단체관광을 타깃으로 세분화하여 홍보하는 것이 보다 효과적일 것이다. 또한 남녀별, 여행형태별 관광패턴에 차이가 있기 때문에 이러한 관광유형에 따른 효과적인 마케팅전략이 필수적이다. 중국인 관광객의 가장 큰 특징 중의 하나는 왕성한 쇼핑 소비문화라고 할 수 있다. 때문에 정부는 한국 현지에서 중국 신용카드를 보다 자유롭게 사용할 수 있도록 대안을 마련하는 것이 필요할 것으로 생각되며, 중국인 관광객들이 가장 불편하게 생각하고 있는 언어소통 문제를 완화하기 위한 방안으로 우리나라 대학에 재학하고 있는 중국 유학생(2010년 현재 약 44,000명)을 활용하는 방안도 고려할 수 있을 것이다. 언어소통의 불편을 최소화함으로써 한국관광의 만족도 제고는 물론 보다 자유로운 여행을 유도하여 개별관광객들의 증가를 촉진시키는 요인이 될 것으로 기대한다.

제5장

중국의 아웃바운드 정책과 일본의 중국인 관광객 유치활동

김진곤 (문화체육관광부 서기관)

제1절 머리말

올 연초 중국국가통계국과 일본 정부가 각각 발표한 '2010년도 중국 경제운용 실적'과 '2010년도 일본의 명목 GDP' 자료에 따르면, 중국의 2010년도 국내총생산(GDP)은 2009년보다 10.3% 늘어난 39조 7,988억 위안(약 5조 8,786달러)으로 나타난 데 비해, 일본의 2010년 명목 GDP는 2009년보다 1.8% 늘어난 479조 2,231억 엔(약 5조 4,742억 달러)에 그쳐 약 4,000억 달러 차이로 중국이 일본을 제치고 세계 제2위의 경제대국으로 부상한 것으로 나타난 바 있다. 일본 내각부는 또한 2020년에는 중국이 미국까지 제치고 세계 1위의 경제대국이 될 것임은 물론 2030년대에는 미국과 일본의 GDP를 합친 것보다 많은 세계 유일의 초강대국으로 올라설 것으로까지 예상하는 등 중국은 바야흐로 세계 제1위의 경제대국으로 내닫고 있으며 우리의 무한한 잠재시장으로 떠오르고 있는 중이다.

중국인들의 명품쇼핑 열풍은 이미 전 세계를 휩쓸고 있는 중이다. 2010년 중국의 해외 여행객 수는 지난해보다 20.4% 늘어난 5,739만여 명이다. 1인당 소비액을 1,000달러씩만 잡아도 무려 574억여 달러의 금액을 해외여행에서 뿌려 대고 있는 실정이다. 최근 보도에 따르면, 지난해 연말 영국에서 크리스마스 세일기간 중 중국인 관광객이 명품 쇼핑에 지출한 금액만 무려 10억 파운드에 이르는 등 중국인 관광객은 영국명품쇼핑시장 소비규모의 3분의 1을 차지하고 있고(2010.12.29 / 영국 데일리포스트), 지난해 서유럽을 방문한 중국인 관광객은 2009년보다 20% 늘어난 데 불과하나, 중국인들의 소비지출액 증가규모는 무려 50%나 늘어났다고 밝히고 있는 등 중국은 '베이징 파운드'(Beijing Pound)라는 말까지 만들어내며 세계 제1의 소비대국으로 부상하고 있다.

세계관광기구(UNWTO)가 오는 2020년에 약 1억 명이 해외여행에 나서게 되는 중국이 독일 · 일본 · 미국에 이어 제4위의 해외 관광송출 대국이 될 것으로 전망(2008.1)한 바 있듯이, 2008 베이징올림픽과 2010 상하이엑스포의 성공적 개최와 세계 제2위의 경제대국으로 올라선 자긍심을 바탕으로 중국인들도 이제는 기회만 되면 밖으로 나가려는 해외관광시대로 들어서고 있다. 최근 5년간 중국인의 해외관광 추세를 보면 지난 2006년 3,450만 명에서 4,000만 명('07), 4,584만 명('08), 4,766만 명('09)을 거쳐 지난해에는 5,739만 명에 이르러 연평균 13.6%의 높은 증가세를 띠고 있다. 이런 추세를 감안할 때 중국의 아웃바운드 관광대국 달성은 세계관광기구(UNWTO)가 예상한 2020년보다 훨씬 앞당겨지게 된다. 그러나 우리나라 인구만큼이나 많은 중국인이 해외여행에 나서고 있음에도, 최근 5년간 중국의 해외 출국관광객 중 한국을 찾는 중국인은 겨우 전체의 2~3%에 지나지 않는 점 등을 미루어 볼 때, 바로 지금이 앞으로 해외 출국관광 대폭발시대를 열어갈 중국 아웃바운드 관광시대에 대비할 유치 기반을 마련해야 할 시점이라고 하겠다.

일본은 2008년 10월 관광청 발족을 발판으로 장차 외래 관광객 3,000만 명 시대를 열기 위해 우선 2013년에 1,500만 명, 2016년에 2,000만 명, 2019년에 2,500만 명을 유치한다는 단계적 달성목표를 세우고, 이의 가장 중요한 대상으로 중국인 관광객 유치 확대를 꼽고, 이를 위해 새로운 슬로건인 'Japan. Endless Discovery'를 개발하는 등 중국시장 공략을 위한 적극적 프로모션에 돌입하는 한편, 2010년 7월 1일부터는 방일 중국인 관광객의 비자발급 요건을 연 수입 25만 위안(340만 엔) 이상에서 6만 위안(82만 엔) 이상으로 내리는 등 중국인 관광객 유치에 전력을 다하고 있다. 싱가포르도 2015년까지 관광수입 3배(24조 원) 달성, 관광객 2배(1,700만 명) 유치라는 기치 아래 도덕적 국가라는 이미지 훼손까지 감내하면서 카지노가 포함된 복합리조트를 2개소나 개장하는 등 중국인 관광객 유치에 팔을 걷어붙이고 나섰다. 말레이시아는 연간 2,500만 명의 외국인이 찾는 등 태국에 버금가는 관광대국으로 올라섰음에도 중국인 관광객 유치를 위한 복수비자 확대, 30일 도착비자 발급, 120시간 무비자 환승 실시, 중국 인롄(銀聯)카드 서비스 확대 등의 노력을 덧붙이는 등 지금은 주변 주요 경쟁국이 모두 적극적으로 중국인 관광객 유치확대 전략을 펼치고 있는 시점이다.

대한민국은 지난해 11월의 역사적 G20 정상회의를 온 세계인들의 주목 속에 성공적으로 치러낸 데 대한 자긍심과, 이로 인해 크게 올라간 위상 등으로 많은 외국인들의 한국에 대한 관심이 높아지고 있는 때다. 게다가 우리는 또한 바다 하나를 사이에 두고 13억이라는 세계 최대의 인구대국이자 세계 2위의 경제대국으로 올라선 경제력을 바탕으로 아시아 최대를 넘어 세계 최대의 관광송출국으로 발돋움하려는 중국과 이웃하고 있는 지리적 이점이 있다. 이로 볼 때, 바로 지금이야말로 앞으로 해외 출국관광 대폭발시대를 열어갈 중국인 관광객을 적극적으로 유치하기 위한 기반을 서둘러 마련해야 할 시점이자, 일본 등 주변 경쟁국에 비해 한 발 앞선 유치 전략의 마련과 신속한 실행이 필요한 시점이라 할 것이다.

이러한 중국인 관광객 유치 확대방안 마련을 위해 우선 중국의 아웃바운드 관광정책의 변화 추이와 해외 출국행태를 살펴보고자 한다. 그리고 우리의 영원한 맞수인 일본의 중국인 관광객 유치를 위한 국제관광정책 추진현황과 수용태세 개선 노력들을 들여다봄으로써, 중국과 일본 사이에서 우리는 어떤 정책을 개발하고 추진해야 할지를 고민해보고자 한다. 이와 같은 사례분석을 바탕으로 주변 경쟁국보다 한 발 앞선 '2012년 중국인 관광객 300만 명 유치'를 위한 정책적 시사점을 제시해보고자 한 것이다. 이를 위해 문화체육관광부, 중국국가여유국, 일본관광청 등 3국 관광정책 담당부처의 관련 정책자료를 기초자료로 한 바탕 위에 전문가들의 기존 연구자료 등을 참고하여 본 연구를 진행하였다.

제2절 중국의 아웃바운드관광 정책

1. 시기별로 본 중국 아웃바운드관광 정책의 변화

중국 아웃바운드관광은 개혁개방정책 추진 결과의 산물이다. 즉, 친척방문 관광으로부터 시작하여 적절한 관광 그리고 신속한 관광으로의 변천을 겪어온 것이라 하겠다. 시기별로 나누어보면 대체로 다음과 같은 세 단계로 구분해볼 수 있다.

첫 번째는 초보적 발전단계로, 직접적 계기는 바로 홍콩 반환을 앞둔 1983년 11월부터 실시된 광동성 주민들에 대한 홍콩 친지방문 허용에서 비롯되었다. 이어 1990년 10월, 국가여유국이 '중국공민의 동남아3국여행 임시관리방안'을 발표함으로써 중국인의 해외여행이 가능해지게 된다. 1995년 5월에는 주5일 근무제를 도입한 데 이어 1996년 10월에는 관광분야 최초의 정식 국가행정법규인 「여행사관리조례」가 제정되면서 중국 아웃바운드관광의 초보적 발전이 이루어진다. 1996년까지 해외여행 목적지 국가로는 홍콩 · 마카오('83), 태국('88), 싱가포르 · 말레이시아('90), 필리핀('92) 등 6개국이 지정되었다. 중국의 해외관광객은 1996년에 500만 명으로까지 빠르게 늘었으나, 개인적 목적의 출국은 여전히 200만 명 수준에 머문 상태였다.

두 번째는 적절한 발전단계로, 1990년대 중반 중국 정부는 '인바운드관광을 대대적으로, 국내관광을 적극적으로, 아웃바운드관광을 적절하게 발전시킨다.'라는 새로운 관광시장 발전 3대 방침을 발표한다. 이에 따라 1997년 6월 '중국공민 자비출국 여행관리 임시방안'을 제정,

'조직적으로 · 계획적으로 · 통제적으로'라는 구체적 아웃바운드시장 관리방침을 제시함으로써 중국 아웃바운드시장은 획기적 전환점을 맞게 된다. 또한, 1999년 9월에 도입된 '황금연휴제도'는 국내관광의 대중화는 물론 아웃바운드관광 활성화에도 큰 공헌을 하였는데, 바로 이 시기에 한국('98), 호주('99), 일본('00) 등이 아웃바운드관광 목적지로 추가되었다. 한편, 국가여유국은 세계무역기구(WTO) 가입('01.12.11)을 계기로 「여행사관리조례 개정안과 실시세칙」도 시행하게 된다. 이 시기 중국의 해외여행객이 1,000만 명을 넘어서면서, 비로소 중국 아웃바운드관광 시장의 빠른 성장이 세계 관광계의 주목을 불러일으키기 시작하였다.

세 번째는 규범적 발전단계로, 「중국공민 출국여행 관리방안(2002.7)」과 「여권 및 통행허가증의 신청과 수령 방안」(2003.8)의 시행으로 중국 아웃바운드관광은 한층 더 규범화와의 길로 들어선 뒤, 2005년 '인바운드관광을 대대적으로 발전시키고, 아웃바운드관광을 규범적으로 발전시키며, 국내관광을 전면적으로 제고시킨다.'라는 새로운 관광시장 발전방침을 제시하였다. 특히, 2008년 1월부터 시행된 「법정 공휴일 개정방안」(기존의 노동절 황금연휴가 사흘에서 하루로 축소되고, 대신 청명절 · 단오절 · 중추절 등 전통명절을 하루씩 휴일로 하는 '2+5'의 새로운 휴가제도)은 그간 노동절(5.1)에 몰리던 중국인들의 해외관광이 공휴일제도 조정이란 정책 변화에 따라 하반기인 국경절(10.1) 황금연휴기간으로 이동하는 현상을 보이고 있다. 2009년 2월에는 다시 '국내관광의 대대적 발전, 인바운드관광의 적극적 발전, 아웃바운드관광의 질서있는 발전'이라는 수정방침 제시로 표면적으로는 '통제성격'을 더욱 약화시켰다. 한편, 2004년에는 유럽 26개국과 아프리카 8개국이, 2007년 12월에는 미국이, 2009년 12월에는 캐나다까지도 중국인의 관광목적지로 개방되었다. 특기할 만한 사실은 2008년 7월부터 타이완관광이 정식으로 시작되었다는 것이다. 이러함에 힘입어 2010년 말 현재 총 140여 개국이 중국의 아웃바운드 관광목적지로 개방된 데 이어, 이를 담당하는 전담여행사도 무려 1,070개사로 대폭 늘어났다. 2010년 말 현재 중국의 해외 여행객은 5,739만 명까지로 확대되는 등 중국은 2003년 이래 확고한 아시아 최대의 관광송출국으로 자리매김하고 있는 것이다.

2. 제도별로 본 중국 아웃바운드관광 정책

먼저 2002년 7월부터 시행되고 있는 「중국공민 출국여행 관리방안」을 들 수 있는데, 이는 중국이 2001년 12월에 WTO 회원국으로 가입함에 따라 예상되는 외부환경 변화에 중국여행업이 유연하게 대처할 수 있게 하기 위한 것이다. 즉, 아웃바운드 관광목적지 및 전담여행사 선정기준, 여행인솔자의 자격 규정, 쇼핑강요 등의 행위 금지의무와 여행객의 합법적 권익보호에도 많은 주의를 기울이고 있다. 한편으로는 전담여행사별 인바운드 관광객 유치에 상응하는 아웃바운드 관광객 수를 제한하는 쿼터제 실시로 아웃바운드 관광객 규모를 통제하고 있는데, 바로 이것이 중국인 관광객의 유치확대에 걸림돌로 작용하는 장애물이기도 하다.

중국 국내여행사의 설립 · 운영과 외상투자여행사에 대한 관리 · 감독을 위해 1985년부터 시행해오던 「여행사조례」(우리의 「여행사표준

로 늘어났고, 중국인 관광객의 타이완 방문도 첫 반년간은 겨우 6만여 명에 그쳤으나 2009년에는 무려 60만여 명으로 확대되었다. 또 미국, 캐나다와의 ADS 협정까지도 체결된 데 힘입어, 기존의 유럽은 물론 미주대륙까지로 확대되고 있는 중이다.

2006년부터는 자유여행 중국인의 비중이 50%를 넘어서고 있다. 즉, 2006년 홍콩과 마카오를 방문한 중국인 2,557만 명 중, 단체관광객 비중은 2002년의 3분의 1보다 크게 줄어든 5분의 1수준인 반면, 개인 자유여행은 약 50% 수준인 1,278만여 명에 이른 데서도 잘 알 수 있다. 이는 홍콩 · 마카오 지역으로의 자유여행 허용과 외국 정부의 적극적 중국 자유여행객 유인정책의 확대실시, 그리고 중국인들의 자유여행에 대한 욕구 증대 등이 맞물려 빚어진 현상이라 하겠다.

중국인 관광객의 소비력이 급격히 높아지고 있는 것도 도처에서 느낄 수 있게 되었다. 이는 목적지 국가의 경제불황에 따른 우대여행 확대와 인민폐 가치 절상에 따른 구매력 확대 가능성이 높아진 데서 비롯된 것이기도 하다. 즉, 한일 정부 및 지자체 사이에 경쟁적으로 벌어지는 비자발급 완화조치와 유치여행사에 대한 인센티브(숙박비, 교통비, 입장료 등 지원) 강화, 아시아나항공의 중국인 전용기(인천 - 제주 직항) 운항 및 에어프랑스의 전 중국노선 대상 기내식의 중식 제공 및 중국인승무원 배치 등에서 각국이 중국인 관광객 유치 우대정책을 펴고 있는 것을 알 수 있다. 또한, VISA카드와 PATA가 합동 조사한 '중국공민의 해외여행 휴가예산 실태조사'(중국사회과학원, 〈2009 중국관광발전 분석과 예측〉, 66-67쪽)를 보면 중국인 관광객 1인당 해외여행 평균예산은 미화 약 2,700달러로, 이는 평균 3,040달러 수준인 인도에 이은 두 번째 소비력이자 일본·홍콩·싱가포르·한국 등의 관광객 지출액보다는 많은 수치이다. 중국인의 이러한 소비열풍 배경에는 경제적 뒷받침 외에도 인롄(銀聯)카드의 통용 확대 등 인민폐 지불방식의 변화에도 기인하고 있는 것으로 보인다.

공·상무관광의 중요성이 지속적으로 부각되고 있음도 빼놓을 수 없는 추세다. 회의·전시·포상·시찰·연수 등을 아우르는 공·상무관광의 중요성이 부각되기 전까지, 중국 아웃바운드 정책엔 자비 출국여행만 있어왔을 뿐 이처럼 중요한 공·상무관광은 그저 출입국인원 통계에만 포함되는 수준의 대상에 지나지 않았다. 그러나 세계관광이사회(WTTC)는 2009년도 중국의 공·상무관광 지출액규모가 무려 618억 달러(RMB 4,121억 위안)에 이르는 것으로 추산하고 있음에도 아직 미개척지나 다름없으므로, 지금이라도 남보다 한 발 앞서 진출해볼 만한 분야라고 할 것이다.

젊은 층을 위주로 한 중국 해외관광객들은 점점 더 개인취향과 여행목적에 대한 의식을 분명히 해가고 있는 모습을 보이고 있다. 이들은 단순히 특정국가와 지역을 넘어, 어떤 여행 노선과 내용이 보다 더 많은 만족을 줄 것인가를 요구하고 있다. 예를 들면 섬·쇼핑·신혼·축제·환차익·미용·스타·단풍·녹색관광 등 다양한 주제의 전문탐구형 관광이 주류를 이루는 시대로 접어들고 있는 것이다.

크루즈관광 또한 최근 그 중요성이 확대되고 있는 분야로, 이를 반영하듯 세계 유수의 대형호화 크루즈선사들이 영업중심을 점차 아시아태평양지역으로 옮겨오고 있다. 중국도 중요성을 깨달아 2009년 말 국무원이 발표한 '관광산업발전 가속화에 관한 의견'에서 '크루즈·요트관광산업'을 새로운 소비창출 기반으로 삼겠다고 하였다. 이는 동북아지역의 비약적 경제성장과 지리적 이점 및 문화적 다양성에서 기인함은 물론, 한중일 3국 간 협력을 통한 역내 크루즈관광산업 발전의 중요한 연계고리가 될 수도 있음을 의미한다고 하겠다.

2008년 7월부터 시작된 중국인의 타이완관광은 불과 2년 반 만에 100만여 명이 방문하는 시장으로까지 성장해 있다. 중국인들의 타이완관광은 이제 양적 성장에서 질적 관광으로의 발전을 꾀하고 있다는 것이다. 즉 이제까지의 단순관광에서 보다 깊이 있는 탐구형 관광으로의 전환과 단체 위주에서 개인 자유여행 위주로의 전환이 이루어지고 있는 것이다. 만약 중국인 관광객들에게 타이완 개인 자유관광이 홍콩이나 마카오로의 자유여행처럼 편리함이 주어진다면 중국인 관광객들의 타이완 관광은 급격히 늘어날 것임에 틀림없다. 그렇기에 중국인의 타이완 자유관광 활성화를 잘 눈여겨보고 대처방안을 마련해야 할 필요가 있는 것이다.

최근의 기상이변 및 자연재해와 테러 · 납치 사건 등으로 각국이 모두 자국민의 해외여행 안전에 큰 관심을 쏟고 있다. 안전관광문제는 중국 관광객에게도 예외가 될 수 없는 점을 감안, 중국 정부도 2006년에 외교부, 국가여유국 합동의 '중국공민 해외여행 안전보호조치'를 발표하는 등 자국민의 해외여행에 대한 안전에 각별한 관심과 노력을 기울여가고 있는 중이다. 앞으로도 이러한 안전문제는 중국의 아웃바운드 관광정책 시행에서 더욱 중요한 현안으로 떠오르게 될 것이므로, 우리 여행사들도 중국인 관광객에 대한 안전문제에 더 많은 관심을 가져야 할 것으로 보인다.

제3절 일본의 중국인 관광객 유치활동

1. 일본의 국제관광 정책

일본의 관광정책 추진과정을 시기별로 나눠보면, 초기단계인 아웃바운드 중심시대('87~)는 국제화시대에의 부응과 과다한 국제수지 흑자에 대한 대외무역마찰 압력의 해소 등을 위해 운수성에서 1987년 9월부터 시행한 'Ten Million Program'(해외여행배증계획)에서부터 비롯되었다. 즉 그 전해 553만 명이던 일본인 해외관광객을 1992년까지 1,000만 명으로 끌어올리겠다는 계획인데, 막상 1년을 앞당겨 달성되자 자신을 얻은 일본 정부는 곧바로 인 · 아웃바운드 병행 추진시대('91~)로 돌입하는 'Two Way Tourism'(관광교류확대계획)을 1991년 7월에 발표하게 된다. 그간 줄어드는 무역수지에 비해 늘어나는 관광수지 적자 규모를 줄이려는 고육책에서 나온 것으로 보인다. 이러한 시책에도 늘어나지 않는 외래 관광객의 유치 촉진을 위해 운수성에서는 1996년 5월에 드디어 인바운드 중심 정책시대('96 ~ '05)로 들어가는 'Welcome Plan 21'(방일관광교류 배가계획)을 수립하기에 이른다. 이는 그 전해 335만 명에 머문 외래 관광객을 2005년까지 두 배인 700만 명까지 유치하겠다는 것이다. 이 목표는 2006년에 달성(733만 명)되면서 드디어 외래 관광객 700만 명 시대에 돌입한다(김진탁, 1999; 신용석 · 김현, 2007). 이때부터 일본 정부는 본격적 관광입국 행보에 나서 2008년 10월 1일, 마침내 공식 관광입국 담당기관인 관광청을 설립하기에 이르게 된 것이다.

일본 정부는 관광입국 전략 추진을 위해 그간 내각부 총리대신이 주관하는 '관광입국관계각료회의(2003.7)'를 중심으로 국토교통성 종합정책심의관 주관의 '관광대책관계성청(省廳)연락회의'와 각료회의 산하에 관광지식인들이 참여하는 '관광입국추진전략회의' 등 3각 대책 회의체제로 운영되어 왔다. 그러다 2006년 12월의 「관광입국추진기본법」의 제정(2007.1)에 발맞춰 2010년까지 외래 관광객 1,000만 명 달성과 일본 국민의 해외여행 2,000만 명 달성 및 국내관광 소비액 30조엔 달성을 목표로 하는 「관광입국추진기본계획」을 수립(2007.6)함으로써 일본도 법적 뒷받침을 받는 강력한 관광입국추진 정책을 추진해 나갈 기틀을 마련하게 된다. 한편, 일본 정부는 관광입국정책을 보다 효율적으로 추진하기 위해 국토교통성 아래서 관광행정을 담당하던 '종합정책국'을 2008년 10월 1일자로 '관광청'(Japan Tourism Agency)으로 승격시켰는데, 이때부터 그간의 소극적 입장에서 벗어나 2003년부터 추진해오던 'Visit Japan Campaign'사업도 더 공격적으로 추진하는 한편, 2010년부터는 새로운 슬로건인 'Japan. Endless Discovery'(일본. 끝없는 발견)를 앞세우는 등 중국인 관광객 유치확대에 필요한 모든 노력을 다 쏟아내고 있는 중이다.

한편 관광청은 보다 구체적 목표로 '방일 외래 관광객을 2016년까지 2,000만 명, 2019년까지 2,500만 명, 나아가 3,000만 명'까지로 확대하는 전략을 세우게 된다. 또한, 2009년 12월에 입안된 일본 정부의 신성장전략에서 '관광'이 6대 성장전략 분야 중의 하나로 선정된 데 이어 국가차원에서의 관광입국 추진을 위해 2009년 12월 국토교통성 대신을 본부장으로, 각 부처의 부대신(차관)을 구성원으로 하는 관광입국

추진본부를 설립하고, 외국인 관광객 유치 촉진 · 휴가 분산화 및 관계 부처와의 긴밀한 연계를 3대 주요 과제로 삼는 한편, 2010년도 관광청 예산도 전년대비 두 배 이상 많이 책정하는 등 관광입국을 범정부적인 차원에서 진행하기에 이른다.

2. 방일 중국인 관광객시장 실태

2010년 방일 외래 관광객은 2009년 대비 26.8% 늘어난 861만 명으로, 이는 지난 2008년의 851만 명을 넘어서는 최대 기록이다. 이 가운데 한국관광객은 약 244만 명으로 지난해보다 53.8% 증가했는데, 이는 그간 경기침체의 여파로 지난 2008~2009년 연속으로 크게 줄었던 관광객 수가 최근의 경기 회복 등에 힘입어 일본을 다시 찾는 한국관광객이 늘어난 데 따른 것으로 보인다. 한편, 영토분쟁 등으로 껄끄러운 관계였음에도 2010년 방일 중국인 관광객은 지난해보다 약 40.5% 늘어난 141만 명을 기록하였다. 이처럼 일본을 찾은 외래 관광객이 대폭 늘어난 데에는 경기회복에 따른 외국인들의 해외 여행수요가 늘어난 이유도 있지만, 한편으로는 일본 정부가 중국인 관광객 유치 확대를 위해 2010년 7월부터 기존의 연소득 25만 위안(340만 엔) 이상인 중국인에게만 주던 개인비자 발급기준을 연소득 6만 위안(82만 엔) 이상으로 크게 완화한 효과와, 하네다(羽田)공항이 2010년 10월 말부터 국제선 터미널의 운항을 32년 만에 재개한 것 등이 어우러진 효과로 보인다.

일본이 중국인의 해외여행목적지 국가로 전면 개방된 것은 한국(2000년)보다 늦은 2005년 7월부터였던 점을 감안, 2006~2010년까지의 기간 동안 일본을 방문한 중국인 관광객의 변화추세를 기준으로 보면 연평균 14.8%의 안정적 성장세를 띠고 있으며, 이를 발판으로 2010년엔 그간 부동의 2위 자리를 지켜오던 타이완을 3위로 끌어내리고 일본 외래 관광객 시장의 2위 송출국으로 올라섰다. 이런 추세가 계속 이어진다면 그간 일본시장에서 부동의 송출국 1위 자리를 유지해온 한국의 위치(5년간 연평균 증가율 약 3.5%)가 추월당하는 것도 시간문제일 뿐인 듯하다.

한편 일본정부관광국(JNTO)의 '2010년 방일외래관광객 실태조사표(2010.1)'에 나타난 중국인 관광객의 방일현황 및 실태를 외래 관광객들의 방문율 측면에서 보면, 다른 외국인 관광객들의 일본 재방문율이 5년 만에 감소세로 돌아선 가운데서도 일본을 처음 방문하는 외래 관광객이 늘어난 것으로 나타나는데, 이는 바로 일본을 처음 방문하는 중국인 관광객이 대폭 늘어난 데서 비롯되었다. 중국인 관광객에게 가장 인기 있는 황금코스인 홋카이도 방문 증가율이 가장 높은 가운데, 도쿄 방문율은 과거 5차례의 조사 중에서 최고로 높은 80%의 방문율을 기록했고, 역시 외래 관광객 주요 방문지역의 하나인 오사카 방문율도 평균 50%가 넘게 나오고 있다.

또한, 일본을 방문한 중국인 중 관광목적 방문인원의 비율이 지난 2000년도의 13.0%에서 지난해엔 거의 5배나 늘어난 60.4%에 이르러 한국관광객(64.9%)보다는 낮으나, 전체 관광객(57.8%) 평균보다는 높게 나타나고 있다. 그러나 2회 이상 재방문율에서 중국은 겨우 17.2%에 불과(82.8%가 첫 방문)하여 전체(52.9%)나 한국 평균(58.6%)보다 아직 한참 낮은 수준임을 보여주고 있다. 또한 방일 외래 관광객 시장은 개인관광이 59.2%(영국은 93.4%)로 주류를 이루고 있는 가운데, 유독 중국은 개인관광 비율이 겨우 15.2%에 불과한 등 여전히 단체관광(80.9%) 위주로 진행되고 있는바, 이는 일본이 중국 개별관광객 유치를 위해 시행한 개별비자제도 간소화(2010.7.1) 조치가 아직은 그다지 큰 효과를 보지 못하고 있는 증거로도 보인다. 중국인 관광객들이 방일 전 일본에 대해 가졌던 기대 변화추이를 보면, 2009년에는 1위가 온천관광(62%), 2위가 쇼핑관광(54%), 3위가 일본음식관광(51.2%) 순이었으나, 이번 조사에선 자연 · 사계 · 전원풍경관광이 1위(63.6%), 쇼핑관광이 2위(59.1%), 온천관광이 3위(51.3%)로 나오는 등 선호도가 확 바뀐 것을 볼 수 있다. 특이한 것 중의 하나가 중국인 관광객의 일본음식 선호도로 1위가 초밥(31.5%), 2위가 회(25.9%), 3위가 라면(23.1%) 순으로 나타났는데, 이로 미루어보건대 한국도 중국인 관광객에게 회나 라면 등을 새로운 관광음식메뉴의 하나로 적극 활용해볼 필요가 있지 않을까도 생각해본다.

3. 중국인 관광객 유치를 위한 일본의 노력

그간 중국인에 대한 개별관광 비자는 허용 않고 단체관광 비자 위주의 제도를 운영해오던 일본도 중국 개별관광객 유치의 중요성을 깨닫고, 2008년 3월에 소규모(2~3인 이상) 가족여행객 대상의 가족관광 비자 발급을 실시하였다. 2009년 7월에는 드디어 중국 중산층 대상 개인관광비자의 발급도 허용하였으나 조건이 너무 까다로워 별 효과를 보지 못하자, 2010년 7월부터는 발급기준을 연 수입 25만 위안(340만

엔) 이상에서 6만 위안(82만 엔) 이상으로 대폭 완화한 조치를 시행하고 있는 중이다. 한편, 일본은 여기에 그치지 않고 오는 4월로 예정된 의료관광 특구 선정을 계기로 중국인 대상 의료관광비자도 본격 발급할 예정인 등 중국인 관광객 유치확대를 위해 그동안 까다롭게 유지해오던 비자제도를 대폭 완화하려는 움직임을 보이고 있다.

또한, 일본은 그간 외국 발행 신용카드의 사용조건으로 높은 구매력을 갖고 있는 중국인 관광객 유치가 쉽지 않았으나, 이의 해결을 위해 시내 백화점 및 전자제품점 등 중국인 관광객이 많이 찾는 쇼핑장소를 중심으로, 중국인들이 즐겨 사용하는 대표적 직불카드인 중국인롄(中國銀聯 / China Unionpay)카드(2010년 현재 중국내 150만여 개의 가맹점과 20억여 장이 발행됨) 가맹점 확대를 추진하여 2010년 하반기 현재 1만 7,800여 곳까지 늘린 데 이어, 인롄카드사와 공동으로 '일본여행카드'를 발행(2010.7)하는 한편, 오는 2013년까지 나리타(成田) 공항 부근에 중국인 관광객을 대상으로 저가 제품 중심 대형 아울렛(20만m^2 규모) 건립 계획도 발표하는 등 쇼핑환경의 개선을 통한 중국인 관광객 유치 확대에도 진력을 다하고 있는 것을 볼 수 있다.

홋카이도를 배경으로 한 중국영화 '페이청우라오'(非誠勿擾 : 2008년 개봉되어 3억 명의 중국인이 봤다고 하며, 한국에선 '쉬즈 더 원'이란 이름으로 개봉)의 히트를 계기로, 홋카이도 삿포로에는 토요코인(Toyoko Inn) 운영의 삿포로 스스키노 미나미(Sapporo Susukino Minami)가 중국인 관광객 전용 숙박시설로 개장되기도 하였다. 호텔 조식 및 중식(中食) 제공, 중국어 신문 제공, 전 객실에서의 중국어 TV 방송 시청이 가능함은 물론 호텔 프런트에 중국인 전담직원 배치와 호텔시설 안내표지의 중국어 표기 등 중국인 관광객 유치에 올인하고 있는 모습을 도처에서 볼 수 있다. 한편, 중국 국영무역 관련회사 CMIC(China Metallurgical Investment Co. Ltd.) 일본법인은 2010년 4월, 온천으로 유명한 시즈오카(静岡)현 아타미(熱海)의 유서 깊은 여관(소메이호텔)을 인수한 데 이어, 중국 호텔체인 3위인 상하이 거린하오타이호텔(格林豪泰酒店)도 일본의 단기 임대맨션 · 호텔 운영회사인 위클리 맨션 도쿄와 업무를 제휴하는 등 중국인 관광객 수용태세 개선을 위해 중국과 협력하고 있는 모습도 볼 수 있다.

이외에도 일본 정부는 관광통역안내사 자격증 의무화제도 도입 및 가이드북 제작 · 배포, 식당의 음식가격 및 메뉴의 명확한 표기와 상황별 중국어회화집 제공 의무화, 공공교통기관의 중국어 안내표기 강화, 방일여행전문가 육성, 청소년방일여행 촉진사업 확대 등 다양한 개선 노력과 활성화 정책 추진을 통해 중국인 관광객 유치 확대에 나서고 있는 중임을 알 수 있다.

제4절 중국인 관광객 유치 전략

1. 법적 · 제도적 기반 조성

그간 한국을 방문하는 많은 중국인들에게 불편을 주었던 비자발급 문제는 문화체육관광부의 적극적 개선 의지와 법무부의 긍정적 수용 노력으로 현재, 경쟁국 일본은 물론 어느 나라에도 뒤지지 않을 정도로 잘 개선되어 있는 실정이다. 2007~2008년 사이 두 차례에 걸친 중국인 복수비자 발급대상의 확대 및 기준 완화와 2009년 7월부터 시행된 중국 개별관광객 비자발급서류의 대폭 간소화(7종→2종), 그리고 지난해 8월부터는 변호사 등 자격증 소지자, 대학 전임강사 및 교사, 퇴직 후 연금 수령자, 중국 500대 기업 임·직원, 우수대학 졸업생 및 재학생, 그리고 이들의 가족에 이르기까지 약 1억 명의 중산층이 복수비자 발급 대상에 포함됨으로써 중국 중산층 관광객 유치 확대를 위한 비자제도는 대폭 개선된 바 있다. 그러나 일본 등 주요 경쟁국들도 앞다퉈 비자제도 개선대열에 뛰어들고 있는 점을 감안, 이제는 한 걸음 더 나아가 한중 간 외교·공무여권 소지자에 대한 비자면제를 우선 추진하는 한편, 마지막 관문으로 남아 있는 한중 간 무비자제도의 추진도 긍정적 차원에서 시도해 나가야 할 시점이라고 본다.

한국도 2000년 6월에 개정한 '중국공민 자비단체 한국관광에 따른 비망록'에 따라 중국단체관광객전담여행사 제도를 운영해오고 있는데, 한국엔 당시의 56개사에서 현재 총 122개사의 중국전담여행사가 지정되어 있고, 중국엔 당시의 66개사에서 총 1,069개사의 아웃바운드업무 담당여행사가 지정되어 있다. 그러나 중국 정부가 자국민의 해외출국 관광 통제 의도에서 출발한 과도기적 제도라고 볼 때, 이 제도는 조만간 폐지의 길로 들어설 것이다. 그러나 현재 한국은 겨우 122개 전담여행사만으로도 한정된 중국단체관광객을 서로 유치하려는 저가덤핑 공세 남발로 중국관광시장의 질서가 문란해지고 있는 것을 보면 전담여행사 개수를 더 늘리기도 마땅치 않은 문제이다. 그러나 여기에도 자유경쟁의 원리가 적용되어야 할 것이므로 참여를 희망하는 여행사에는 문호를 과감히 개방하되, 지나친 저가덤핑공세 등으로 시장 질서를 어지럽히는 여행사에는 보다 강력한 제재를 함께 가하여 우리의 핵심 시장인 중국인 관광객시장이 건전하게 자리를 잡아나가도록 하여야 할 것이다.

지난 2006년 6월에 '2010년까지 양국 간 완전한 항공자유화를 실현'하기로 한 바 있음에도, 한중 간 관광객 규모가 다시 600만 명 교류시대로 들어서고 있는 지금까지, 아직 완전한 자유화가 되지 않고 있는 한중 간 완전한 항공자유화의 조속한 이행과, 2009년 9월 한중 정상 간에 협의된 '김포-베이징 간 셔틀'도 조속히 운항될 수 있도록 중국 측과 적극적인 협상을 해나가야 할 것이다. 이러한 때에 아시아나항공이 지난해 10월부터 인천-제주노선에 중국인 전용항공기인 제주쾌선(인천으로 입국한 승객이 김포공항으로 이동 않고 바로 제주로 갈 수 있게 되어 제주방문 중국인 관광객의 입국편의성이 대폭 높아짐)의 운항을 시작한 것은 한중항공자유화 추진 못지않게 중국인 관광객 유치에 긍정적인 효과를 자아낼 것이다. 또한, 양국 간 국제운전면허 상호인정 문제에 대한 협력 추진과 함께 현재 지나치게 높게 책정되어 있는 위안화 거래 수수료(약 11%)를 미국 달러 · 일본 엔 등의 거래 수수료(3.4~3.9%) 수준으로 낮춰 점차 늘어나는 중국인 관광객의 방한관광 환전편의를 도모하여야 할 것이다.

2. 수용태세 개선

2010년 11월 2일, 문화체육관광부가 관계부처 합동으로 발표한 '관광숙박시설 확충 종합대책'에 따르면, 2009년 말 현재 지방호텔의 평균이용률은 40~50%에 불과하여 여유가 있는 편이나, 외래 관광객의 60~70%가 방문하는 수도권 관광호텔의 평균이용률은 70~80% 이상에 이르러 서울 등 수도권 호텔의 부족현상이 심각한 문제로 대두되어 있다. 저가상품도 마다않는 중국인 관광객 대상 여행업계는 이 비용을 맞출 수 없어, 서울 변두리 모텔이나 의정부 · 안양 등 수도권 외곽 모텔에 묵게 함으로써 중국인 관광객들의 불만을 사왔다. 따라서 우선 수도권 대규모 복합단지 등과의 연계나 철도 역사부지의 복합공간화(역사+호텔 등) 등을 통한 숙박시설 확충에 나서야 한다. 그리고 기존 여관 · 모텔의 비즈니스급 관광숙박시설로의 전환이나 고택 · 종택 등을 활용한 한옥체험숙박시설로의 전환 등을 위한 관광기금 지원도 확대함과 아울러 한국형 중저가 호텔체인인 '베니키아'(BENIKEA)나 B&B (Bed & Breakfast)인 '코리아스테이'(Korea Stay)의 내실화도 함께 추진함으로써, 한국을 찾는 중국인 관광객에게 비용과 취향에 따라 다양한 체험의 숙박이 가능하도록 하여야 할 것이다.

지난해 말 영국에서 탄생한 '베이징 파운드'(Beijing Pound)라는 신조어 하나만으로도 중국인 관광객들의 구매력이 얼마나 큰지 알 수 있다. 문화체육관광부의 최근 3년간(2007~2009) 〈외래관광객 실태조사〉에 나타난 중국인 관광객의 한국여행 만족도를 보면 관광지에 대한 매력이나 서비스 및 음식부문 등에 대한 평가가 낮은 반면, '쇼핑'부문에 대한 평가는 출입국절차 부문에 이어 2위에 올라 있다. 이를 토대로, 한국에 가면 어디서건 믿고 살 수 있다는 이미지를 심어주는 것이 무엇보다 중요할 것이다. 우선, 쇼핑 품질 및 신뢰 제고를 위해 2010년

도입된 쇼핑인증제 시범사업을 더욱 확대(2010년 120개→2012년 500개 쇼핑점)하는 한편, 쇼핑동기를 유발할 면세점 확대 및 사후 면세제도 활성화 추진, 외래 관광객 대상 쇼핑정보 제공 강화 등 쇼핑안내체계 개선, 그리고 통합 Korea Grand Sale 활성화 및 중국인 관광객들의 구매서비스 편의 제고를 위한 중국 '인롄(銀聯)카드' 결제시스템의 구축 확대 등을 통한 '쇼핑천국 코리아'의 이미지 구축을 지속적으로 추진해나가야 할 것이다.

또한, 중국인들은 예로부터 '먹는 것을 하늘로 여긴다(民以食爲天)'라고 할 만큼 먹는 것을 다른 그 무엇보다 중요하게 생각하고 있으므로, 한 끼 5천여 원의 식사비로는 중국인 관광객을 만족시킬 수 없을 뿐 아니라, 한국음식에 대한 잘못된 인식을 갖고 돌아가게 함으로써 결국엔 관광한국 전체에 대한 이미지 재방문율을 떨어뜨리게 된다. 따라서 우선, 중국인 관광객들이 쾌적한 장소에서 질 높고 저렴한 한식을 맛볼 수 있도록, 한국관광공사나 한국일반여행업협회 등의 주도 아래 양국의 민간 여행사가 공동출자하는 형태의 컨소시엄 구성을 통한 중국인 관광객 전문 대형식당의 개설을 유도하는 방법도 생각해볼 필요가 있겠다. 아울러 여행업계 종사자를 대상으로 한 한식소양 교육 등을 통해 한식이 한국을 찾는 중국인 관광객들에게 제대로 알려질 수 있는 환경을 조성해나가도록 지속적 노력을 기울여야 하겠다.

한편, 여행 뒤 오래 기억에 남는 것 중의 하나가 바로 가이드 모습인 점을 감안, 친절 유능한 가이드가 현장에 많이 진출하게 하는 것이 급선무이나, 저가덤핑 위주 방한상품의 특성상 옵션·쇼핑 위주 관광에서 벗어날 수 없다보니, 친절하고 정확하게 관광한국의 매력을 알려야 하는 본연의 임무보다는 커미션을 위한 쇼핑 위주의 짜증나는 여행 일정으로 변질되어버리는 형국이다. 여기에는 우수 가이드보다는 쇼핑이윤 창출에 강점이 있는 가이드를 선호하는 여행사의 이기주의적 입장이 함께 깔려 있음도 물론이다. 그러나 이제는 이러한 악순환의 고리를 과감히 잘라야 할 때다. 먼저, 시험과목의 현장 활용성 반영 및 출제 내용의 현실화를 위한 현 가이드자격 시험제도의 전면 개선을 통해, 실제 현장에서 바로 활용될 수 있는 유자격 가이드가 배출되게 하여야 할 것이다. 또한 기존 가이드에 대한 실무 및 재교육과정 활성화를 통해 가이드 자질을 높여나가는 한편, 인력자원 등록시스템을 활용한 가이드 풀(pool)제 및 등급제 도입 등을 통해 가이드 스스로 자긍심을 갖고 가이드업무에 종사할 수 있는 분위기를 정착시켜 나가야 할 것이다. 그리고 이와는 별도로 가이드가 쇼핑에 주력할 수밖에 없게 하는 '무급여제도'를 개선, 최소한의 기본 급여는 보장받게 하고, 사고와 재난에 무방비로 노출되어 있는 가이드의 건강과 안전을 위해 산재보험에 가입할 수 있게 하는 여행업 관련 법령의 제·개정 등도 추진하여, 그간 업계관행이란 이름 아래 지속되어온 가이드에 대한 불합리한 처우환경 개선과 건전한 가이드문화 정착을 추진해나가야 할 것으로 본다.

3. 다양한 고부가 상품 개발

최근 중국인 관광객들의 해외여행은 그간의 단순히 보는 관광에서 벗어나 주제가 있거나 체험해볼 수 있는 여행상품에로 쏠리고 있는 실정이다. 또한, 세대별 · 지역별로도 여행취향이 다르게 나타나는 등 이제는 중국 관광객들도 분명한 목적의식하의 여행을 추구하는 경향을 띠고 있음에 따라, 다음과 같은 맞춤형 관광상품의 개발 · 보급에 각별한 관심과 노력을 기울여야 할 것이다.

싱가포르와 말레이시아를 방문하는 중국인 관광객 둘 중 한 명은 싱가포르 차이나타운과 중국 관련 유적지인 '부키트 치나'(Bukit Cina : 말라카왕에게 시집간 명나라 공주를 기념하는 영빈관이 있었던 곳이자, 주위에는 명나라 초기의 대항해가 정화(鄭和) 제독을 기리는 도교사원이 있는 곳)가 있는 말라카 지역을 방문하는 데서도 알 수 있듯이, 우리도 인천 차이나타운이나 진시황과 불로초의 스토리가 남아 있는 거제 · 남해 · 제주 지역 등 중국 관련 지역 및 유적을 활용한 역사문화 관광상품을 적극 개발해볼 필요가 있을 것이다.

또한, '대장금', '궁' 등 이후 중국 내에서 특별히 주목받는 드라마가 나오지 않는 점과 중국 내 일부의 반한감정 분위기 등으로 인해 예전 같진 않지만, 아직도 중국의 많은 젊은 층에서는 여전히 한류가 매력적인 요소로 작용하고 있다. 따라서 중국 내 한류마니아 등 한류 충성계층을 대상으로 한 K-POP기행, 드라마 촬영지 방문 및 출연, 한류스타와 함께하는 한국음식 여행 등 새로운 고부가 관광상품을 지속 개발하는 한편, 방송사 · 기획사 · 영화사 등과의 연계를 통한 신 한류상품의 보급 확대를 위한 외연 넓히기 사업도 꾸준히 추진해야 할 것으로 보인다.

물론 그간의 단순히 보는 관광에서 관광객이 직접 참여하여 체험해 볼 수 있는 체험 · 참여형 관광상품 개발에도 더 신경 써야 할 것이다.

예를 들면, 김치박물관 견학상품의 경우 이전의 단순한 김치제조과정 참관형태를 넘어, 관광객이 직접 김치를 담가보게 하는 직접적 체험형 관광프로그램으로 연결해보는 것이다. 봄(철쭉, 진달래, 유채꽃 등), 여름(테마파크, 해수욕장 등), 가을(단풍, 온천 등), 겨울(스키, 온천 등) 등 계절별 특화상품과 여수(석유화학 + 해양관광), 울산(조선, 자동차 + 경주문화관광), 청주(반도체, 생명공학 + 내륙관광) 등 지역별 산업문화 관광상품의 개발도 새로운 관광자원의 하나로 적극 검토해볼 만하다고 할 수 있겠다.

미주 · 유럽 · 대양주 등지로의 장거리 해외여행을 선호하는 중국인 관광객의 유치도 중요하므로, 이에 필수적인 경유(환승)관광 활성화를 위한 각종 유인책의 마련도 적극 추진하여야 할 것이다. 현재 중국의 항공사정이 직항노선으로는 중국 전역을 다 커버하지 못하므로, 바로 이러한 틈새를 활용할 수 있도록 한국 경유 관광객에 대한 항공료 및 호텔료 할인, 쇼핑 쿠폰 지급 등의 다양한 유인책 제시가 필요한 시점인 것이다.

그러나 더욱 시급하고 중요한 것의 하나가 바로 중국인 관광객의 구미에 맞는 새롭고 다양한 관광상품을 발굴해 낼 수 있는 '한국관광전문가(Korea Travel Specialist)' 양성이라고 하겠다. 싱가포르와 호주 관광청은 이미 매년 자국 관광 전문 여행사 담당 직원에게, 자국관광전문가 자격증 발급과 정기적 온 · 오프라인 교육 및 팸투어 기회 제공 등을 통해 현지인의 시각에서 보는 자국 관광상품 개발을 유도하고 있는 중이다. 우리도 한국관광전문가 양성 프로그램을 조속히 도입, 현지인의 눈으로 본 우수 한국관광상품의 개발을 적극 유도해나가야 할 것이다.

4. 중국시장을 향한 홍보마케팅

기존 단체관광객 중심의 시장구조를 개별관광, 가족관광 및 의료관광 등 관광객의 특성 및 테마별로 정교하게 추진하되, 개별관광객 유치 확대를 위한 IT 기반 마케팅활동과 중국인들이 선호하는 구전효과 및 인터넷 · 소셜네트워크 등을 활용한 목표시장별 맞춤형 마케팅전략 수립 추진이 필요하다. 한국관광공사의 〈글로벌온라인트렌드분석 보고서〉(2011.1)에 따르면 2010년 6월 말 현재 중국의 인터넷과 소셜네트워크 사용 인구는 무려 4억 2,000만 명과 2억 1,000만 명으로 나타나고 있는 데서 그 중요성을 알 수 있을 것이다.

한국관광의 이미지를 떨어뜨리는 반한감정 등의 해소를 위한 한국이미지 개선 프로모션 전략의 추진도 필요하다. 중국 현지 관광교역전은 물론 한국에서 개최되는 중국관광교류회 등 한중 양국에서 개최되는 각종 문화관광행사에 대한 지원을 병행하면 보다 효과적일 것이다.

또한, 싱가포르가 중국 내 보보스족을 겨냥한 '非常自我, 非常新加坡'(특별한 나, 특별한 싱가포르) 관광캠페인에 인기가수 타냐 추아(Tanya Chua / 蔡健雅)를 중화권 홍보대사로 활용하여 큰 효과를 본 적 있듯이, 우리도 중국에서 인기 있는 양국의 스타를 한국관광 명예홍보대사로 위촉하여 한중 공공활동에 함께 참여하게 하는 스타마케팅도 여전히 추진해볼 만한 가치가 있을 것으로 판단된다.

중국인 관광객들의 장거리여행 선호 특성을 활용, 한일 관광장관회담이나 한일 관광진흥협의회 등을 통하여 한일이 공동으로 중국인 관광객 유치 홍보마케팅을 펼치는 것도 필요하다. 싱가포르의 도시경관과 편리한 교통인프라를 말레이시아의 아름다운 자연경관과 연계하는 공동 홍보마케팅으로, 양국 모두 외래 방문객 증가 효과를 거둔 바 있는 것처럼, 한일 간에도 서로 다른 관광매력과 인프라를 유기적으로 결합한 새로운 상품을 개발 · 홍보해나간다면 중국인 관광객을 더 유치하려는 한일 양국이 서로 윈-윈(win-win)하는 효과가 주어질 수 있을 것이다.

현지에서의 여행상품 판매가 이윤의 과다 등을 우선하는 여행사의 의도에 따라 많이 좌우되는 점을 감안, 일본 관광상품에 비해 이윤이 적게 남는 한국 관광상품의 특성(한국상품의 이윤은 약 300위안 수준인 데 비해, 일본상품의 이윤은 유럽이나 대양주 상품과 비슷한 500~1,000위안 수준)을 고려, 미흡한 한국상품 판매마진율의 일부 보전이나 한국상품 판매 확대에 필요한 각종 홍보활동 지원 등으로 현지 여행사가 한국관광 상품 판매에 더 많은 군침을 흘릴 수 있도록 중국 현지 여행사 대상 마케팅도 적극 추진해나갈 필요가 있다고 본다.

5. 한중 관광교류 확대 기틀 마련을 위한 우호협력체계 구축

한중 간에는 1998년부터 국장급을 단장으로 하는 '한중관광진흥협의회'가 운영되어오다가 2003년에 발생한 SARS를 계기로 중단되어온 터다. 그러나 지속적으로 확대되는 양국 국민 간의 교류는 다시금 양측 정부 간 협력을 필요로 함에 따라, 2009년 11월 18일 중국 윈난성 쿤밍에서 제1회 한중 관광장관회담이 열려 2010년/2012년 한중 상호 방문의 해 추진과 한중 관광진흥협의회 재개 등에 대한 합의를 이끌어내게 되었다. 이를 바탕으로 2010년 3월 30일에는 서울에서 제6차 한중 관광실무협의회(한중 관광진흥협의회의 변경된 명칭)도 재개되기에 이르렀다.

다시 조성된 한중 간 협력 분위기를 발판 삼아 정부 간은 물론 지방자치단체 간, 민간업계 간도 함께 아우르는 한중 민 · 관 · 지방 간의 3각 교류협력 체제 구축을 공고화해 나가야 한다. 즉 한중 관광장관회담의 정례화를 통한 한중 관광교류협정 체결 및 한중 관광실무협의회의 지속적 발전을 통해 중국단체관광객의 한국관광에 관한 비망록을 현실에 맞게 개정하는 한편, 한중 시 · 도(省 · 市) 관광국장회의의 정례화를 통한 양국 지방정부 간 관광교류 협력 기반 조성, 한중 민간 관광업계 교류협의회 창설을 통한 양국 민간업계 간 관광교류협력 분위기 조성 등을 통해 현재 양국 간 관광객 교류 규모 600만 명을 넘어서는 것은 물론 1,000만 명 아니 2,000만 명의 시대를 향해 나아가는 한중 우호교류협력 증진의 기틀로 삼아야 할 것이다.

제5절 맺음말

지금 세계는 21세기 미래 신성장 동력의 하나로 자국의 관광산업 발전을 위해 온갖 아이디어를 짜내고 갖은 노력을 다 쏟아붓는 중이다. 그중에서도 특히 세계를 누비며 호화명품을 싹쓸이하는 중국인 관광객의 통 큰 씀씀이를 알게 된 각국의 관광당국에서는 어떻게 해야 이런 중국인 관광객을 한 명이라도 더 데려올 수 있을까 하는 생각에

밤잠을 설치기도 하는 실정이다. 어떻게 해야 더 편리하게 방문하게 될지? 어떤 음식을 준비해야 더 맛있게 먹을지? 어떤 자세와 마음으로 맞이하고 안내해야 돌아가서도 잊지 못할 추억과 그리움이 되어 다시 오고 싶은 나라로 오래 기억되게 할 수 있을지? 등등 그야말로 온 세계가 중국인 관광객을 한 명이라도 더 유치해가기 위해 총성 없는 전장으로 내몰리고 있는 시대라고 하겠다.

그런데 우리는 다행히 모든 나라가 바라보는 그런 중국이란 나라와 바로 이웃하고 있다. 바다 하나만 건너면 바로 닿을 수 있는 곳, 게다가 수천 년을 이웃으로 살아오며 자연스레 형성된 한자와 유교문화를 공유하고 있는 그런 곳에 우리나라가 있다는 것은, 중국인 관광객 유치를 위한 강력한 무기의 하나가 될 것임에 틀림없다. 그렇다면 이제 길은 하나로 귀결되어진다. 바로 이 지리적 · 문화적 · 역사적 이점을 최대한으로 활용하는 바탕 위에, 중국인 관광객을 유치할 방안들을 경쟁국보다 한 발 앞서 끄집어내 차려놓는 것이다.

우선 법 · 제도적 측면에서 한중 대(大)관광교류 시대의 조속한 개막을 위한 한중 무비자제도 도입방안의 적극 추진, 현재 중국인의 해외여행 통제 목적 위주로 운영되고 있는 단체관광객 전담여행사제도의 폐지나 완화에 대비한 한국 측 중국전담여행사제도의 합리적 운영 준비, 미진한 한중 항공자유화의 조속한 추진, 그리고 저가 방한덤핑상품의 근절을 위한 우수 여행사 인센티브 확대 및 우수여행상품의 개발 · 보급 지원 등을 강화해나가야 할 것이다.

수용태세 개선 측면에서는 턱없이 부족한 서울 등 수도권 숙박시설의 대폭 확충, 중국인 관광객의 구매서비스 편의 제고를 위한 중국 '인

렌(銀聯)카드' 결제시스템의 확충, 저가 덤핑상품의 근절과 쇼핑인증제의 확대 정착을 통한 '쇼핑천국 코리아' 이미지의 구축, 중국인 관광객 전문 대형식당 개설 및 식당 메뉴의 중국어 표기 확대, 관광지 설명 자동언어 통역시스템 도입, 관광종사원의 서비스 대응능력 강화 등도 서둘러 추진하여야 할 분야라 하겠다.

방한상품의 질 제고 및 다양화 측면에서는 한국관광전문가 양성 프로그램 도입과 현지 여행사 판매 우수 한국여행상품에 대한 한국관광공사 인증마크 부여 등을 통해 현지인의 눈으로 보는 우수 한국관광상품의 개발을 적극 유도해나가는 한편, 인천 차이나타운이나 진시황과 불로초 유적지 등 중국관련 역사문화자원을 활용한 역사문화 관광상품 개발 등 중국인 관광객의 특성을 고려한 대상별 · 주제별 맞춤형 상품의 개발 · 보급도 물론 꾸준히 추진해나가야 할 것이다.

중국시장 마케팅 측면에서는 기존 단체관광객 중심의 시장구조를 개별 · 가족 · 한류 · 의료관광 등 관광객 특성에 맞는 목표시장별 맞춤형 마케팅전략 수립과, 중국 인센티브 관광객 유치 및 한국관광 이미지 개선을 위한 프로모션 전략을 추진하는 한편, 중국에서 인기 있는 양국의 스타를 한국관광 명예 홍보대사로 위촉하는 스타마케팅 추진과 함께 현지여행사의 한국관광상품 판매를 적극 유인하기 위한 중국여행사 대상 마케팅 등도 소홀히 하지 말아야 할 것으로 본다.

한중 정부 · 지자체 · 민간 간 3각 관광교류협력체 구축을 통한 한중 관광교류 활성화를 위해 한중관광장관회담이나 한중관광실무회의의 지속적 정례화는 물론 한중 시 · 도(省 · 市) 관광국장회의와 한중 관광업계교류협의회의 창설 등을 통해 한중 간 관광교류 1,000만 명 시대를 넘어 2,000만 명 이상의 교류의 시대를 함께 열어나갈 수 있도록 하여야 할 것이다.

중국인 관광객 유치 확대를 위한 이러한 기본적인 노력들 외에도 더 각별히 신경을 써야 할 것들이 있는데, 바로 중국 아웃바운드관광 정책 변화를 예의주시하여 우리가 어렵사리 마련한 유치 방안들이 실기되지 않도록 신경 써야 할 것이다. 또한 일본 등 주요 경쟁상대국들이 중국인 관광객 유치 확대를 위해 새로 내놓는 정책도 미리 감지, 그들보다 한 발 앞선 유치 전략을 마련해야만 기울인 노력이 헛되지 않을 것이다.

그러나 위에 언급된 이 모든 것들보다 더욱 중요한 것의 하나가 바로 중국인 관광객을 대하는 우리 모두의 자세와 마음이라고 하겠다. 우리가 중국인 관광객을 경제적 측면에서만 바라보고 맞아들일 준비를 한다면 중국인 관광객들이 일시적으로는 몰려들지 모르겠으나 장기적으로는 결국 하나둘씩 발걸음을 다른 나라로 돌리게 될 것은 불문가지다. 단순한 관광객 차원이 아니라 수천 년을 지리적 · 역사적 · 문화적으로 끈끈한 유대를 이어온 우리의 이웃이자 형제자매를 대하는 마음가짐으로 대할 때, 관광한국의 이미지가 높아짐은 물론 중국인 관광객들이 옆집에 놀러가듯이 자연스레 한국으로 관광을 오는 중국인의 대(大)한국관광시대가 열리게 될 것으로 본다.

제6장

수도권 관광자원 한중비교

최석호 · 박정주 · 전선경
(레저경영연구소 소장 / 연구실장 / 레저경영전문대학원 레저경영MBA)

제1절 머리말

한국과 중국은 오랜 상호교류의 역사를 가지고 있다. 어떤 때는 선한 이웃으로, 또 다른 때는 적으로…… 이러한 교류는 양국의 수도권 관광자원에도 그대로 묻어난다. 북경에 전통가옥을 그대로 보존한 채로 생활하고 있는 마을 호동이 있는 것처럼 서울에는 북촌이 있다. 북경에 798 예술구가 있는 것처럼 서울에는 헤이리 예술마을이 있다. 북경에 자금성이 있다면 서울에는 경복궁이 있다.

양국의 수도권 관광자원이 이렇게 비슷하다면 양국의 수도권 관광자원은 상승작용을 일으키고 있는가 아니면 서로 너무 비슷해서 굳이 찾아갈 필요가 없는 상호충돌을 일으키고 있는가? 지금부터 북경과 서울로 여행을 떠나보자!

제2절 몸말

1. 유산관광

1) 萬里長城 vs 남한산성

중국을 상징하는 상징물 네 가지, 곧 장강(長江)·장성(長城)·황산(黃山)·황하(黃河) 중에서 유일하게 인간의 피와 땀으로 만든 것이 만리장성이다. 나머지 세 가지는 모두 자연계의 피조물이다. 만리장성은 2000여 년 동안 20여 왕조와 제후국들이 축조하여 지금의 모습을 갖추었다. 처음으로 장성을 완성한 것은 진시황(秦始皇) 때였다. 기원전 215년 몽염 장군은 진시황의 명을 받들어 30만 대군을 이끌고 흉노(匈奴)를 토벌한다. 그러나 완전히 궤멸시키지는 못하였기 때문에 재차 침입해 올 것이 두려워서 장성을 축조했다. 진나라 장성은 서쪽 감숙성(甘肅城)에서 동쪽 압록강(鴨綠江)까지 약 5,000킬로미터에 달했다. 역사상 최초로 장성을 완성하기는 했으나, 장성 축조로 군인과 민간인 모두 100만 명이 노역에 징발되었고 과도한 세금으로 백성이 도탄에 빠지면서 최초의 통일왕조는 2대에 마감하고 만다.

현재와 같은 모습의 만리장성이 축조된 것은 명나라 때였다. 명나라는 북방 유목민족의 기마부대가 쳐들어오는 것을 대단히 두려워하였기 때문에 장성을 축조하여 침입에 대비하고자 했다. 기련산(祁連山)에서 압록강에 이르는 약 7,300킬로미터의 대역사를 이룬 것은 중국의 위용을 보여주기 위해서가 아니었다.[1] 중국인의 북방민족에 대한 두

1) 국내외의 여행안내서에 만리장성을 서쪽 산해관(山海關)에서 동쪽 가욕관(嘉峪關)

려움이 엄청나게 컸다는 것을 상징적으로 보여준다는 점에서 역사의 아이러니가 아닐 수 없다.

최초로 완성한 진나라에서 현재의 모습을 갖춘 명나라에 이르기까지 만리장성이 갖는 의미는 유목민족의 침입을 막고 한족이 주체가 되어 통일을 이룬 다민족국가 중국을 상징한다는 것이다. 그래서 중국의 자긍심이고 인류 건축사의 기적이라 할 수 있겠다(孫鐵, 2011 : 87-95).

▸ 팔달령구간 만리장성

북경에서 만리장성을 당일로 둘러볼 수 있는 곳은 거용관(居庸關)구간과 팔달령(八達領)구간이다. 거용관구간은 주로 걸어서 관광을 하고, 팔달령구간은 케이블카를 타고 올라간다. 팔달령구간은 그만큼 험준하다. 만리장성에 올라가면 관광객의 취향이 바로 드러난다. 거용관구간에서 팔달령구간으로 걸어서 오는 관광객들은 주로 서양사람들이고

이라고 한 것은 오해에서 비롯된 것이다. 주로 해외에서 출판된 관광안내서를 번역출판한 국내 중국관광안내서에 이렇게 잘못 기록되어 있고, 국내 관광저술가들이 쓴 관광안내서도 이를 참고하였기 때문에 역시 잘못 기술되어 있다. 관광안내서를 쓰기 전에 중국 역사서를 참고했으면 좋겠다.

팔달령구간에서 사진찍기에 여념이 없는 관광객들은 주로 한국인들이다.

만리장성의 위용과 엄청난 규모에 놀라지 않을 수 없다. '어떻게 축조했을까?'라는 생각과 저 장성을 쌓으려고 '얼마나 많은 사람들이 죽어나갔을까?'라는 생각이 동시에 든다. 만리장성에 비하면 남한산성은 산성이라고 말하기도 부끄러울 정도다. 지금의 남한산성에 최초로 석축산성을 쌓은 것은 신라였다. 백제와 고구려가 멸망한 후에 신라는 당나라와의 전투에 대비하기 위해 지금의 남한산성 터에 주장성(晝長城)을 쌓았다. 그때가 672년이었다. 고려시대에 몽고군이 침입해 들어왔을 때 광주부사 이세화가 1231년과 1232년 두 차례에 걸쳐서 물리친 곳이 남한산성이었다. 남한산성은 당시 지명을 따서 광주성(廣州城)이라고 불렸다(경기도박물관, 2012 : 21-35).

▸ 남한산성

지금과 같은 이름으로 불린 것은 조선시대부터다. 광해(光海)에게 굴욕을 안겨주고 등극한 인조는 후금의 침입을 예견하고 있었다. 인조반정(仁祖反正)을 주도한 서인(西人)들은 광해의 중립외교를 폐기시키고 향명배금(向明排金)의 사대주의(事大主義) 외교를 복원했기 때문이다. 이에 인조는 즉위한 4년(1626년)에 남한산성 원성(元城)의 축조를 완료하고 후금의 침입에 대비했다. 실제로 후금은 '광해를 위하여 보복한다'는 명분을 내세워 인조 5년(1627년)에 쳐들어왔다. 정묘호란(丁卯胡亂)이었다. 명에 대한 사대주의만 있었을 뿐 후금을 물리칠 아무런 실력을 키우지 않았던 조선은 형제의 맹약을 맺고 후금의 군대를 돌려보낸다(이기백, 1985 : 255-260). 이렇듯 남한산성은 신라의 자주와 조선의 사대를 모두 품고 있는 문화유산이다.

▸ 남한산성 한식당(좌)과 커피숍(우)

반나절이면 남한산성 성벽을 따라 모두 걸을 수 있도록 산책로가 잘 정비되어 있다. 산책로 주변의 경관이 아주 빼어날 뿐만 아니라 곳곳에 문화유산이 즐비해서 잠시도 한눈을 팔 수 없다. 또한 한식당, 커피숍 등이 산성의 경관과 조화를 이루고 있어서 나름 운치가 있다. 웅장한 팔달령구간의 만리장성에는 비길 수 없다고 할지라도 나름대로의 섬세하고 정교한 아름다움을 간직하고 있다.

2) 胡同 vs 북촌

사진에서 보는 바와 같이 북경 호동(胡同)은 서울의 북촌이나 전주의 한옥마을에 해당한다. 실제로 사람들이 살고 있다. 중국의 전통 양반가옥이다. 멋진 인력거를 타고 관광한다. 호동의 양반가 내부구조는 동일하다. 동서남북 네 채가 모여서 한 집이 된다. 그래서 사합원(四合院)이라고 부른다. 사합원의 한가운데는 마당이다. 남향의 북쪽 집에는 아버지와 어머니가 기거하고, 손님을 맞이하는 방이 있다. 아래 오른쪽 사진이 마당과 아버지의 방을 보여주고 있다. 오른쪽 집은 아들이 사용하고, 왼쪽 집은 딸들이 기거한다. 북향의 남쪽 집은 하인들이 거주한다.

딸들이 시집을 가면 서쪽 집이 비게 된다. 딸을 시집보낸 부모의 마음을 헤아리고 남음이 있다. 방이 비어도 허전한데 하물며 집이 비면 어떻겠는가! 그래서 데릴사위를 들였을 것이다. 데릴사위를 들이게 되면 당연히 딸의 집인 서쪽 방에 기거했을 것이다. 그래서 생긴 말이 '서방님'이라고 한다.

▸ 왼쪽부터 호동, 관광인력거, 사합원

집 정문을 보면 문관의 집인지 무관의 집인지를 알 수 있다. 아래 사진의 왼쪽은 무관의 집이고 오른쪽은 문관의 집이다. 계단 위 문 아래 좌우에 있는 돌을 보면 알 수 있다. 둥근 돌은 북을 상징하는데 전투에서 승리했을 때 치는 북, 즉 승전고(勝戰鼓)다. 전투에서 이기고 돌아오라는 기원도 되고, 이기고 돌아온 고관대작이라는 자랑도 된다.

벼슬도 알 수 있다. 문 위쪽에 두 개 기둥처럼 튀어나온 것이 벼슬을 표시한다. 두 개는 7품 벼슬을 한 사람의 집이다(오른쪽 사진). 제일 많은 것은 4개인데 2품 벼슬을 한 관리의 집이다(왼쪽 사진). 문에 고리가 달려 있다. 한 번 두드리면 아버지가 왔다는 뜻이고, 두 번 두드리면 어머니가 왔다는 뜻이다. 세 번은 아들, 네 번은 딸이다. 여러 번 두드리면 많은 손님이 찾아왔다는 뜻이라고 한다.

▸ 무관가(좌), 문관가(우)

인력거를 타고 사합원을 빠져나오니 바로 십찰해(什刹海)가 나온다. 멋들어진 호수변에 식당과 카페가 즐비하다. 밤이 되면 자리를 잡지 못해서 길거리에서 차나 술을 마시는 사람들을 흔히 볼 수 있다고 한다.

조선시대의 도성 안은 종로와 청계천을 기준으로 크게 북촌과 남촌으로 나뉜다. 현재 북촌 한옥마을이라 불리고 있는 곳은 이보다 더 협소한 지역으로 경복궁과 창덕궁 사이에 있으면서 종로보다 더 북쪽인 안국역 위쪽으로 둘러싸인 곳을 일컫는다. 이곳은 조선시대에 노론 지배층이 살았던 곳으로 중대형 필지의 한옥이 즐비했다. 그러다 개화기와 일제강점기를 거쳐 계층분화가 이루어지면서 민간의 주택경영회사들에 매입되어 중소형 필지로 분할되어 다시 도시형 한옥으로 탈바꿈하였다. 현재 우리가 북촌을 찾으면 볼 수 있는 한옥들은 대부분 이런 과정을 거친 소위 개량한옥들로 조선시대에 있었던 온전한 전통가옥 형태는 몇 군데 남아 있지 않다.

그럼에도 불구하고 우리가 북촌에 열광하는 이유는 뭘까?

조선 집권 이후 100여 년의 기간 동안 북촌은 규제의 완화와 강화의 순환 속에서 조금씩 변형해가며 순응해왔다. 민간에 의해 무분별하게 행해졌던 증축 및 개축이 1976년 민속경관으로 지정되는 시기를 기점으로 행정주도에 의한 보존정책으로 잠시 주춤하게 되었다. 그러나 규제만 고려했을 뿐 노후화된 주택문제를 해결하지 못하고 1991년에 제4종 미관지구 내 건축기준을 완화하면서 원서동 일대의 골목골목에 많은 다세대주택을 낳았다. 그러다 최근 2001년 북촌가꾸기 사업의 일환인 한옥등록제를 통해 주거뿐만 아니라 공방, 레스토랑, 박물관, 갤러리, 게스트하우스 등 여러 용도의 한옥을 지원하면서 일방적 규제가 아닌 지속가능한 보존의 형태를 가지게 되었다. 이런 일련의 과정 속에 북촌은 나름의 정체성을 찾아가고 있고, 북촌의 역사를 과거의 역사가 아닌 현재진행형의 역사로 만든 점이 많은 사람들에게 매력적인 요소가 되고 있다.

또한, 여기 북촌에는 주거 형태의 한옥 이외에 문화자본으로서 장소성이 지니는 가치도 여럿 함축하고 있다. 현재 정독도서관이 위치한 북촌길 19(화동 2번지)는 1613년 광해군 때 총포를 만들었던 화기도감이 있던 곳이고, 조선 중기의 화가 겸재 정선(1676~1759)은 이곳에서 인왕산을 바라보며 인왕제색도를 그렸다. 고려 말에서 조선 초의 재상인 맹사성도, 사육신의 한 분인 성삼문도, 갑신정변에 가담했던 김옥균도 이곳 정독도서관이 위치한 곳에 터를 잡았었다.

▸ 인왕제색도(좌), 경복궁에서 바라본 인왕산(우)

1927년부터 1976년까지는 경기고등학교(개교 당시 경성제일고보)가 있었고, '대한민국 근대 문화유산'으로 지정된 그 건물을 그대로 보수해 지금의 정독도서관이 자리 잡고 있다. 현재는 정독도서관 앞마당에 있었던 종친부 건물이 원래의 자리로 옮기는 복원공사가 한창이다. 종친부의 원래 자리는 이곳에서 그리 멀지 않다. 경복궁 동편이 현재 국립현대미술관 서울관(2013년 말 개관예정)을 짓고 있는 자리로 이곳 역시 역사가 깊은 장소다. 조선시대에는 소격서, 규장각, 사간원, 종친부 등의 기관이, 일제강점기에는 경성의학전문학교 부속의원으로 그

기능을 달리했으며, 해방 이후 서울대 의과전문병원과 육군통합병원으로 사용되었고, 가장 최근에는 국군보안사령부와 국군기무사령부가 위치해 있었다.

▸ 북촌

북촌은 서울에서 가장 한국적인 곳을 볼 수 있으면서 더불어 아시아 관광객에겐 겨울연가의 촬영지인 중앙고등학교가 덤으로 있다는 단편적인 연유로 관광객들이 많이 찾고 있다. 하지만 태조가 1394년 한

▸ 북촌

양으로 천도한 이후 이곳은 수많은 정권 교체 속에서 풍파를 이겨온 그야말로 우리 역사의 산증인인 곳이다. 단순히 '나 거기 가봤어'가 아닌 한국을 좀 더 이해할 수 있는 장소로서 그 역할을 담당하고 있다.

3) 紫禁城 vs 경복궁

마오쩌둥(毛澤東)은 천안문에 살아 있다. 천안문광장에 운집한 수많은 중국인이 끝도 없이 이어지는 줄을 지어 서 있는 모습이 눈에 들어왔다. 웬 줄이냐고 물었더니 마오 주석을 보기 위해서란다. 중국인에게 마오쩌둥은 죽은 인물이 아니었다.

천안문광장 지하를 걸어서 자금성(紫禁城)으로 들어갔다. 자금성은 경복궁의 모델이 된 궁이다. 실제로 침전과 후문의 경우 이름까지도 교태전(交泰殿)과 신무문(神武門)으로 똑같다.

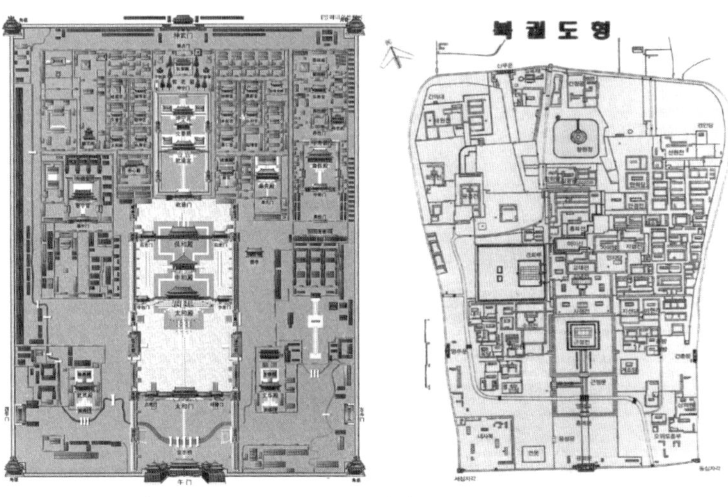

▸ 자금성 배치도(좌), 흥선대원군의 경복궁 복궐도(우)

기대가 너무 컸던 것일까! 자금성을 둘러본 나는 실망을 넘어 속았다는 생각마저 갖게 되었다. 우선, 규모가 생각보다 크지 않다. 걸어서 관람을 했는데도 정문에서 후문까지 1시간도 채 걸리지 않는다. 가이드 설명까지 다 들으면서 이동했는데도 말이다. 경복궁을 가이드의 설명과 함께 둘러보는 데 걸리는 시간이 대략 1시간 정도라는 것에 비추어보면 경복궁이 자금성에 뒤지지 않는다. 설명을 듣거나 해설을 보지 않고 바로 걸어갔다면 20분이면 족할 거리다.

다음으로, 궁이 단조롭다. 자색 벽과 금색 지붕으로 이루어진 단조로운 건물, 청색 위주의 단조로운 단청, 휑한 구조 등등이 어우러져서 단조롭다는 인상을 준다. 마지막으로 궁 안 곳곳에 있는 물건 파는 수레는 궁의 품격을 떨어뜨린다. 웅장함에는 앞서지만 디테일에는 약한 중국의 단면을 자금성에서 본다. 어디 그뿐인가! 안으로 들어가면 들어갈수록 제대로 관리가 되지 않아서 칠이 벗겨진 건물, 이미 그 색을 바랜 단청 등 허술하기 그지없다.

경복궁은 태조 이성계가 조선왕조를 열면서 한양을 도읍으로 정하면서 만든 궁궐이다. 궁의 이름은 『시경』(詩經) 「주아편」에 나오는 '군자 만년에 큰 복(景福)을 누리리라'라는 뜻의 구절을 인용한 "군자만년개이경복(君子萬年介爾景福)"에서 따왔으며, 서울의 5대 궁궐(경복궁, 창경궁, 창덕궁, 덕수궁, 경희궁) 중 가장 먼저 지어졌다.

경복궁은 여러 차례의 화재와 재건을 거쳤는데, 임진왜란(1592)으로 모든 건물이 불탄 후 폐허상태로 있다가 1865년(고종 2년)에 대규모 재건공사가 시작되어 1868년(고종 5년)에 다시 복원됨으로써 왕조의 법궁(法宮, 정궁)으로서 면모를 되찾게 되었다. 그러나 1895년 건청궁에서 일어난 명성황후 시해사건, 1896년 고종의 아관파천으로 경복궁을 떠나 경운궁(덕수궁)으로 거처를 옮긴 일, 일제강점기 광화문이 있는 자리에 조선총독부 건물 신축, 그 후 1996년 12월 조선총독부 건물의 철거 후 또다시 복원 등 경복궁은 조선왕조를 대표하는 제일의 궁궐로서 비운의 역사 또한 함께한 곳이기도 하다.

경복궁은 예전부터 전해오는 도성 건물 배치의 기본 원칙에 맞게 일하는 곳은 앞쪽, 휴식을 위한 공간은 뒤쪽으로 지었다. 나라의 큰 행사를 치를 때 사용하는 정전인 근정전(勤政殿)과 왕의 사무실인 사정

전(思政殿) 등은 앞부분에, 왕과 왕비의 생활공간인 강녕전(康寧殿)과 교태전(交泰殿) 그리고 휴식공간인 후원은 뒷부분에 자리하고 있다.

특히 국보 제224호로 지정되어 경복궁을 찾는 모든 관람객이 최고로 여기는 장소 중 하나가 경회루(慶會樓)다. 나라의 경사가 있을 때마다 이곳에서 연회를 베풀었다. 인공연못 안에 동쪽으로 치우친 네모난 섬 위에 지은 정면 7칸, 측면 5칸 규모의 2층 누각 건물로 2층 누에서 바라보면 인왕산, 북악산, 남산 등 주변 경관이 한눈에 들어온다.

휴관일인 화요일을 제외하고 매시 정각에 볼 수 있는 수문장교대식과 한국어는 물론 영어, 일본어, 중국어로 진행되는 경복궁 해설투어, 봄과 가을 두 차례 한시적으로 개방되는 야간개장, 조선과 대한제국의 유물을 전시하고 있는 국립고궁박물관 등은 경복궁을 찾는 관광객들에게 특별한 시간여행을 제공한다.

▸ 경복궁 해설투어(좌)와 수문장교대식(우)

자금성과 경복궁은 서로 동일한 개념으로 설계된 것으로서 양국의 국민 모두에게 관심을 끌 것으로 사료된다. 즉, 유사해서 볼 필요가 없는 것이 아니라 서로 동일한 개념으로 만든 궁이 어떻게 유사하고 또 다른지를 확인해볼 수 있기 때문이다. 먼저, 자금성의 전체 규모가 대단히 크고 개별 궁궐의 크기 또한 대단해서 관람객에게 위압감을 줄 정도다. 그러나 역시 디테일에는 약하다. 단조롭기 그지없는 단청, 휑한 궁 내부 등은 약점이다. 뒤쪽으로 가면 갈수록 제대로 관리가 되지 않아서 단청의 색은 바래고 벽의 색칠은 벗겨져 일어나고 있다. 우리도 한때 그랬지만, 카메라로 돈벌이를 하는 손수레 상점은 궁의 위상을 떨어뜨리고 경관을 훼손하고 있다. 뿐만 아니라 신무문으로 빠져나오니 주변에 아무것도 없다. 인적이 드문 곳에 조그마한 술집과 제 마음대로 난폭운전을 하는 버스와 자가용만 질주하고 있다. 개인적으로 관광했더라면 큰 낭패를 볼 뻔했다.

반면에 경복궁은 자금성을 벤치마킹하기는 했으나 섬세함과 정교함으로 자금성을 능가한다. 그 규모도 그렇게 작지만은 않다. 화려한 단청과 잘 관리된 궁궐은 크기만 크고 제대로 관리되지 않은 궁궐보다 더 훌륭하다. 매일 진행되는 수문장교대식과 때때로 진행되는 야간개장은 궁궐의 또 다른 멋과 운치를 더해준다. 또한 시대의 한가운데 위치해 있을 뿐만 아니라 5호선과 3호선 등의 지하철과 각종 대중교통을 통해 편리하게 이용할 수 있다. 특히 3호선을 이용하면 궁 안으로 곧바로 들어갈 수 있다. 걸어서 갈 수 있는 거리에 청계천, 정동, 명동, 덕수궁, 창덕궁, 세종문화회관, 점프전용관 등 관광명소가 있어서 경복궁의 관광매력은 더욱 커진다.

▸ 청계천 등축제

2. 문화관광 : 老舍茶館 vs 점프

노사차관(老舍茶館)은 중국의 저명한 작가인 노사(老舍)의 이름을 따서 지은 곳으로 그의 대표 소설인 『차관』(茶館)을 기념하기 위해 만들어졌다. 노사차관은 중국의 전통공연과 함께 식사 또는 차를 즐길 수 있는 복합문화공간으로 외국관광객뿐만 아니라 중국 현지인들에게도 인기 있는 장소이다. 고풍스런 외관과 실내장식 그리고 그윽한 차향이 이곳을 찾는 손님들을 매료시킨다. 전체 3층 건물로 1층은 다양한 전시와 함께 식사를 할 수 있는 장소로 되어 있다. 2층은 차와 다기, 기념품을 판매하는 장소로 차와 관련한 전시도 볼 수 있다. 3층은 공연장으로 식사 또는 차와 함께 경극, 만담, 변검, 서커스, 무용, 음악연주 등을 각각 하이라이트로 구성하여 전체 약 1시간 30분 정도의 공연을 즐길 수 있게 되어 있다.

▸ 노사차관

공연은 중국 전통 다도와 함께 시작되는데 다양한 중국 전통공연들을 한곳에서 즐길 수 있다는 것이 외국 관광객에게는 큰 매력일 듯싶다. 또한 이곳의 종업원은 모두 청나라 전통 복장으로 뜨거운 물이 담긴 주전자를 들고 다니며 손님의 찻잔에 물을 부어주는데, 우리나라의 한복을 입은 종업원들의 모습과 비슷한 느낌이 들었다. 입장료는 공연 무대와 가까울수록 비싸고, 밤 공연이 낮 공연보다 2배 정도 비싸며, 차와 함께 제공되는 다과의 종류도 가격에 따라 조금씩 차이가 있다. 공연장이 아담하여 뒤쪽에서도 충분히 무대 공연을 즐길 수 있다. 무대 옆쪽에 모니터가 있어 각 공연의 제목과 간단한 내용은 영어 자막으로 보여준다. 그러나 영어 설명이 너무 간단하고, 만담은 알아들을 수가 없어서 중국 현지인들이 박장대소를 할 때 외국인들은 어색한 웃음만 지을 수밖에 없어 아쉬웠다.

▸ **노사차관 공연 : 변검과 경극**

점프를 초연한 것은 지난 2002년 12월 국립극장에서였다. 20회 공연 모두 전석매진을 기록했다. 처음에는 '별난 가족'이라는 이름으로 무대에 올렸는데, 마샬아트를 주제로 한 전 세계 최초의 비언어극(non-verbal performance)이었다. 2005년에는 제목을 '점프'로 바꿔서 에든버러 프린지 페스티벌(Edinburgh Festival Fringe)에 출품해서 2,800개 작품과 경쟁하여 박스 오피스 1위를 기록했다. 2006년에는 영국 런던 웨스트엔드 피콕극장(Peacock Theatre)에서 공연하여 객석점유율 95%

를 기록했고, 같은 해 영국 황실에서 개최하는 로열 버라이어티 쇼(Royal Variety Show)에 아시아 공연물 최초로 초청을 받기도 했다. 초연 이후 지금까지 일본, 중국, 홍콩, 대만, 이스라엘, 남아프리카공화국, 스페인, 그리스 등 이루 헤아릴 수도 없이 많은 나라에서 초청공연을 하였으며 모두 대성공을 거두었다.

▸ 왼쪽부터 중국, 영국, 일본 점프 포스터

특히 2007년 미국에 진출했을 때 현지의 반응이 뜨거웠다. 브로드웨이에 진출했던 한국 공연물 중에는 명성황후, 난타 등이 있었지만, 모두 흥행에는 실패했었다. 문화부의 지원을 받고도 흑자를 내지 못한 것이다. 우리나라 공연 역사상 최초로 점프가 브로드웨이에 진출해서 흑자를 냈다. 장기상설극장에서 공연을 시작하던 날 브레드 피트와 안젤리나 졸리 부부가 점프를 관람함으로써 미국 언론을 깜짝 놀라게 하기도 했다.

▸ 왼쪽부터 러시아, 남아프리카공화국 점프 공연장

3. 쇼핑관광 : 王府井 vs 명동

한국의 명동과 남대문시장을 한곳에 합쳐 놓은 것이 북경의 왕부정(王府井) 거리다. 물건이 넘쳐난다. 우리 시각에서 보면 혐오식품이라고 할 수 있는 것에서부터 명품에 이르기까지 없는 것이 없어 보인다. 관광객이 많이 오는 곳이어서 그런지 영어서적을 파는 대형서점이 두 개나 있다. 왕부정 거리에 있는 롯데백화점은 비싸기로 치면 북경 제일이란다.

▸ 왕부정 식당가

문제는 저가에서부터 고가에 이르기까지 모든 상품이 다 있지만 중가상품은 별로 없다는 것이다. 저가상품은 허접하고, 고가상품은 한국에 가서 사면 되니 결국 아무것도 살 만한 것이 없다. 중국 어디나 그렇기는 하지만 왕부정 역시 대표적인 관광쇼핑가이면서도 영어가 잘 통하지 않는다.

▸ 왕부정 상가거리

명동은 일제강점기에 형성된 일본인 상가지역 중 한 곳이다. 청계천 북쪽 북촌에는 한인 상가지역과 거주지역이 있었고, 남쪽 남촌에는 일인 상가지역과 거주지역이 있었다. 청계천 이남 남산기슭에 형성된 일본인 상가지역 중에서 명치정(明治町)이 지금의 명동에 해당한다. 이름 그 자체로 풀어보면 700여 년간 이어 온 막번체제를 종식시키고 왕정복고로 일본을 근대화한 일왕마을인 셈이다.

일제강점기 경성의 공간분할은 지금 서울의 공간분할과 유사한 측면이 있다. 현재 서울은 한강을 중심으로 남과 북으로 분할되어 있다. 그래서 강남과 강북으로 구분해서 부른다. 강남은 1978년 압구정동 현대아파트를 완공하고 지하철 2호선을 건설하기 시작하면서 본격적으로 개발되었다. 테헤란로에는 우리나라 최초의 광통신케이블이 깔렸고, 로데오거리는 새로운 유행과 젊음의 상징이 되었다. 그 젊은이들을 일컬어 '신세대'라고 했다. 첨단 정보통신사업과 세련된 문화를 상징하는 강남과 전통과 역사를 자랑하는 강북으로 분할된 서울은 일인 상가지역과 거주지역인 남촌과 한인 상가지역과 거주지역인 북촌으로 분할된 경성의 재판인지도 모른다.

1910년과 1919년의 '경성지구 개정' 계획에 따라 일본은 식민지 지배를 원활히 하기 위해 식민지 근대도시 경성을 만든다. 그 결과 진고개 중심의 남촌지역 상가에는 근대도시가 형성되고, 종로통 부근 북촌지역에는 전근대의 잔재가 남아 있는 불완전한 식민지적 근대도시가 형성된다. 도쿄 긴자(銀座)를 헤매는 젊은이들을 일컬어 '긴부라'라고 했던 것처럼 남촌의 혼마치를 헤매고 돌아다니는 젊은이들을 일컬어 '혼부라'라고 했다. 혼부라당은 아이스커피로 멋을 부리고 휘황찬란한 미쓰고시(三越)백화점(지금의 신세계백화점)과 조지야(丁子屋)백화점(지금의 롯데백화점 별관)에 흠뻑 취함으로써 동경을 거쳐 서구 모던으로 가는 근대의 길목을 통과했다(신명직, 2003 : 22-31).

▸ 왼쪽부터 명동예술극장, 명동성당, 명동롯데백화점

이러한 역사를 간직하고 있어서인지 명동에는 유난히 일본인 관광객이 많다. 한국 속에서 일본을 체험한다고 할 수 있겠고, 일본에도 있는 롯데백화점에서 일본보다 더 싼 값으로 명품쇼핑을 할 수 있기 때문일 것이다. 최근에는 중국인 관광객도 눈에 띄게 증가했다. 명동 초입에 자리 잡고 있는 파룬궁 탄압중지 거리시위는 이곳을 찾는 중국인 관광객이 얼마나 많은지를 반증하고 있다. 중국에서는 백화점에서도 짝퉁 명품을 판매해서 간혹 소동이 일어나는데 한국 백화점에서는 짝퉁 명품을 팔지 않는다. 믿을 수 있다는 얘기다. 명동에서는 백화점은 말할 것도 없거니와 웬만한 상점에서도 일어, 중국어, 영어 등으로 의사소통을 하는 데 지장이 없다.

▸ 명동 상가거리

그러나 명동거리를 가득 메우고 있는 불법 노점상들은 통행마저 불편하게 하고 있다. 대형상점에서 크게 틀어놓은 외부스피커의 노랫소리는 명동의 품격마저 손상시키고 있다. 중국인 관광객들은 별달리 신경을 쓰지 않는 눈치지만 일본인 관광객들은 길가를 종종걸음으로 나다니는 모습으로 보아 불편한 듯하다. 길거리 곳곳에서 일어와 중국어로 호객행위를 하는 사람들이 너무 많아서 노점상 못지않게 불편을 초래하는 것도 문제점이다.

4. 예술관광 : 798 藝術區 vs 헤이리 예술마을

'798 예술구'(藝術區)는 1954년 착공하여 1957년에 완공된 세 개의 '718 연합공장' 중 하나다. 당시의 이름은 '화북 무선 전자장비 공장'이었는데, '북경 제3 국영 무선 전자장비 공장'으로 바뀌었다가 최종적으로 '798 공장'으로 불리게 되었다. 지금의 798 예술구에 해당하는 이름은

▸ 798 예술구

1964년 중화인민공화국 제4 기계공업부에서 '798 공장'으로 명명한데서 유래한 것이다. 중국의 핵개발 프로그램과 위성기술 개발 등 굵직한 대형 군사 및 산업 프로젝트를 수행한 일종의 군수산업 시설지구였다(Yi Jinan, 2004 : 3-11).

구동독에서 온 100명의 기술자들이 1,000일 동안 혼신의 노력을 기울인 걸작이 798 공장이었다. 동독은 798 공장을 설계하고, 기술자를 파견하여 시공하였을 뿐만 아니라 모든 건설경비를 원조해주었다고 한다. 장식을 최소화하고 기능에 따라 실용적 공리성을 추구한 독일 바우하우스 건축디자인의 근대주의를 보여주고 있어서 건축적으로도 값진 유산이 되고 있다. 동독의 원조액이 14만 위안이었다고 하는데, 지금의 액수로 환산하면 1억 4,000만 위안으로 우리 돈으로는 257억원에 해당하는 돈이다. 당시로서는 상당한 액수의 돈이 투입된 셈이다. 독일 기술자들은 상당히 엄격했다고 한다. 리히터 스케일로 진도 8의 지진을 견딜 수 있는 설계를 끝까지 고집했다고 하는데, 당시로서는 중국에 이 정도의 지진과 하중을 견딜 수 있는 건축자재를 생산할 기술이 없었기 때문에 상당한 마찰이 있었다고 한다. 결국은 동독 기술자들의 의견을 따랐고, 건축자재를 시베리아 횡단철도를 통해 유럽에서 들여왔다고 한다. 동독 기술자들이 진도 8을 고집한 이유는 역사적으로 북경에 여러 차례 발생했던 지진 때문이었다. 실제로 북경으로부터 175Km 떨어진 당산에서 지난 1976년 리히터 규모 7.6의 강진이 발생했을 때에도 798 공장은 끄떡도 없었다고 한다(798 藝術區 建設管理與公室, 2011 : 9-15).

그러나 전성시대는 1980년대 중반부터 막을 내리기 시작했다. 사회주의 특유의 비효율성과 낮은 생산성으로 더 이상 설 자리가 없어졌기 때문이다. 1990년대 중반에 들어서면서 국영기업들은 경제위기로 문을 닫고 그 공백을 예술가들이 메우게 된 것이 지금의 798 예술구로 발전한 것이다. 음악, 회화, 사진, 디자인 등의 예술분야와 커피숍, 서점, 레스토랑, 호텔 등이 절묘하게 조화를 이루고 있다. 최근 중국 화가들의 그림이 전 세계 경매시장에서 호평을 받으면서 798 예술구에서 작품활동을 하고 있는 중국 예술가들의 실험적인 작품들도 덩달아 상한가를 기록하고 있다.

798 예술구와 비길 수 있는 곳이 '헤이리 예술마을'이다. 두 마을은 예술이라는 공통점을 가지고 있지만, 하나는 국가 프로젝트이고 다른 하나는 순수 민간 프로젝트다. 헤이리 예술마을을 구상한 사람은 인문

▸헤이리 예술마을 갤러리

사회과학 도서를 출판하는 한길사 김언호 사장과 미술서적 전문출판사 열화당 이기웅 사장이다. 두 사람은 1994년 영국 웨일스에 있는 헌 책방마을 '헤이온와이'(Hay-on-Wye)를 방문한 후 본격적으로 헤이리 예술마을을 구상하기 시작했다.

처음에는 헤이온와이를 응용한 책방마을을 구상했으나 약 150인의 문화예술인들이 참여하면서 예술마을로 확대되었다. 파주 지방에서 불리는 농요 '헤이리소리'에서 마을 이름 '헤이리'를 따왔다. 건축지침에 따라 하나의 빼어난 예술작품을 만들듯 건물을 짓기 시작한 것은 2002년 봄부터였다. 마을 전체는 중심과 주변이 따로 없도록 설계되었으며,

▸ 헤이리 예술마을 박물관과 아틀리에

모든 건축물은 울타리가 없다. 냉전질서가 해체되고 이데올로기가 종언을 고한 새천년에 아시아문명과 유럽문명을 연결하는 신실크로드의 출발점으로 헤이리 예술마을을 포지셔닝했다(김언호 외, 2008 : 86-126).

798 예술구는 애초에 산업시설이었던 것을 예술마을로 개조했기 때문에 건물이 지금의 용도와 잘 맞지 않는다. 그러나 산업유산을 예술마을로 전환했기 때문에 그 속에 많은 이야기들이 있다. 798 예술구는 냉전시대의 체제경쟁과 세계화시대의 무한경쟁이라는 두 시대를 모두 겪었기 때문에 너무나 많은 이야기들이 살아 숨 쉬고 있다. 자연스럽게 스토리텔링이 된다.

헤이리 예술마을은 애초에 계획을 갖고 단계적으로 건설했기 때문에 전체가 조화를 이루고 있다. 또한 책방과 박물관 등이 용도에 맞게 최적화되어 있다. 유산을 갖고 있지 않기 때문에 스토리텔링에서 뒤질 수밖에 없으나 미학적이고 친환경적인 건축으로 그 자체가 이야깃거리가 되게 했다. 실제로 전 세계 유수의 건축잡지에 보도되었으며, 전 세계 건축행정을 담당하고 있는 사람들과 건축학도들이 꼭 가봐야 할 곳으로 발전했다.

요컨대 798 예술구와 헤이리 예술마을은 둘 다 예술마을이면서 친환경적이고 동시에 풍부한 이야기를 가지고 있다는 공통점을 지니고 있다. 그러나 798 예술구는 재활용이라는 의미에서 친환경적이지만 헤이리 예술마을은 생태적으로 조성되었다는 측면에서 친환경적이라는 차이점이 있다. 798 예술구는 냉전시대의 체제대결에서 출발하여 세계화시대의 무한경쟁에서 살아남기 위한 무한변신을 통하여 오늘에 이르렀다. 예술구 전체가 비계획적이고 그 속에 있는 개별 인공건조물은 현재의 목적에 부합하지 않는다. 그러나 헤이리 예술마을은 냉전체제가 무너지고 난 후에 새로운 시대를 목도하면서 조성했기 때문에 전체 예술마을이 조화를 이루고 있고 그 속에 자리 잡은 개별 인공건조물은 용도에 맞게 만들어져 있다. 전자는 국가 프로젝트이지만 후자는 민간 프로젝트다. 전자는 두 시대에 걸쳐서 조성과 변신을 거듭하는 과정에서 자연스럽게 다양한 스토리텔링이 된다. 후자는 구상단계에서 이미 새로운 시대를 지향했기 때문에 나름의 이야기를 가지고 출발했다.

제3절 맺음말

한국과 중국 양국의 수도권 관광자원은 서로 중복된다. 지금성과 경복궁이 그렇고, 798 예술구와 헤이리 예술마을이 그렇고, 명동과 왕부정이 그렇고, 북촌과 호동이 그렇다. 그럼에도 불구하고 양국의 수도권 관광자원은 서로 상승작용을 일으킨다. 근대 이후에 일시적으로 모방을 통하여 형성된 것이 아니라 오랜 역사적 과정을 거쳐서 형성된 것이기 때문이다.

북경 속에 서울이 있고, 서울 속에 북경이 있다. 서로 너무 다르면 신기하고 이국적이기보다는 이질감이 더할 수도 있는 것처럼 서로 비슷하면 그 나물에 그 밥이라서 지겹다기보다는 더 친근하고 그래서 더 쉽게 소통할 수도 있다. 선린우호의 오랜 역사만큼이나 신기하고 재미있는 이야기로 가득 찬 한중 수도권 관광자원이 아시아시대를 열어가고 있는 새천년에도 더욱 빛을 발하기를 기대해본다.

제3부 중국인 관광객 유치 방안

제7장

대한민국, 5色으로 물들다

–중국인 교육관광객 유치 방안–

이현일 · 한진희 · 신은혜 · 오솔잎 · 김민지 · 윤희진
(을지대학교 여가디자인학과)

제1절 머리말 : 제안배경

최근 한국을 방문하는 중국인 관광객의 수가 눈에 띄게 증가하였다. 이들은 한국 관광시장에서 큰 영향력을 행사하고 있으며 한국 또한 중국을 새로운 잠재시장으로 인식하고 그들을 유치하기 위해 노력하고 있다. 특히 중국 학생들이 수학여행을 목적으로 한국을 찾는 경우가 크게 늘었다. 한국관광공사에서 실시한 중국 청소년 수학여행객 방한 규모를 살펴보면, 2010년 8월 말을 기준으로 1만 3,500명이 방문하여 2009년과 비교해 두 배 수준으로 증가하였다. 또한 비자 완화가 실시되어 역대 최고치를 기록했던 2008년과 비교하면 150%의 폭발적인 성장세를 보여주고 있다. 2011년 8월 현재 청소년 수학여행객은 1만 5,600명으로 단체 입국이 시작된 2006년에 비해 10배로 성장하였다. 이로 보아 한국으로 수학여행을 오는 중국인 학생 단체는 지속적으로

늘 것으로 예상된다.

또한 한국관광공사(2011)가 중국 학생 234명을 대상으로 실시한 만족도 조사 결과, 전반적 만족도가 96%에 달할 정도로 매우 높았다. 특히 한국 친구들과의 교류, 방한 수학여행 추천의사, 수학여행 후 한국에 대한 인상 호전 여부에서 긍정적인 응답이 많았다. 이는 일반 중국인 관광객의 만족도가 81%, 방한 추천의사 75.4%, 한국에 대한 이미지 개선 73.7%에 비해 미래 고객인 학생들의 만족도가 훨씬 컸음을 알 수 있다. 중국인의 높은 교육열과 해외여행 확대추세로 볼 때 한국으로 오는 수학여행객은 지속적으로 증가할 것이 예상되며, 중국 수학여행 시장 공략은 2억 명에 달하는 중국 학생 수가 말해주듯 앞으로의 성장 가능성도 무한하고 관광수입 증가라는 경제적 이득 외에도 잠재적 관광객 확보 측면에서도 경쟁력을 가지고 있다고 판단된다.

[그림 1] 중국 청소년 수학여행객 방한규모

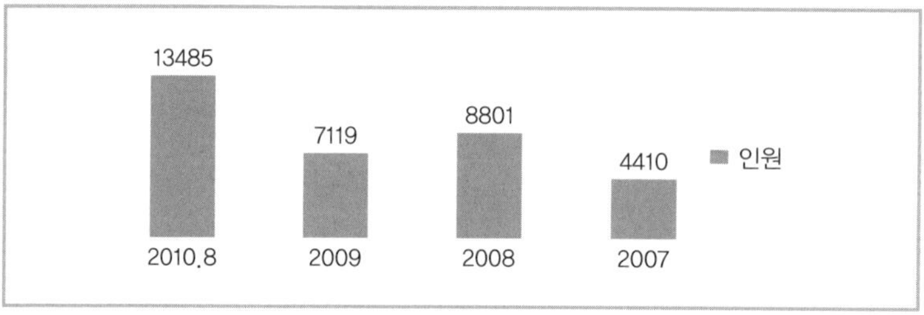

자료 : 한국관광공사(2011)

제2절 교육관광의 현황

1. 현황

한국의 교육관광 현황을 살펴보면 포항, 대구, 춘천, 인천, 강릉 지역 등 여러 지역에서 외국인을 위한 수학여행을 유치하고 있다.

포항의 경우는 중국 칭다오 지역 학생들을 대상으로 포항지능로봇연구소, 호미곶, 포스코, 중앙상가 실개천 거리 등 포항의 주요 관광명소를 견학시킨 바 있다. 포항은 최첨단 과학도시로서 포항만이 가지고 있는 관광자원인 첨단시설을 적극 활용하여 학생들이 흥미를 가질 수 있도록 진행하고 있다. 대구에서는 싱가포르 수학여행단을 대상으로 대구시니어체험관, 허브체험관, 대구 시민안전파크 등 예술활동 및 환경보호 등의 교류 및 행사를 실시한 바 있다. 춘천에서는 중국 하남성, 광동성, 절강성 지역 14개 학교단체를 유치한 바 있으며 남이섬, 명동, 애니메이션박물관 등 춘천의 관광지와 향토음식 체험을 진행하고 있다. 또한 강릉에서는 오죽헌, 참소리축음기박물관, 경포해변 등의 주요 관광지를 관람하는 등의 교육관광이 진행되고 있으며, 인천은 중국과 지리적으로 가까운 이점이 작용하여 더 큰 인기를 끌고 있다. 인천은 칭다오, 지난, 베이징, 광저우의 초·중·고등학생을 대상으로 송도국제도시, 중구 북성동 일대 차이나타운 등을 둘러보며 강화 갯벌생태체험과 한·중 청소년 문화예술 교류행사에 힘쓰고 있다.

지 역	내 용
포 항	• 중국 절강성 여행단 • 포항지능로봇연구소, 포스코, 중앙상가 실개천 거리 등 – 포항의 첨단시설 소개
대 구	• 싱가포르 수학여행단 • 대구시니어체험관, 허브체험관, 대구 시민안전파크 – 예술활동 및 환경보호 등 교류 및 행사
춘 천	• 중국 하남성, 광동성, 절강성, 강소성 14개 학교단체 유치 • 남이섬, 명동, 국립춘천박물관, 애니메이션박물관 – 유명관광지 관람, 향토음식 체험
인 천	• 중국 칭다오, 지난, 베이징, 광저우 지역 수학여행단 유치 • 갯벌생태체험, 화문석체험, 태권도 체험 등 – 생태체험과 한 · 중 문화예술 교류행사
강 릉	• 중국 초 · 중학생과 강릉 내 초 · 중학생 문화교류행사 진행 • 오죽헌, 참소리축음기박물관, 경포해변 등 주요 관광지 관람 – 유명관광지 관람과 문화교류

2. 문제점

한국 교육관광은 다음과 같은 문제점을 안고 있다.

첫째, 교육관광상품이 차별화되지 않고 있다. 지역의 유명 관광지를 관람하고 청소년 문화 교류행사에 국한된 단조로운 소재가 대부분이다. 또한 중국인의 특성을 고려하지 않고 그들이 관심을 보일 만한 소재가 부족하다.

둘째, 테마형 복합 관광상품 개발이 미흡하다. 지역의 역사, 문화, 레저, 지역 특산품 등의 복합적 상품개발이 미흡하다. 서로 연계되어 있지 않고 한국에 대한 강한 이미지를 심어줄 수 있는 테마형 상품 또한 부족하다.

셋째, 재미와 교육 효과를 동시에 충족시키지 못하고 있다. 학생들의 흥미와 교육적 효과를 동시에 충족시키지 못하고 있다. 학생을 대상으로 이루어지는 관광이므로 특성을 파악하여 재미와 흥미를 이끄는 동시에 교육적 효과로도 한국을 알려야 한다.

넷째, 안내 및 정보 제공이 부족하다. 관광지에서 이루어지는 활동에 있어서 사전의 정보나 안내체계가 부족하다. 대체로 단순한 내용으로 정보를 제공하거나 언어 면에서 매우 부실하다.

이러한 문제점으로 보아 중국인 수학여행객을 위한 한국의 교육관광은 흥미와 교육, 스토리텔링을 모두 접목시킨 콘텐츠 변화와 상품개발이 필요하다고 판단된다. 이에 교육관광용 테마상품 및 특화 프로그램으로 오방색여행을 제안한다.

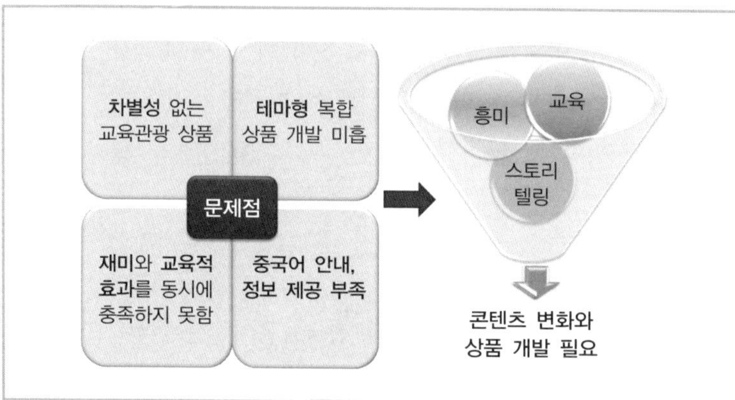

제3절 세부계획

1. 주제

오방색은 적, 황, 청, 흑, 백의 다섯 가지 색으로 적은 생성과 창조, 열정과 애정, 적극성, 태양 등의 의미를 가지며, 황은 부귀와 권위, 왕, 고귀함의 의미를 가지고, 청은 하늘, 바다, 물, 천지창조의 의미를 가지고, 흑은 어둠, 밤, 공포, 죽음, 불행 등의 의미를 가지고, 백은 온화, 너그러움, 결백, 진실, 순결 등의 의미를 가지고 있다. 뿐만 아니라, 오방색은 예부터 단순한 색상만이 아닌 종교, 우주, 생명, 지혜 등 다양한 부분에 그 의미를 두었으며, 음양오행사상에 기반하여 우리의 생활과 밀접한 관련을 맺고 있다. 또한 단순한 빛깔로서 색만이 아닌 복을 기원하고 나쁜 기운을 몰아내는 역할까지 하는 옛 선조의 지혜 또한 내포하고 있다. 이로써 오방색이라는 우리나라 고유의 전통 색채문화를 알림과 동시에 시각적인 요소로 관광이미지를 부각시키는 것이 이 여행의 특징이다.

2. 운영방안

오방색여행은 한국관광공사 주관, 한국교육여행협회 후원으로 운영된다. 한국관광공사에서는 오방색여행에 대한 홍보를 지원하고 각 지자체의 협력을 구축하여 여행이 원활하게 이루어질 수 있도록 한다. 또한 중국팀의 전문적인 마케팅 지원과 중국 학교 교사 및 관계자를 대상으로 팸투어를 진행시킨다. 한국교육여행협회는 여행에 필요한 교육관광지도를 이해하기 쉽도록 제작하고 홍보물을 만들며 부대행사를 후원할 예정이다.

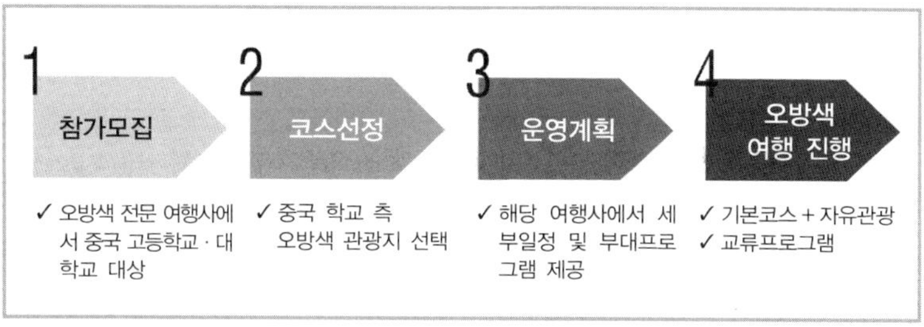

세부 운영방안으로는 오방색 전문 여행사에서 중국의 고등학교, 대학교를 대상으로 참가 모집이 이루어진다. 중국 학교 측에 오방색 책자를 배포한 후 책자를 통해 코스를 선정하면 해당 여행사에서 세부일정과 부대 프로그램에 관한 운영계획을 제공한다. 그것을 통해 기본코스와 자유관광, 교류 프로그램으로 이루어진 오방색여행을 진행한다.

세부 코스는 다섯 가지로 이루어진다.

1) 적(赤) : 赤과의 동침 '新한국관광'

열정과 창조, 적극성 등의 의미를 지닌 적색으로 한국의 첨단산업시설과 IT를 테마로 하는 新한국관광이 주제이다. 첨단산업은 미래 관광산업을 위한 무한한 경쟁력을 지니고 있다. 그렇기 때문에 학생들에게는 IT산업 강국인 한국을 둘러보고 선진기술과 정책을 공유하며 함께 배우는 좋은 기회가 될 것이다. 또한 이를 통해 첨단산업을 활용한 관광지와 상품을 개발하는 데도 도움이 될 수 있다. 지능로봇센터, 3D 스마트TV, 스마트폰 등 다양한 디지털 콘텐츠를 체험하며 즐기는 코스가 준비될 것이다.

2) 황(黃) : 왕실의 문화를 새롭게 조명하는 '역사관광'

고귀, 풍요, 왕 등의 의미를 지닌 황색으로 한국의 대표 고궁과 주요 왕릉을 둘러보는 역사테마 관광이 주제이다. 현재 중국 내의 한류 드라마의 인기로 인해 한국의 궁문화에 대한 흥미가 고조된 상황에서 한국의 역사와 왕실문화를 배우고 우수한 한국의 전통문화를 인식시키기 위함이다. 동시에 특화된 역사문화공간을 재창조하고 관광산업의 활성화를 이루는 데 선정 목적이 있다. 황색 코스에서는 왕실문화에 대한 스토리를 흥미롭게 전하고 전통의복 체험, 궁중의례 참여, 선비문화 체험 등 한국의 역사문화를 흥미롭게 전달할 것이다.

3) 청(靑) : 바다와 하늘, 인간이 하나됨을 꿈꾸는 '자연관광'

하늘, 바다, 물의 의미를 가진 청색으로 한국의 푸른 바다와 하늘을 전하는 자연관광으로 주제를 선정하였다. 중국은 영토 대비 영해가 좁은 나라이며 해양자원도 부족하다. 또한 대부분의 중국인은 내륙에서 생활하였기 때문에 바다를 접할 기회가 많지 않다. 그렇기 때문에 한국의 바다를 연계한 관광지 소개는 충분한 가치를 지닌다. 한·중 해변콘서트, 해양스포츠 체험, 해돋이행사 등 체험형 코스가 주이며 서해의 갯벌이나 최근 보령의 머드축제 등 경쟁력 있는 자연관광을 소개할 것이다. 또한 하늘의 의미로 천문대를 소개할 예정이다. 자연 그대로를 간직한 밤하늘을 보며 아름다운 별빛과 신비로운 우주세계를 소개하고 학생들에게 자세한 설명을 덧붙여 여행지를 소개할 것이다.

4) 흑(黑) : 어둠, 공포, 밤 … 전쟁의 아픔 '안보관광'

어둠, 공포, 밤의 의미를 가진 흑색으로 한국의 전쟁역사를 보여주는 안보관광으로 주제를 선정하였다. 안보관광지는 우리나라만의 경쟁력 있는 관광상품이며, 체험적이고 교육적인 요소들이 다양하다. 현재 천안함, 연평도 사태로 중국인의 관심이 고조된 시점, 학생들이 냉전의 역사현장을 직접 봄으로써 국가 안보의 중요성을 배우고 동족상쟁의 처절했던 전쟁의 비극을 보여줌으로써 한국의 역사에 관심을 가지도록 하기 위해 선정하였다. 흑색코스에서는 비무장지대 체험, DMZ 철책선 걷기, 평화리본 매달기 등이 특징이다.

5) 백(白) : 백의민족의 순수함과 아름다움 '백색관광'

순수, 순결, 진실 등의 의미를 지닌 백색으로 눈과 연관 지어 한국의 하얀 아름다움을 전하는 백색관광으로 주제를 선정하였다. 중국 대륙 사람들은 설경을 볼 기회가 적기 때문에 쉽게 관심을 유도할 수 있다. 또한 한국은 우수한 스키 리조트 시설이 많이 구비되어 있기 때문에 설경의 아름다움을 전하는 동시에 눈 축제와 썰매, 스키, 이글루 체험 등 다양한 체험활동으로 학생들의 흥미를 유발할 수 있다. 백색코스에서는 전통 눈썰매타기, 눈조각 전시, 얼음빙수 만들기, 눈꽃열차 등 반별 눈싸움대항전 등이 진행된다.

6) 부대행사

부대행사로는 '안녕 한국, 니하오 중국'이라는 주제로 한 · 중 교류의 밤을 진행한다. '미션을 잡아라'에서는 교육과 흥미를 동시에 충족시키기 위하여 여행기간 동안 반별로 미션지를 제공한다. 이에 미션 수행을 확인하고 반별 심사와 시상을 하는 시간을 가진다. 둘째로 한 · 중 합작 퀴즈를 진행한다. 이 시간에는 오방색 여행지를 다시 한 번 기억하는 동시에 한국과 중국의 역사, 문화에 관한 퀴즈를 진행한다. 셋째로 오방색 홍보단과 반 친구들과 함께한 추억을 영상으로 담아 반별 UCC를 제작하는 시간을 가지고 마지막으로는 한국과 중국이 함께하는 공연과 편지쓰기 등을 통해 더욱 친밀한 관계를 형성하도록 한다.

3. 홍보방안

1) 홍보책자 배포

중국 학교 교사와 관계자를 대상으로 오방색여행 책자를 배포한다. 책자에는 한국 오방색여행에 대한 소개와 다섯 가지 테마에 관한 관광자원에 대해 자세히 알아볼 수 있다.

2) 한류스타

시각적 효과가 큰 오방색 한복을 착용한 한류스타를 내세워 홍보를 진행한다. 학생들이 유행에 민감하고 연예인을 동경하는 특성을 이용하였다.

3) SNS

최근 페이스북, 트위터 등 SNS(Social Network Service)가 주요 홍보 수단으로 급부상하였고 중국 또한 그렇다. 오방색여행을 다녀왔거나 갈 예정인 학생들의 다양한 정보공유와 소통을 하기 위함이다.

4) 교내 홍보

중국 학교 내에서 홍보를 진행한다. 교내 신문에 기사를 게재하고 비보이, 태권도 등 한국의 현대공연을 통해 관심유도 및 현장홍보를 진행할 것이다.

5) 캐릭터 개발

다섯 번째로 오방색 캐릭터를 개발하여 핸드폰 고리나 색깔별 기념품 등을 만들어 친근하게 다가감과 동시에 참가자들에게 추억과 홍보 효과를 동시에 이끌어낼 것이다.

6) 홍보단 모집

한·중 오방색여행 홍보단을 모집한다. 대상은 한국 대학생과 중국 유학생이며, 한국의 대표적인 교육관광을 알리는 것이 목적이다. 선발 기준은 양국에 관심이 많고 관광을 즐기는 사람이어야 하며, 한·중 통역이 가능한 사람에게는 가산점이 부여된다. 이들에게는 배지(badge)와 임명장 수여 및 오방색 선정지역 무료입장 등 다양한 혜택과 선물이 주어진다. 또한 오방색여행의 행사와 가이드 역할이 부여되며 블로그와 인터넷 커뮤니티 사이트를 운영하는 등 다양한 활동이 있다. 한국 대학생에게는 한국의 아름다움과 역사, 문화를 깊이 이해하고 배우며 중국 유학생에게는 혐한감정을 없애고 한국 대학생과의 소중한 추억을 전하는 데 목적이 있다.

제4절 맺음말 : 기대효과

본 제안서는 오방색투어를 통해 다음과 같은 기대효과를 예상할 수 있다.

첫째, 중국인 교육관광객이 증가할 것이다. 오방색여행 상품을 통해 중국인 학생단체, 교육관광객이 더욱 증가하리라 예상한다.

둘째, 한 · 중 청소년 문화교류가 활성화될 것으로 기대한다. 오방색여행의 청소년 문화교류행사를 통해 각국의 문화를 이해하고 배우는 교류의 장이 될 것이다.

셋째, 친한 · 지한파 양성으로 잠재관광객을 확보하는 효과를 볼 수 있다. 관광을 통한 긍정적 이미지 각인으로 관광객들의 재방문 유도 및 홍보효과를 예상한다.

넷째, 한국 문화와 자연의 우수성과 국가이미지 제고를 기대할 수 있겠다. 한국은 관광자원이 풍부하게 존재하기 때문에 한국 고유의 문화유산과 자연의 우수성을 널리 알리고 개발하게 될 것이다.

다섯째, 한국의 교육관광 상품 브랜드가 다수 개발될 것으로 기대한다. 오방색이라는 한국 고유의 전통 색채를 활용하여 한국의 전통 이미지를 강조한 것과 같이 한국을 상징하는 교육관광 상품 브랜드가 점차 개발될 것이다.

본 제안서가 한국을 방문하는 중국인 교육관광객의 증가와 중국인 관광객 300만 명 유치에 크게 기여할 수 있기를 기대한다.

제8장

중국인 관광객 유치를 위한 한류관광 포털사이트 구축방안

이성민 · 이진환 · 백민서 (서울과학종합대학원대학교 레저경영전문대학원)

제1절 머리말

1. 연구의 배경과 필요성

1) 연구의 배경

글로벌 경제의 확산과 함께 해외여행에 대한 전 세계적 수요가 확산되고 있다. 글로벌 트렌드에 발맞추어 중국 정부는 2015년과 2020년을 목표로 구체적인 중국관광 발전구상을 담은 '十五計劃'을 수립하면서 중국인 해외여행 규모와 방문목적지를 확대하여 세계 4위의 관광 송출국을 달성한다는 목표를 수립하였다(蔣飛菲, 2009). 중국의 아웃바운드 관광은 1995~2020년간 세계 평균보다 3배에 이르는 연평균 12.8% 성장으로 2020년에는 세계 4위로 약 1억 명이 외국을 방문할 것으로 예상되고 있다(한국관광공사, 2009).

세계의 주요 관광국들은 급신장하고 있는 중국인 해외관광 수요를 끌어들이기 위해 중국 관광객 유치를 위한 다양한 전략을 국가적 차원에서 진행하고 있다.[1] 지리적 근접성과 중국과 오랜 기간 역사 문화적 유대를 이어오면서 문화적 할인[2]에 대한 장점 등을 가지고 있는 한국 역시 방한 중국인 관광객의 양적, 질적 성장을 위한 장기적 목표를 수립하고 이를 위한 특화 및 분화된 차별적 유치 방안을 시행해야 하는 시기를 맞이하게 되었다.

2) 연구의 목적 및 구성과 방법

본 연구는 중국인 해외관광객을 유치하기 위한 일환으로 중국의 젊은 관광객층을 육성하기 위한 중장기적 전략으로서 한류를 문화콘텐츠로 삼고, 스타마케팅을 활용한 홍보 전략과 고객 편의성을 위한 정보인프라 구축을 통해 중국인 한류관광의 양산과 지속화가 이루어질 수 있는 방안을 모색하고자 한다.

본 연구는 앤서니 기든스(Anthony Giddens)의 근대성이론을 토대로 본 역동적인 근대사회의 형성과 세계화로 인한 고도근대사회로의 전환과정에서, 관광 패러다임이 해외여행 및 문화상품에 대한 선호로 변화할 것으로 예측한다. 또한 한류스타의 문화상품으로서의 장점이

---

1) 일본의 중국 대형 포털사이트와의 계약 및 대규모 검색어 프로모션 실시, 태국의 인터넷서비스센터 운영, 싱가포르의 비즈니스 관광쿠폰 제공, 말레이시아의 드라마촬영 지원 등

2) 한 문화 콘텐츠가 조건이 다른 문화의 시장에 진입했을 때 어느 정도 가치가 떨어지는 현상을 일컬으며, 그 할인되는 비율로서 〈겨울연가〉는 미국시장보다 일본시장에서 문화적 할인율이 낮다.

관광의 문화자원으로 활용 가치가 높다는 점에도 주목하고 있다.

중국 관광시장 실태 조사를 통해서 중국인 관광시장의 트렌드가 점차 문화 및 FIT여행에 대한 수요증가로 나타나고, 정보검색의 주요 수집경로로서 인터넷의 중요성이 커지고 있음을 확인하고자 한다. 선행연구 분석에서는 한류 콘텐츠와 관광 만족도 간의 긍정적 관계가 관광동기를 유발하는 문화적 자원으로서 중요성을 가지며, 특히 한류스타와 같은 엔터테인먼트 콘텐츠의 특징인 원 소스 멀티 유즈(One Source Multi Use)의 파급효과가 궁극적으로는 한국 관광에 대한 수요 창출로 연결됨을 확인하고자 한다.

한류 미디어 콘텐츠 및 한류관광 온라인 서비스 현황, 그리고 관광 모바일 애플리케이션(Mobile Application)의 소개 등 각 사례들의 장단점을 분석하여 중국인 관광객 유치를 위해서 중국어 한류종합 정보포털과 여행자 편의성을 위한 인프라 구축이 시급함을 알 수 있다.

이론을 통한 관광의 미래 예측과 이를 지지해주는 현황 및 선행연구 분석, 그리고 가용한 자원의 사례분석을 바탕으로 하여 내용, 홍보방법, 기술적 지원, 지속성을 위한 유통방식 등의 네 가지 측면을 통해 중국어 한류관광 종합포털 구축을 정책으로 제안한다.

본 연구는 관련 논문과 서적 등의 문헌 조사를 통해서 이론적 토대를 구축하였고, 기사 검색 및 유관 기관의 통계자료를 바탕으로 중국인 관광객의 특성을 분석, 대상의 세분화를 설정하였으며, 한류관광에 대한 선행연구를 통해 향후 나아갈 전략의 방향을 제시하였다. 또한, 실용적 정책제안을 위하여 인터넷 기반의 관광 및 문화콘텐츠 서비스의 사례 분석을 비교, 분석한 바탕 위에 현행 개선 및 벤치마킹을 통해

본 연구의 정책제안으로 연계하고자 하였다.

제2절 이론적 고찰

1. 기든스 근대성 이론과 관광의 세계화

1) 근대성과 관광

근대성(Modernity)이란 용어가 대두된 시기는 나라마다 다른데, 영국에서는 17세기부터 그리고 프랑스에서는 19세기 중반부터였다. 크게 두 가지의 의미로 사용되었는데, 하나는 19세기 전반 서구문명의 한 단계를 가리키는 것이었고, 다른 하나는 미적 개념을 가리키는 것이었다(Calinescu, 1998). 이처럼 근대성은 한 시대이면서 그 시대에 대한 의식이기도 한 양면성을 지니고 있다. 즉, 한 시대로서 역사적 사건이면서 사회적 조건이기도 하고 또한 한 사상으로서 문화적 충격을 던져주었고 그로 말미암아 그 시대를 의식하게 만들기도 했다(Deltany, 2000).

이러한 근대성의 극단적인 역동성(Dynamism)은 전통사회와 근대사회를 구분하는 가장 명백한 특징이다. 따라서 근대사회는 전통사회와 달리 과거와 현재가 공존하지 않고 시간은 직선적이며, 안전하지만 불안한 사회이다. 또한 근대사회는 전통사회보다 훨씬 빠른 변동을 보이므로 질주하는 세계(Runaway world)라고도 한다. 근대적 사회변동의 역동적 성격은 다음과 같은 세 가지 특징을 지니고 있다(Giddens, 1990).

첫째는 시공간의 원격화(Time-space distinciation) 과정이다. 근대사회의 산물인 시계의 발명 이전에는 일상생활의 장소를 통해 시간과 장소를 연결시켰으나, 사회적 상호작용의 범위가 확장된 사회체계를 갖춘 근대 이후에는 시간과 공간을 장소에 고정시키지 않는다(남기범, 2005).

둘째는 사회제도의 장소귀속성 탈피(Disembedding)이다. 장소귀속성 탈피는 같은 지방에 살지 않는 사람들과 관계를 형성하고 상호작용할 수 있게 해준다. 이때 필요한 것이 바로 상징적 토큰(Symbolic tokens)과 전문가체계(Expert systems)이다. 상징적 토큰은 서로 만난 적이 없던 불특정한 다수 간의 거래를 가능하게 하고, 전문가체계는 신뢰와 타당여부를 알 길이 없는 일반인들이 기술적 지식을 사용할 수 있게 해준다.

셋째는 성찰성(Reflexivity)이다. 전통사회에서는 절대적인 것에 대한 반성을 하였지만, 근대사회에서는 워낙 복잡하고 얽혀 있는 부분들이 많아서 '절대진리'라는 것이 존재하지 않는다. 따라서 나의 판단대로 전체를 바라보면서 사실을 찾을 수밖에 없다. 성찰성은 새로운 지식과 정보에 비추어서 사회활동과 물질관계를 끊임없이 수정하게 된다. 이것은 지속적인 변동과 불확실성을 생산한다.

근대성이 낳은 시공간의 원격화와 장소귀속성 탈피는 여가를 위한 여행(Travel for leisure)을 가능하게 해주었다. 시공간이 분리되면서 여가는 노동에서 점차 분리되었고, 이는 축제 · 종교적 의무 등과 같이 특정한 시기에만 가능했던 여가를 언제 어디에서든 가능하게 한 동인이기도 하다. 즉, 여가가 보편적이고 일반적인 기대의 영역으로 편입되었다(최석호, 2006). 이러한 가능성은 18세기 그랜드 투어(Grand Tour)

로 실현되었다. 그랜드 투어란 17~18세기 영국에서 귀족의 자제들이 프랑스나 이탈리아 등 유럽 대륙을 젊은 시절에 여행하며 견문을 넓히던 당시 관습에서 유래한 말이다. 이러한 관광은 토마스 쿡에 의해 철도여행이 대중화되면서 안전하고, 빠르며, 저렴하게 다닐 수 있는 패키지 투어(package tour)로 변모하게 되었다.

2) 관광의 세계화

세계화는 근대사회의 역동성의 최종적인 국면이기 때문에 근대성의 결과(Consequences of modernity)이다. 세계화 경향은 역동적인 근대성 속에 이미 내재되어 있었다. 시공간의 원격화와 장소귀속성 탈피 그리고 성찰성은 사회적 상호작용을 전 세계로 확장시키고, 지방과 지구를 상호교차시킨다(최석호, 2003). 특정 장소에서 벌어지는 일들이 다른 지역에 영향을 주고, 국민국가의 통제력은 약화되며 지방 민족주의가 일어난다. 비행기, 고속열차 등과 같은 이동수단의 발달과 인터넷, 위성통신과 같은 전자장비의 발달로 다른 지역에 있는 사람과 소통하는 데 있어 시간과 돈을 절약할 수 있게 된 것에는 중요한 사회적 의미가 담겨 있다. 온갖 영향들이 혼재하는 속에서 탈중심화(Decentring)되고 무정부적이며 우연하게 오늘 우리가 경험하고 있는 세상이 형성된다(Giddens, 1990).

근대화의 결과인 세계화는 관광영역에도 많은 영향을 미친다. 일상적으로 하지 않은 새로운 경험을 함으로써 즐거움을 추구하고, 다른 사람들과 함께 행동하던 집단적인 태도도 감소하면서 해변 휴양지는 쇠퇴하고 일방향적(One-way)인 모습이 사라지게 된다. 다양한 담론들에 의해 특별하고 다양한 것도 의미가 있는 관광의 세계화는 더욱 가속화된다(최석호, 2004; 2006; 2008). 관광의 세계화는 다음과 같은 세 가지 측면이 있다.

첫 번째 측면은 범위의 확장이다. 여행의 범위가 자국 내의 여행에서 타국으로도 여행을 하는 경향이 나타난다. 그래서 각 국민국가들은 관광객 유인을 위해 나름대로의 스펙터클(Spectacle)을 가지고 경쟁한다. 이때 세계 각 나라의 관광객에게 매력적이기 위해서는 세계표준에 걸맞으면서도 현지의 특성을 담은 모습이어야 한다. 이를 현지화(Glocalization)라고 한다.

두 번째 측면은 다원화이다. 기존 대규모 관광객의 일방향적인 패키지 투어에서 관광객 본인이 원하고 체험하기를 원하는 생태, 문화, 유산관광[3] 등 다양한 형태의 관광들이 등장하게 된다.

세 번째 측면은 탈분화 과정이다. 탈분화 과정에서 관광객과 비관광객의 영역이 모호해지고 관광지와 비관광지 또한 모호해진다. 오히려 기존의 해양휴양지는 쇠퇴하고 산업의 중심지에 멀티플렉스(Multiplex)가 들어선다. 이제 관광 그 자체는 상당히 소멸했으며, 기호경제 속에서 관광의 종말이 벌어지고 있다(Urry, 2002). 관광도 사회의 탈중심화 현상 같은 모습들이 나타나고 있는 것이다(Rojek, 2002).

3) 유산관광(heritage tourism)은 근대성에서 비롯된 소외와 상실에 대한 반작용으로 진정성(authenticity)을 추구하고자 하는 여행을 의미하며 이는 결국 세계화의 산물이다.

3) 근대성 이론과 관광의 접목

본 연구는 Giddens의 근대성 이론을 접목하여 향후 관광 패러다임의 변화양상을 예측해보고자 한다. [그림 1]과 같이 IT기술의 발전을 바탕으로 한 시공간의 원격화, 세계화를 통한 해외 관광수요의 범위 확장화, 그리고 이러한 관광의 근대화가 일반화하는 과정에서 전문가 체계(Expert systems)로서의 정보자원체계의 중요성과 문화코드의 상징적 토큰으로서의 작용, 현대인의 성찰성을 근간으로 한 여행행태 및 선호도의 변화가 상호 적용되고 있다. 관광의 근대성이 구현되는 환경에서 문화코드를 포함한 문화상품은 관광의 핵심내용이 되고, 전문적인 정보자원체계를 재구성함으로써 관광은 문화 패러다임으로 일관성 있고 예측가능한 방향으로 변화양상을 보인다.

[그림 1] Giddens의 근대성 이론과 관광환경의 변화

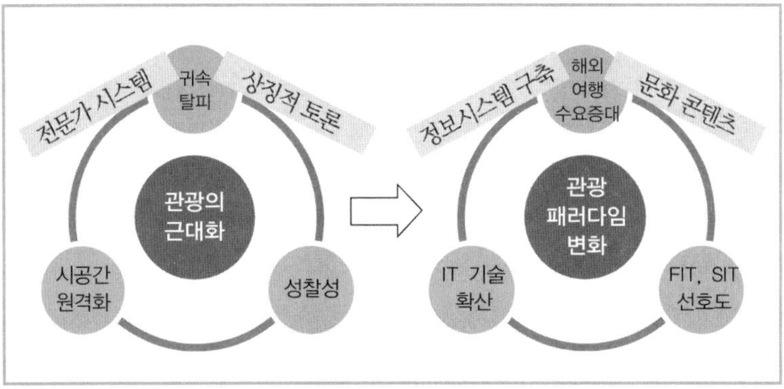

자료 : 기든스(Giddens)의 근대성 이론을 바탕으로 연구자 재정리

2. 문화상품과 스타

1) 문화상품과 문화소비의 특성

본 연구는 근대성 이론을 통해 문화 콘텐츠가 관광의 근대적 주제(Theme)로서 성장할 것이라는 예측에 착안을 하고 있다. 따라서 문화 콘텐츠의 특성을 파악함으로써 효과적인 문화 콘텐츠 전략을 제시하고자 한다.

문화상품은 무형의 상품으로서 [그림 2]와 같이 일반상품과 대비하여 수요의 불확실성, 경험재적 특성[4], 소비의 비반복성(Non-repeatedness in demand)[5]의 특성을 지닌다(김호석, 1998). 이 중에서도 문화산업 또는 문화상품의 대표적 성격은 수요 예측의 불확실성에 있다고 볼 수 있다. 이러한 현상은 문화상품이 일반 상품처럼 명백한 물질적 욕구가 아닌, 미적이고 표현적 또는 오락적 욕구와 같은 복잡하고 다중적인 심리적 요소와 관계되어 있고 선호도와 같은 비객관적인 요소가 상품 선택의 주요 동기로 작용하기 때문이다(P. Hirsch, 1972; 김호석 재인용). 문화상품의 다층적이고 복잡한 특성은 소비자가 불확실한 상황에서 구매의사를 결정하는 환경이 되었으며, 소비자는 문화상품을 택함에 있어 불확실성을 극복하고자 정보획득에 보다 많은 노력을 기울이게 되고, 이러한 정보탐색 비용의 부담이 원활한 소비를 제약하는 조건으로서 작용하게 된다. 문화상품의 판매자 입장에서는 문화상품에 대한 수요의 불확실성으로 인해 광고 및 홍보에 집중하게 되는데, 이

4) 상품을 소비한 이후에 비로소 상품의 효용과 질을 알 수 있는 상품
5) 한번 소비된 특정 문화상품은 재차 소비될 가능성이 매우 낮다는 개념

는 문화상품에 대한 정보 과잉현상을 일으키고, 신뢰할 만한 정보로서가 아닌 도리어 소비자의 판단력을 해치는 역기능으로 전환하게 된다(김호석, 1998). [그림 3]과 같이 문화상품 특유의 불확실성을 회피하기 위하여 소비자들은 '동료의 평가'나 '타인의 소비량'을 바탕으로 타인들의 구매행태를 모방함으로써 합리성을 추구하게 된다.

[그림 2] 문화상품의 특징

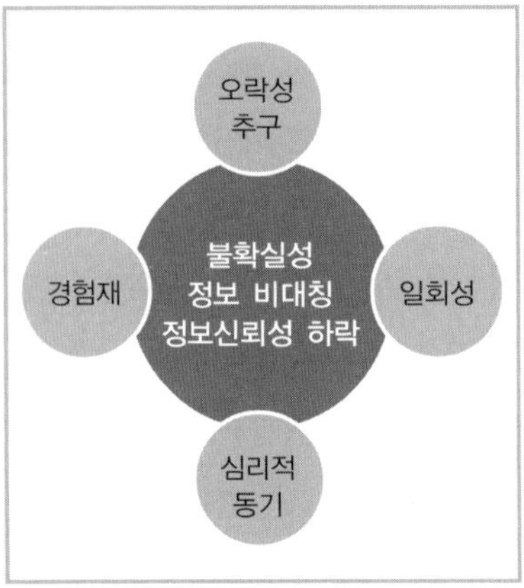

[그림 3] 불확실한 환경하의 문화상품 소비행태

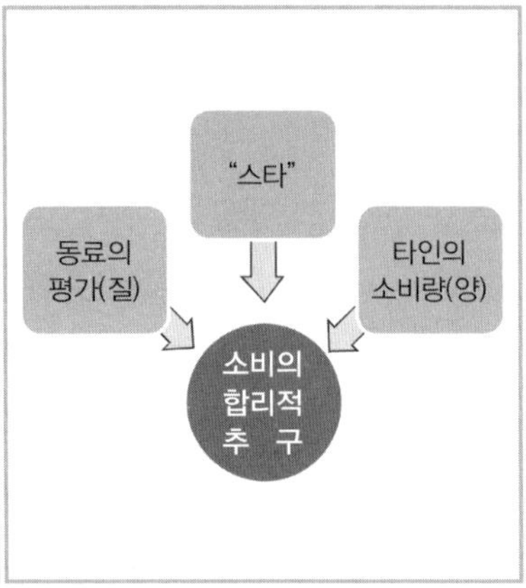

자료 : 김호석의 『스타시스템』을 바탕으로 연구자 재정리

이러한 맥락에서 스타는 소비자가 문화상품을 구매할 때 합리적인 판단기준을 제공해주는 하나의 신뢰할 만한 정보체계로서 작용함을 알 수 있다. 즉 소비자는 스타에 대한 선호도 또는 그 스타가 제공하는 브랜드 및 이미지 정보에 착안하여 문화상품을 선택하게 될 가능성이 크며, 이때 타인의 소비량과 동료의 평가가 그 문화상품에 대한 긍정적 지표를 제시하면 소비자의 구매가 활성화되어 또 다른 구매 동기를

지속적으로 촉진하는 환경으로 전환됨을 알 수 있다.

2) 관광 문화상품으로서의 스타, 스타마케팅의 효과

본 연구에서는 문화상품의 불확실성이라는 요소를 좀 더 가시적인 방향으로 바꾸어 지속적인 문화상품 구매환경을 개발할 수 있는 대안으로 '스타'의 문화적 파급효과에 주목한다.

스타는 사회 경제적 가치를 가지는 문화상품이며, 일종의 인간브랜드로서 이미지와 명성이 전문적으로 관리되며, 스타 자신의 브랜드가 광고대상의 브랜드를 강화하고 오히려 대체하는 효과로서 역할을 하고 있다(양승훈, 2009). 또한 스타는 다수 대중이 자신의 욕망을 투사하고 이를 통해 정체성을 형성하는 대상이라는 점에서 소비현상이기도 하다(김창남, 2010). 스타는 다음의 특징을 통해 소비자 취향과 선호도에 대한 예측이 어려운 문화상품의 속성에 대한 가장 합리적인 대안으로 제시될 수 있다.

첫째, 스타는 충성된 고정팬을 가지고 있으므로 안정된 수요를 보장해주는 합리적인 선택이라 할 수 있다.

둘째, 스타는 문화상품의 '얼굴'로서 대표성을 지닌다. 대부분의 문화상품의 광고가 스타마케팅을 위주로 이루어지는 현상은 스타가 문화상품의 전체를 규정하는 핵심적인 요소임을 명백히 하는 현상이다(김호석, 1998).

셋째, 스타의 브랜드 파워는 고정팬들의 충성도를 통한 재구매 동인이 되고, 반복적인 소비의 동기가 된다는 점이다. 일반적인 문화상품의 소비가 일회성에 국한된다는 점에 비해, 스타를 매개로 한 문화상품은 스타 브랜드에 대한 충성도와 이를 통한 반복적인 소비의 재생산이라는 점에 있어 차별화를 가진다.

넷째, 스타는 무형의 자원(Intangible)을 구체적인 유형화 자원(Tangible)으로 끌어주는 동인으로서 기능한다. 특히 관광상품의 경우 무형적 특성으로 인하여 마케팅에 매우 어려운 점이 있는 반면에 대중스타의 관광상품 광고기용은 무형적 특성을 유형화한다는 측면에서 효과적인 마케팅 툴로 활용될 수 있다(양승훈, 2009).

다섯째, 스타는 문화상품의 외부성인 동시에 그 자신이 외부성을 발생시킨다(김호석, 1998). 즉 스타는 그 자체로서 문화상품의 성격을 지님과 동시에, 다른 파생상품으로의 연결고리로서 기능하면서 파생적 상품 및 마케팅 효과를 가져온다. 이러한 특성을 바탕으로 스타는 문화상품의 대표 콘텐츠로서 향유되며, 스타가 가지는 강력한 브랜드 가치는 무형의 관광산업을 유형화시키기 위한 효과적 자원이라는 점과, 매력적인 관광의 문화적 자원이라는 점에 주목할 수 있다. 즉 관광의 근대화가 전개되어가고 있는 현 시점에서 스타와 스타를 통한 문화상품은 잠재적이고 불확실한 관광 수요를 적극적으로 끌어오기 위한 합리적 방안으로서 기능하게 된다.

본 연구는 이론적 고찰을 통해 시공간의 원격화와 장소귀속 탈피가 진행되면서 해외관광에 대한 수요가 일상적으로 증가했고, 이러한 근대화 환경에서 개인의 성찰을 모티브로 한 개별자유여행(FIT) 및 특별관심분야관광(SIT)에 대한 선호도가 증가한다는 예측을 하고 있다. 그러나 이러한 관광의 문화 패러다임으로의 변화는 관광객의 소비에 있어 문화상품의 특징적 요소인 불확실한 구매환경을 양산하게 되는데,

스타가 가지는 문화상품과 마케팅 면에서의 인지적 브랜드와 대표성, 소비의 재생산이라는 고유의 특성은 무형의 관광산업의 수요창출을 위해서 그리고 관광객의 합리적인 선택을 위한 하나의 정보체계로서 순기능을 한다는 점에 연구의 주안점을 두고 있다.

제3절 현황 및 선행연구 분석

1. 중국의 거시 사회적 배경

관광의 근대성을 거론하기에 앞서 그 사회의 발전 정도를 확인하는 것은 향후 해당 사회의 근대성 요소를 보다 적기에 예측할 수 있는 근거가 될 수 있다. 〈표 1〉은 중국의 사회경제의 지표로서 최근 5년 사이 국내총생산(GDP) 2배, 1인당 국내총생산(GDP) 2배로 급격히 증가되고 있는 것을 볼 수 있다. 또한, 2010년까지 경제성장률은 매년 평균 10.5%의 고성장을 유지하면서 2009년 세계 금융위기가 발생했음에도 지속적 경제성장을 이루어오면서 중국의 경제지표가 중국사회의 근대성을 이끌어주는 견인차 역할을 함을 알 수 있다.

중국 내 사회환경 역시 지속적 경제성장과 함께 발맞추어 가고 있는데, 중국은 1995년부터 실시한 주5일 40시간 근무제, 1999년부터 실시한 휴가기간 연장 즉, 설날(春節, 음력 1월 1일), 노동절(勞動節, 양력 5월 1일), 건국기념일(國慶節, 양력 10월 1일) 등 3대 공휴일의 7일간 장기연휴제로 1년의 1/3에 해당하는 114일의 기본 공휴일이 확보되었다. 즉 실질적 구매력 상승과 함께 소비와 여가를 즐길 수 있는 사회적 환경이 조성되었음을 알 수 있다.

중국 정부의 정책적 지원과 경제사회적 환경의 변화를 통해 중국사회는 저소득층 위주의 생계형 사회(원바오형)에서 중등생활형(샤오캉형)으로 전환하고 있으며, 이에 따른 해외관광 수요가 계속 늘어날 것이라는 예측이 가능하다(전동매, 2006).

〈표 1〉 중국의 사회경제지표

경제지표	단 위	2006	2007	2008	2009	2010
GDP	억 달러	27,799	34,583	44,160	49,090	56,448
1인당GDP	달러	2,115	2,617	3,325	3,680	4,210
경제성장률	%	11.7	13.0	9.6	8.7	9.9
실업률	%	9.5	9.2	9.2	9.3	9.4

출처 : 한국 수출입은행(www.koreaexim.go.kr)

이와 같은 중산층의 확산은 소비경향에 있어서의 근대적 변화를 양산하고 있다. [그림 4]는 중국인들의 2010년 현재 3대 소비상품으로서 여행이 포함되어 있음을 보여주며, 이를 통해 중국사회와 중국인들은 '관광의 근대성'을 구현할 수 있는 적확한 경제사회적 시점에 이르렀음을 의미한다.

[그림 4] 중국인의 3대 소비상품의 변화

1980년대 시계, 재봉틀, 자전거 ⇨ 1990년대 컬러TV, 냉장고, 세탁기 ⇨ 2010년대 컴퓨터, **여행**, 자동차

출처 : 조선닷컴 · 삼성경제연구소, 2011

2. 중국인 관광시장 동향

중국사회 내부의 근대성 변화를 바탕으로 보면 중국인의 여행 트렌드의 변화상 역시 관광의 근대성을 반영하고 있다는 것을 알 수 있다. [그림 5]에서 볼 수 있듯이, 전체적인 중국 해외관광객의 수요 및 방한

[그림 5] 중국인 해외관광객 및 방한관광객 증가 추이

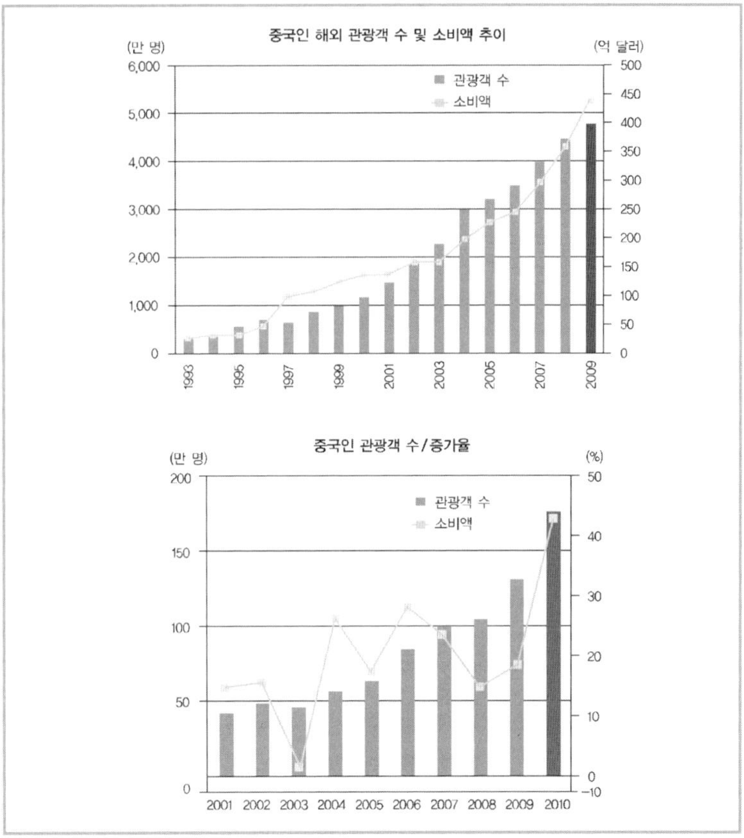

출처: 조선닷컴 · 삼성경제연구소, 2011

중국인 관광객의 수요가 급신장했음을 알 수 있는데, 이는 중국인들의 해외관광에 대한 수요가 사회경제의 발전과 함께 일반적 현상으로 구축되었음을 보여준다.

특히 중국인 관광객 형태에 있어 젊은 연령층의 해외여행에 대한 수요확대는 주목할 만한 사항이다. [그림 6]에서 전체 방한 외래 관광객의 20~30대 비중이 37%를 차지하는 것에 비해 방한 중국 관광객의 20~30대 점유율은 51%에 달하고 있어 중국인의 젊은 층이 타 국적의 외래객에 비해 상대적으로 한국관광에 대한 높은 수요를 가지고 있음을 알 수 있다. 본 연구는 중국인 해외여행 및 방한 관광의 주 소비층이 20~30대의 젊은 연령층이라는 점에 주목하고 있다. 즉 젊은 관광객 수요를 창출하고 지속하기 위해서는 중장기적 인프라 구축이 우선순위에 있음을 알 수 있다.

[그림 6] 연령대별 전체 방한객과 방한중국인의 점유율 비교

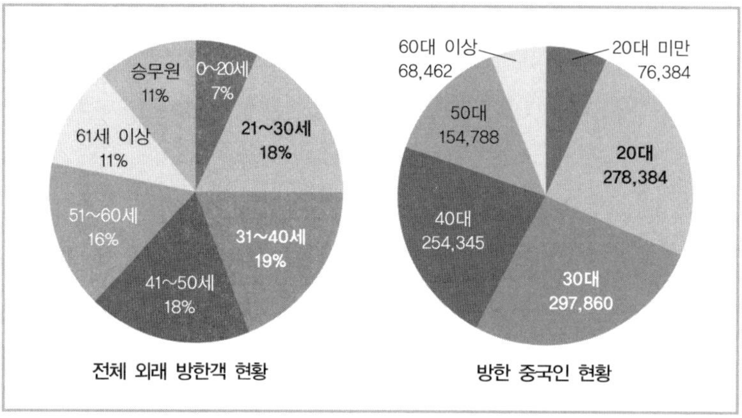

출처 : 한국관광공사, 2010

본 연구의 전략적 분석대상인 젊은 중국인들은 [그림 7]과 같이 인터넷 활용도가 가장 높은 사용자층이며, 연도별 사용신장률도 지속적 증가추세에 있음을 보여준다. 따라서 이들을 위한 인터넷 기반의 여행정보 일원화 및 관련 정보체계 인프라 구축은 방한 관광객 수요를 집중화하는 전략이 중요함을 시사한다. [그림 8]은 중국인 인터넷 사용자의 주요 사용용도를 보여주고 있는데, '정보습득'을 위한 인터넷 사용량이 가장 높은 비율을 차지하고 있고 지속적인 신장세를 보인다는 점에서 중국인 관광객을 위한 인터넷 마케팅 및 인터넷 정보포털 구축이 유의미함을 시사한다. 〈표 2〉는 중국인들의 인터넷 네트워크 애플리케이션(Internet Network Application) 이용 현황 중에서도 온라인 상거래에 대한 이용률이 성장세에 있으며, 중국인들이 온라인 상거래에 대하여 개방적임을 시사하고 있다. 온라인 여행 산업 신장세는 온라인 상거래에 비해 비교적 낮은 점유율을 보이나, 아직 온라인 여행 티케팅(Ticketing) 사업이 중국에서는 시장진입 초기에 있으며 선진국인 미국

[그림 7] 중국인 연령대별 인터넷 사용률 및 연도별 신장률

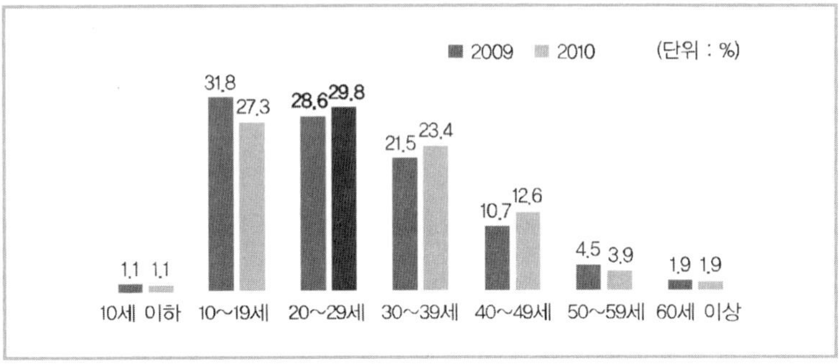

출처 : CNNIC, 2011

에서의 동 항목에 대한 점유율이 2010년 66%에 달한다는 점을 감안하면, 향후 온라인 여행산업은 정보산업의 도시화 및 개발이 활성화됨과 동시에 큰 성장 잠재력을 갖춘 산업부분으로 유력하다(CNNIC[6], 2011).

[그림 8] 중국인 인터넷 사용용도 현황

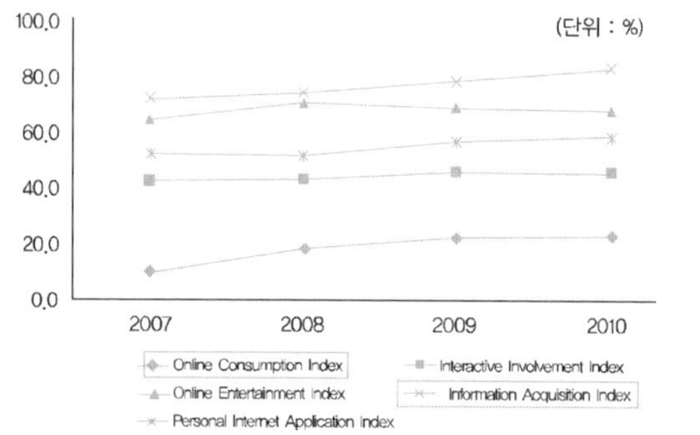

First-class Index	Second-class Index	Third-class Index
Personal Internet Application Index	Information Acquisition Index	Web News
		Search Engine
	Online Entertainment Index	Web Music
		Web Game
		Web Video
	Interactive Involvement Index	Instant Messaging
		E-mail
		Blog Updating
		Online Post Writing/Replaying
	Online Consuming Index	Online Shopping
		Online Payment
		Travel Ordering

출처 : CNNIC, 2011

6) China Internet Network Information Center

〈표 2〉 중국인 Online 상거래 이용현황

Application	2010		2009		Growth rate
	User scale (10,000)	Applying rate	User scale (10,000)	Applying rate	
Online shopping	16051	35.1%	10800	28.1%	48.6%
Online payment	13719	30.0%	9406	24.5%	45.9%
Travel Ordering	3613	7.9%	3024	7.9%	19.5%

출처 : CNNIC, 2011

중국인 관광객의 성별 분포도는 방한 관광객의 여행행태에 영향을 미치는 요소로 간주할 수 있다. [그림 9]는 방한 중국인 여성 관광객의 비중이 점차 높아지면서 남성 대 여성의 비율이 비교적 동등한 수준으로 전환하고 있음을 보여준다. 한국관광공사에서 시행한 〈2009 중국 관광소비자 조사보고서〉에 따르면 남성 방한 중국인 관광객의 경우 개별여행에 대한 선호도가 높음[7]을 보여주는데, 현재 남성 관광객의 비중이 여전히 여성을 약간 상회하고 있다는 점에 비추어 FIT여행을 위한 전략이 중요함을 알 수 있다. 또한 여성 관광객의 고학력화 및 고소득화 역시 FIT여행으로의 선호도에 주요 변수로서 상관성이 있다. 중국여유출판사의 『2009 China Outbound Tourism Yearbook』에 따르면, 중국 FIT 시장의 특성은 26~35세의 3천~1만 위안 소득이 있는 대

7) 반면, 여성의 경우 처음 방문 시 언어소통의 어려움과 지리에 익숙하지 않으므로 여행사를 통한 패키지여행을 선호하는 경향이 있다.

[그림 9] 방한 중국인 관광객 성별 추이도

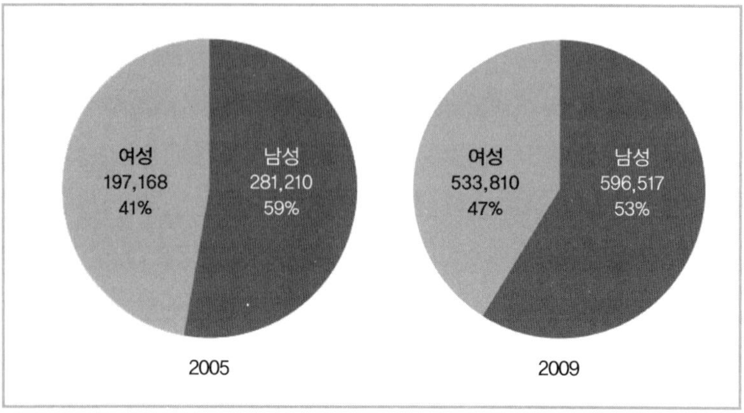

출처 : 한국관광공사, 2010

족 이상의 미혼이 주요 선호 대상층으로 나타나고 있다(한국관광공사, 2009). 이런 점에서 여성의 고소득화 현상은 FIT 선호도와 유관함을 알 수 있다. 또한 〈표 3〉을 통해 알 수 있듯이, 실제 방한 중국 관광객의 여행형태는 개별여행(FIT)이 지속적으로 60% 이상을 차지하는 주요 관광형태임을 보여주고 있다. 따라서 방한 중국인 관광객 중에서도 특히 젊은 남녀 관광객은 FIT여행을 선호하고 있으며 향후에도 FIT에 대한 선호추세는 지속될 것이라는 예측이 가능하다. 즉 중장기적 성장의 관점에서 볼 때, 본 연구의 주요 타깃층인 중국인 남녀 20~30대의 수요를 보다 적극적으로 활성화하기 위해서는, 편안한 FIT여행이 가능할 수 있도록 자유로운 여행정보의 인프라 및 온라인 티케팅 등의 간편화된 서비스가 주요한 전략적 방향으로 제시될 수 있다. 이외에도 최근 들어 휴가형 관광이나 전문적인 테마관광에 대한 수요도 중국 내부에서 증가하고 있어 이런 선호 트렌드의 변화에 맞는 관광전략이 제시되어야 한다(최경은, 2007). 즉 중국인의 여행 트렌드는 FIT 및 SIT 등 성찰성(Reflexivity)을 기반으로 한 관광의 근대적 선호 양상을 반영하고 있음을 확인할 수 있다.

〈표 3〉 방한중국인 여행형태

	2009	2008	2007	2006	2005	외래객평균(2009)
개별여행	62.0%	68.0%	62.3%	67.3%	67.1%	66.1%
단체여행	35.9%	30.8%	36.3%	29.8%	26.3%	25.4%
Air-tel	2.1%	1.1%	1.4%	2.9%	6.7%	8.4%

출처 : 한국관광공사, 2010

3. 한류관광 선행연구 분석 및 전략의 방향

2절의 중국인 관광시장 동향은 중국의 경제사회적 근대화 발전과 함께 중국인들의 여행 트렌드 역시 관광의 근대성을 반영하는 추세로 변화하고 있음을 보여준다. 본 연구의 주제어인 '문화 - 스타 - FIT - 인터넷 - 인프라'의 대부분의 연결구도가 중국인 관광시장에서 안정적으로 구현됨을 알 수 있다. 이러한 배경하에 본 절에서는 다양한 문화상품 중에서도 상징적 토큰으로서의 '스타'가 가지는 관광 콘텐츠로서의 영향력을 '한류' 코드로 접근하면서 본 연구의 주제어인 '문화 - 스타' 간의 관계를 집중적으로 분석하고자 한다.

스타와 스타마케팅의 관광자원으로서의 가치는 방한 중국인 관광객의 한류에 대한 선호도 및 한류관광에 대한 만족도와의 상관관계를 통해 확인할 수 있다. 한류관광은 일상생활에서 점점 비중이 커져가는 대중문화를 포괄하는 문화자원을 소재로 하는 문화관광의 일환으로 볼 수 있다(야은숙, 2005). 이는 한류관광이 일시적인 문화현상이 아닌 지속성을 가진 문화관광 패러다임의 주요 분야로서 자리 잡고 있음을 의미한다. 한류가 지속적인 관광 문화자원으로 자리 잡기 위해서는 선호도 및 만족도의 상관관계를 통해 그 효용성이 입증되어야 한다.

한국관광공사(2010)의 〈중국 관광소비자 마케팅조사 보고서〉에 의하면 중국인의 국가별 이미지에서 한국의 대표 이미지는 한류 콘텐츠이다. 한류를 통해 자연스럽게 형성된 한국에 대한 호감은 관광으로 이어지고 있으며, 이 변화의 중심축에는 주로 20~50대 여성의 한류 드라마 및 스타관광, 쇼핑관광 및 문화공연 관람 등의 선호도 증가가 작용하고 있는 것으로 조사되었다. 특히 20대 젊은 중국 여성층의 한국에 대한 이미지는 고급스럽고 질이 높으며 화려하다는 한류에 대한 수용태도를 통해 형성되어 있어서, 한류 콘텐츠가 한국 관광의 수요 창출에 긍정적 이미지 상을 제공해줌을 알 수 있다(장양례 외, 2004).

최경은(2007)은 중국인 관광객의 방한관광과 한류콘텐츠 간의 상관관계를 연구하였는데, [그림 10]에서 보이듯이 한류는 방한관광의 사회문화적 흡인요인으로 작용하며, 방한관광의 동기 형성에 영향을 미치고 있다. 또한 한류의 영향력을 많이 받을수록 관광에 대한 만족도가 상대적으로 높음을 보여주면서, 한류 콘텐츠가 중국인 관광객의 선호도 및 만족도에 기여함을 보여주고 있다(최경은, 2007). 즉 한류 문화콘텐츠는 문화상품으로서의 지속성 및 수요 재생산이라는 특성을 가짐과 동시에, 이는 관광 만족도 및 선호도에 긍정적인 작용을 하여 무형의 관광산업의 유형화된 매력요소로 작용하고 있다는 점에 주목하여야 한다.

[그림 10] 한류와 방한관광 동기 및 관광 만족도와의 관계

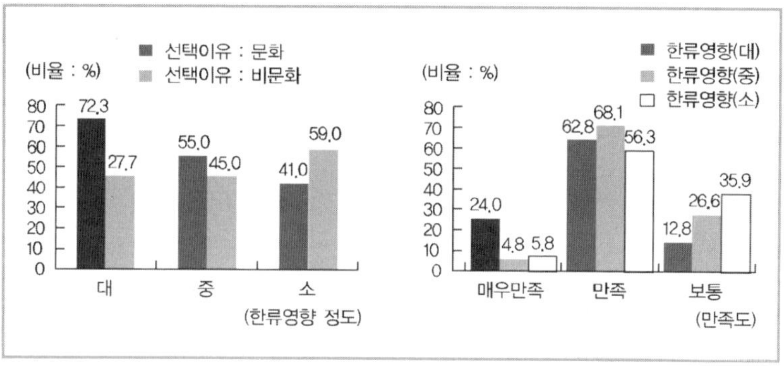

출처 : 최경은, 2006

[그림 11] 엔터테인먼트 콘텐츠의 OSMU(One Source Multi Use) 효과

출처 : 이찬도, 2007

[그림 11]은 스타와 같은 엔터테인먼트 콘텐츠가 연관 파급효과를 통해 중국에는 한국방문 관광수요 증대에 기여하는 원 소스 멀티 이펙트(One Source Multi Effect)의 발전국면을 보여준다. 이찬도(2007)는 문화콘텐츠의 중국수출에 대한 연관효과가 일본과는 다른 양상을 보

이며, 방송수출과 음반수출이 한국관광객 유입에 긍정적 기여를 한다고 밝혔다. 여러 문화상품 중에서도 방송수출과 음반수출은 스타에 대한 대중의 각인이 뚜렷하게 나타나는 분야로서 중국인 관광객을 유치하기 위한 콘텐츠로 한류스타를 활용한다는 본 연구의 방향을 지지하고 있다.

이처럼 한류는 무형의 관광인프라를 소프트 관광상품 개발로 극복한 가장 성공적인 대안으로 평가할 수 있다(야은숙, 2005). 중국사회의 근대화와 함께 중국인 계층별 개성화가 촉진되고 있는 현 시점에 발맞추어 10~20대의 젊은 층은 한류문화 콘텐츠를 활용한 개별맞춤식(DIY) 프로그램 차별화를, 패션 미용에 민감한 직장여성(OL) 계층은 한국 드라마나 한국스타를 활용한 한류스타일 관광의 심화 및 개발을 차별적으로 적용할 필요가 있다(정기은, 2010). 또한 한류관광의 지속성을 위하여 한류 관련 통계의 일원화 등 국가적 통합시스템을 구축하고 방문고객의 만족 및 불만족 요인을 모니터링하여 한류관광 개선에 지속적으로 반영하는 환경이 필요하다(야은숙, 2005).

현황 및 선행연구 분석을 통해 본 연구의 표적대상인 20~30대 중국 관광객은 FIT의 여행형태를 선호하며, 한류스타로 대표되는 한류문화 콘텐츠에 대한 영향력을 받는 세대이며, 여행정보를 수집할 때 주로 인터넷을 통한 정보검색을 활용하고 있음을 알 수 있다. 따라서 한류스타로 대표되는 한류 콘텐츠에 대한 종합 인터넷 정보포털과 함께 통합적 정보체계 구축은 FIT여행의 접근성 및 고객편의성을 증대시킬 향후 한국관광의 수요를 창출할 수 있는 사회경제적 인프라로서 기능한다는 점을 시사한다.

제4절 사례 분석

본 장에서는 실제 관광의 근대성이 구현되고 있는 사례들의 장점 및 단점을 분석함으로써 정책 제안의 기본 틀을 구성하고자 한다. 현황 분석을 통해 방한관광의 가장 큰 소비층이며 미래의 잠재적 수요인 젊은 중국인 계층을 전략적으로 접근해야 할 필요성을 확인할 수 있었다. 젊은 연령대의 관광객층은 성찰성 및 장소귀속 탈피, 문화콘텐츠에 대한 수용성 등과 같은 관광의 근대성이 잘 구현될 수 있는 계층이다. 또한 중국의 젊은 연령층은 인터넷 활용도가 높고, 주로 지식검색을 위한 창구로서 인터넷을 활용하고 있으며, 온라인 상거래에 개방적임을 알 수 있었다. 이러한 특성을 가진 젊은 중국인 관광객층의 수요를 지속화하기 위하여 우리 관광 정보자원 중 우수한 사례를 반영하고 이를 차별화, 심화시키는 방안이 필요하다. 현재 국내외에서 진행되고 있는 중국인을 위한 관광정보 서비스 사례 및 문화상품의 소비를 장려하는 온라인 티케팅 플랫폼 사례, 그리고 한류 콘텐츠를 성공적으로 활용하고 있는 미디어 사례와 관광객 편의성을 도모한 모바일 애플리케이션(Mobile Application)의 최신 사례를 분석하고, Giddens의 근대성 개념들과 연관 지어 본 연구의 정책제안을 위한 초석을 다지고자 한다.

1. 전문가 체계 : 중국어 한국관광 정보포털(http://chinese.visitkorea.or.kr/chs)

한국관광공사에서는 영어를 비롯한 총 10개 외국어 서비스를 통해 한국관광에 대한 전반적인 포털사이트를 제공하고 있다. 중국어는 중문 간체와 중문 번체의 2개 언어로 서비스가 제공되고 있으며, 한국 기본정보, 문화, 교통, 숙박, 음식점, 기타 게시판 등으로 주 메뉴를 구성하고 있다. 여행의 필수항목인 교통, 숙박, 음식점에 대한 지역별, 분류별 검색이 가능하며, 일목요연하게 정리된 검색결과를 클릭하면 각 해당업체의 연락처, 주소, 교통편 등의 기본정보가 제공된다. 각 항목을 상세히 들여다보면, 우선 교통의 경우 [그림 12]와 같이 각 교통수단에 대한 기본적인 안내와 경로에 대한 교통편의 검색 및 교통편을 이용하기 위한 기본정보들이 정리되어 있다. 그러나 이 사이트에서 직접 온라인(On-line)상으로 예약 또는 티케팅을 하는 기능은 제공되고 있지 않다.

[그림 13]의 숙박시설에 대한 정보 역시 숙박시설의 종류별 또는 지역별 검색이 가능하며 공사에서 인증하는 굿스테이(Good stay)에 대한 별도항목을 분류하여 숙박에 대한 불만요소를 개선시키려는 모습을 보여준다. 그러나 교통편에 대한 메뉴와 마찬가지로 직접 현 사이트에서 일괄적으로 예약을 하는 기능은 없고, 일일이 해당 숙박시설의 홈페이지로 접속하거나 전화문의를 통해 예약이 가능한 정보제공 서비스가 주를 이룬다. 음식점에 대한 검색기능 또한 지역별로 가능하며, 각 검색된 결과에 따라 음식점에 대한 기본정보를 확인할 수 있다.

[그림 12] Visit Korea의 교통편 검색화면

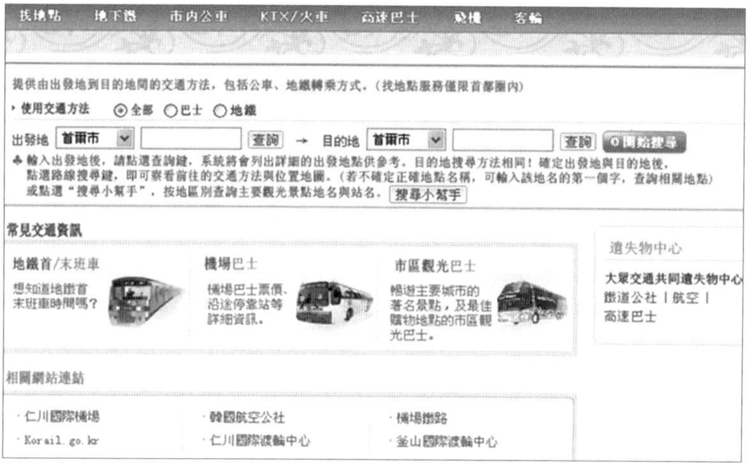

출처 : 한국관광공사(www.visitkorea.or.kr/chs)

[그림 13] Visit Korea의 숙박시설 검색화면

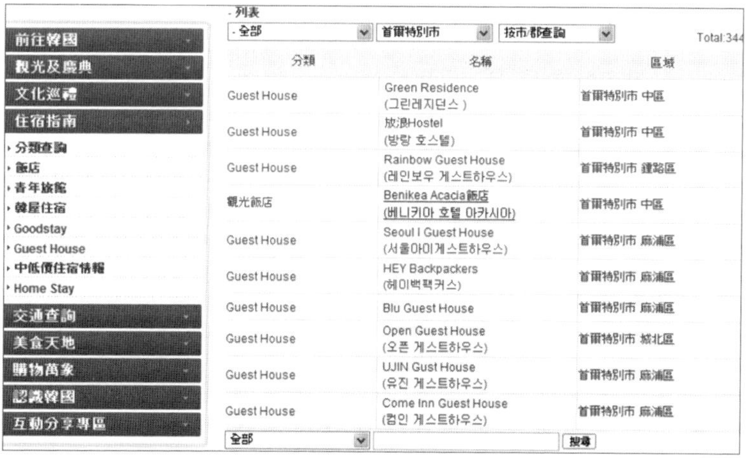

출처 : 한국관광공사(www.visitkorea.or.kr/chs)

또한 본 사이트에서는 '문화'의 주 메뉴 하에 전통문화, 한류, 스포츠, 한스타일[8] 등의 하위메뉴들을 소개하고 있는데, 특히 '한류' 코너는 한류스타의 프로파일 및 드라마, 영화, K-pop, 연예계뉴스, 공연 등의 장르에 대한 간략한 소개 및 기본정보를 제공하고 있다. 주로 각 장르의 대표적 문화상품에 대한 소개 및 촬영지 안내와 기본정보 등을 통해 한류 콘텐츠를 한류관광에 대한 수요로 연결 지으려는 시도를 엿볼 수 있다. 그러나 관광상품과 직접 연결되어 있지 않고, 한류관광 자원으로서의 대표적 한류콘텐츠에 대한 개괄적 정보를 소개하는 차원의 기능을 하고 있으므로 보다 다양한 정보 및 한류관광으로 직결될 수 있는 콘텐츠의 개발과 민간 프로그램과의 연계, 중국인 관광객과의 상호작용에 대한 부분은 향후 좀 더 심화되어야 할 필요성이 있다.

한국관광공사에서 제공하고 있는 중국어 'Visit Korea' 사이트는 관광의 근대성 개념과 접목하여 볼 때 다음과 같이 세 가지 면에서 유의미하다.

첫째, 중국어로 된 한국여행의 전반적인 정보를 제공하는 여행정보 포털로서 향후 중국인 대상의 전략적 포털을 개발할 때 하나의 기본 틀을 제공해준다. 이와 동시에 언어에 대한 편의성을 제공하여 중국 관광객들이 언어에 대한 장소귀속을 탈피할 수 있는 사용자 환경을 제공해주고 있다.

둘째, 표준화된 분류와 여행정보를 통해 이용자들이 효율적인 검색을 할 수 있는 환경을 조성하고 있는데, Giddens가 제시한 전문가시스

---

8) 한류 문화상품의 브랜드

템(Expert systems)의 일환인 '한국여행에 대한 전문적 정보시스템'을 구축했다고 할 수 있다.

셋째, 한류문화와 한류스타를 한국여행의 주요 문화적 자원으로 분류하고 이에 대한 대표적 콘텐츠를 통해 관광수요와 연계하려는 한류 콘텐츠 포털의 기초를 시도하고 있어, 국가적 차원에서 한류코드를 주요 관광자원으로 활용하는 사례라고 할 수 있다. 즉 한류 콘텐츠를 SIT 여행의 기본 콘텐츠로서 활용하면서 성찰성을 반영하는 관광자원의 필요성을 보여주고 있다.

이와 같이 본 사례는 관광의 근대성을 구현하기 위한 기본적 정보체계로서 유의미한 사례이나, 현재의 서비스 제공 수준이 평면적인 여행관련 정보검색 및 대표 문화에 대한 간략한 소개에 그치고 있다. 향후 보다 입체적인 정보접근 방식과 다양한 문화콘텐츠 구색, 실제 중국 관광객과의 상호작용 활성화를 통한 개발이 필요하다.

2. 시공간의 원격화 : 문화상품 온라인 전문 티케팅 사이트 (www.ticketlink.co.kr)

티켓링크는 다양한 장르의 문화상품에 특화하여 온라인상으로 예약 및 티케팅할 수 있는 전문사이트의 효시로서 문화상품에 대한 소개 및 정보로부터 소비자가 문화상품을 구매할 수 있는 준거를 제공하고, 한 번에 예약 및 결제까지 완료할 수 있는 원스톱(One-stop) 편의성을 제공하고 있다.

[그림 14]와 같이 월별 문화상품에 대한 일정을 달력형식으로 제공

하여 한눈에 문화상품에 대한 정보를 확인할 수 있는 기능을 선사하고 있다. 그리고 정기적으로 예약순위를 업데이트 및 공유함으로써 소비자들이 경험재로서의 문화상품에 대한 구매를 결정함에 있어 합리적 판단을 내릴 수 있는 정보를 동시에 제공하고 있다.

[그림 14] 월별 문화상품 일정 Calendar

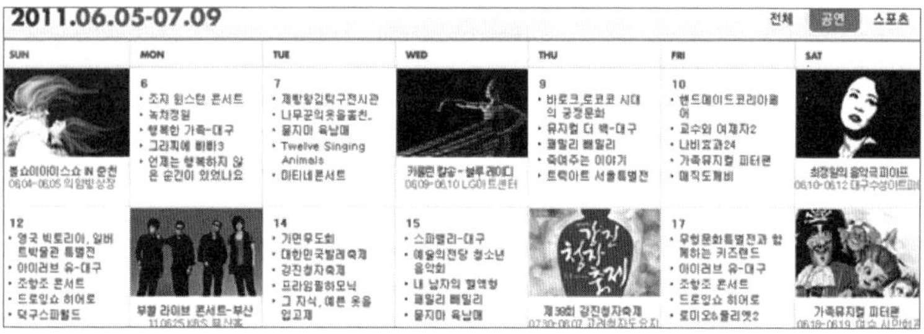

출처 : 티켓링크(www.ticketlink.co.kr)

티켓링크의 가장 큰 장점은 [그림 15]와 같이 장소, 시간, 문화상품 종류 등의 다양한 기준에 따라 일목요연하게 검색된 문화상품들 중에서 소비자가 한 번에 구매결정을 할 수 있는 예매 시스템을 갖추었다는 점이다. 하나의 분류기준을 통해 구매 가능한 상품목록이 검색되고, 이후 소비자가 문화상품을 결정하면 좌석설정 및 온라인 결제에 이르는 전체 온라인 상품구매 절차가 원스톱으로 이루어짐으로써 소비자 편의를 우선적으로 배려하는 좋은 사례이다.

[그림 15] 예매하기 절차

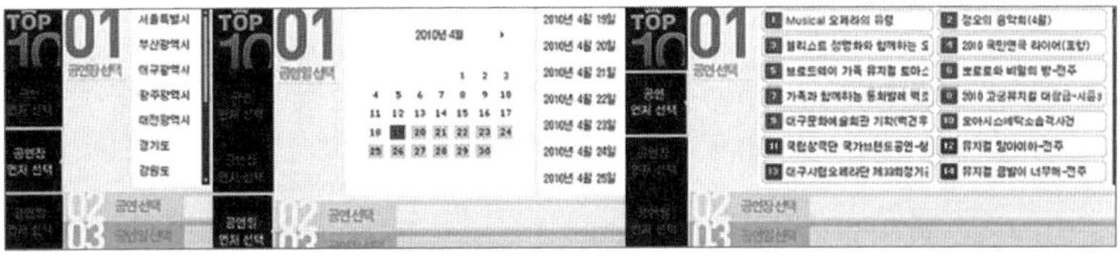

출처 : 티켓링크(www.ticketlink.co.kr)

최근에는 모바일 예매 티케팅을 위한 자체 스마트폰 애플리케이션을 개발하여 안드로이드 마켓이나 앱스토어(Appstore)에 QR코드를 공개하고 있다. 이로써 티켓링크는 모바일 환경과 문화상품 정보를 접목하여 접근성을 증대시키고 소비자가 장소에 구애됨 없이 상품소비를 할 수 있는 진일보한 모바일 티케팅 서비스를 선보이게 되었다.

티켓링크 사례는 경험재인 동시에 예측이 불확실한 '문화상품'을 구매할 때, 소비자들이 타인의 소비량을 근거로 합리적 구매를 결정하게 된다는 본 연구의 이론적 배경이 현실에 투영된 사례라고 할 수 있다. 또한 문화상품으로만 특화시킨 판매 전략이 유효하며, 구매환경의 편의성 증대가 실제 소비자의 상품구매를 촉진한다는 온라인 티케팅 사이트의 장점을 보여준다. 온라인 티케팅을 통한 문화상품 소비가 향후 주요한 구매형태로 자리 잡을 것이라는 전망을 보여주는 사례이다. 이와 동시에 시공간의 원격화를 가능하게 하는 IT기술의 적절한 사용을 통해 언제 어디서라도 원하는 문화상품을 한눈에 비교하여 구매할 수 있도록 한다는 점에서 기술구현의 차원에서 관광의 근대성을 적극 활용한 사례라는 점에서 큰 의의가 있다.

3. 상징적 문화토큰 : 한류스타 온라인 보급 플랫폼 – 숨피닷컴 3.0[9)]

숨피닷컴(www.soompi.com)은 한 재미교포의 개인 홈페이지에서 출발했으나 2006년 법인기업으로 출범하게 되어 최근까지 하루 방문자 140만 명, 페이지뷰(PV) 2,200만 건을 기록하는 영어권 최대 한류 사이트이다. [그림 16]에서 보듯이 회원의 90% 이상이 한인 교포가 아닌 외국인이며, 매월 평균 150여 개 국가에서 500만 명의 외국인들이 한류 콘텐츠를 찾아 숨피를 방문한다(한국경제, 2011).

[그림 16] 숨피닷컴 접속국가 현황

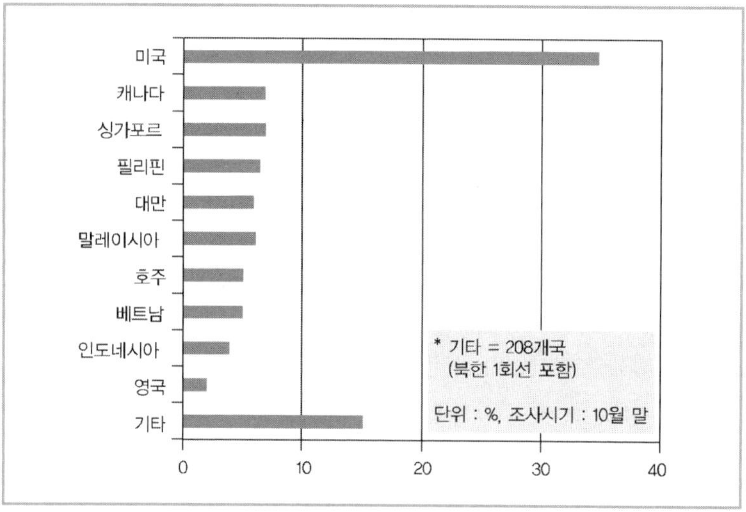

출처 : 숨피닷컴(www.soompi.com)

9) 가칭으로서 현재 새로운 '숨피닷컴'을 준비하는 과정에 있다.

숨피닷컴은 한류뉴스 및 회원들이 올린 콘텐츠, 한류스타에 대한 회원들 간의 포럼(Forum)형식의 의견교환을 위주로 구성되어 있으며, 부수적으로 한국지도 및 한국쇼핑에 대한 내용도 함께 싣고 있다. 숨피닷컴의 가장 큰 특징은 대부분의 사이트 내 콘텐츠들이 회원들에 의해 생산되고 있는데, 한류와 SNS(Social Network Service)가 적절히 접목된 한류 '커뮤니티 사이트(Community Site)'라는 점에 의의가 있다.

숨피닷컴은 2011년 2월 동영상 검색엔진 업체인 엔써즈에 의해 인수되어 새로운 버전을 위해 준비 중에 있다(한국경제, 2011). '숨피닷컴 3.0'이라 할 수 있는 새 버전은 숨피 자체가 보유한 한류 커뮤니티와 한국 대중문화 뉴스, 그리고 동영상 검색기술을 결합하여 입체적 한류문화 체험사이트로 발돋움할 준비를 하고 있어 더욱 가시적인 한류보급 효과를 전망할 수 있다.

숨피닷컴은 한류스타를 특화했다는 콘텐츠적인 특수성뿐만 아니라 이 콘텐츠를 가장 효과적으로 보급할 수 있는 방식에 있어서 장점을 보인다. [그림 17]은 UCC 동영상 콘텐츠에 대한 전 세계적인 수요가 폭넓게 형성되어 있음을 보여준다. 숨피닷컴은 동영상 등의 콘텐츠를 쌍방향적으로 재생산하고 공유하는 방식을 택함으로써 스타와 같은 엔터테인먼트적인 한류상품이 효과적으로 보급되는 플랫폼이라고 할 수 있다. 중국인 관광객 유치를 위한 한류관광 콘텐츠의 활성화 방식에 숨피닷컴의 여러 보급방식을 응용함으로써 한류스타에 대한 좀 더 다양한 콘텐츠 구성과 효과적인 파급효과가 가능할 것이다.

또한 숨피닷컴이 영어를 주 언어로 사용하면서 영어 사용자를 중심으로 커뮤니티가 급신장했다는 사실은 한류 콘텐츠를 선호하는 외국인 수요가 폭넓게 존재함에도 불구하고 언어 서비스의 부재로 그 성장과 파급에 한계를 지닌 현실을 보여준다. 이는 문화콘텐츠의 보급에 있어 현지 언어서비스가 가장 기본적인 인프라임을 입증하고 있다. 문화콘텐츠 미디어에 있어 가장 파급력 있는 요소인 '커뮤니티'와 '콘텐츠' 역시 언어서비스에 기반을 두지 않으면 그 효과가 미비함을 알 수 있다.

[그림 17] 유튜브(Youtube) K-pop 동영상 조회 수 현황

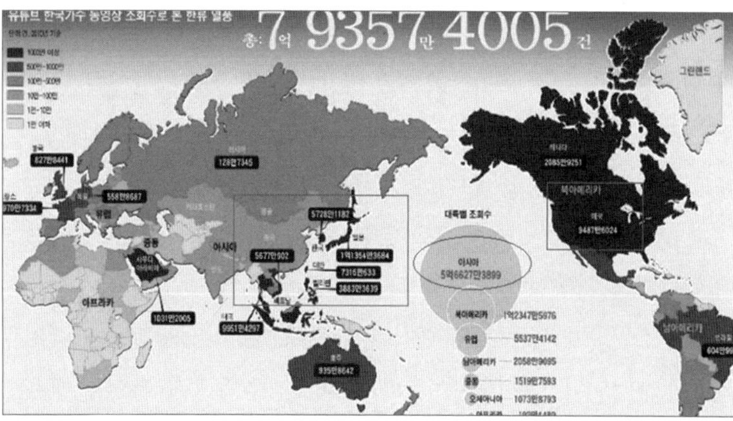

출처 : 중앙일보, 2011

본 사례는 문화콘텐츠의 파급효과와 수요의 자발적 재생산이라는 두 가지 측면에서 강점을 보이는 사례로서 향후 숨피닷컴과 같은 한류 커뮤니티 사이트와 연계하여 중국어 서비스를 지원하게 되면 중국인 관광 수요층을 좀 더 직접적으로 유인할 수 있음을 보여준다. 근대성이 보편화되는 사회에서 한류스타를 한류문화의 상징적 토큰으로서

잘 활용하면서 커뮤니티의 장점인 상호작용을 통해 한류문화를 보급하고 있는 온라인 미디어 사례라고 할 수 있다.

4. 장소귀속 탈피 : 스마트폰 인문지리 시맨틱(Semantic) 검색[10] 애플리케이션 – 코스모스

스마트폰의 확산과 함께, 모바일(Mobile) 정보체계와 이에 대한 활용방안이 스마트폰 애플리케이션(Smartphone Application)이라는 형식으로 다양하게 확산되고 있다. 국토해양부 국토지리정보원은 사용자 위치기반의 인문지리정보를 스마트폰에서 조회할 수 있는 애플리케이션 '코스모스'를 개발하여 현재 제주도를 우선 대상으로 시범서비스를 진행하고 있다. [그림 18]과 같이 코스모스는 웹서비스에서 제공하는 입체적 인문지리정보 검색 기능을 갖추고 있다. 스마트폰 사용자가 코스모스 애플리케이션을 다운받아 설치하면 위치정보는 물론 지도를 중심으로 지질지형과 기후, 생태환경, 수문, 역사문화, 사회, 관광여가, 산업, 자원, 교통통신, 공공서비스의 11개 영역에 대한 연관정보를 확인할 수 있다(머니투데이, 2011).

10) Smartphone Semantic Application : 인문지리정보의 상호관계를 지식화하고 확장된 연관정보를 검색하는 방식

[그림 18] 입체적 GIS 활용한 코스모스 검색결과

출처 : 머니투데이(좌), 제주투데이(우)

관광객은 관광행위를 하는 특정인들로서 '이동'을 특징으로 한다. 따라서 '여행'이라는 행동 자체는 장소귀속성 탈피를 추구하는 행위임과 동시에 장소귀속성의 영향을 받는 활동이라고 할 수 있다. 이러한 이중적 특성을 극복하기 위한 방안으로 '유비쿼터스 관광(Ubiquitous Tourism) 정보서비스'가 지속적으로 구축되고 있다. 여행을 다니는 동안 진일보한 IT 통신수단으로 여행정보를 손쉽게 취득하면 이에 비례하여 관광 만족도는 높아지고 이는 자연스런 재방문의 동기를 창출할 수 있기 때문이다. 주로 단말기 임대 형식의 U-Tourism 정보서비스의 형식에서 이제는 스마트폰이 사용자의 정보 접근성과 편의성, 정보 활용의 최적화를 구현가능하게 해주는 새로운 관광정보 수집채널로 부상하고 있다. 스마트폰을 활용한 본 사례는 IT기술의 적극 도입을 통해 여행 행위의 장소귀속 탈피를 가능하게 해주는 최적의 모바일(Mobile) 정보수단을 대표한다고 할 수 있다. 단, 해외관광객들의 스마트폰 애플리케이션의 사용을 활성화시키기 위해서는 로밍서비스(Roaming

Service)[11]에 대한 가격할인 정책 및 동일 시스템 방식 등에 대한 연구 및 정책이 선행되어야 할 것이다.

상기 네 가지 사례들을 통해 본 연구의 주제어인 '문화와 스타콘텐츠 - FIT - 인터넷 - 인프라' 중에서도 문화콘텐츠의 활용 및 홍보방식과 인터넷 기반의 관광 인프라 구축에 관련하여 정책제안에서 활용할 수 있는 실용적 측면을 고찰해 볼 수 있다. 관광객 유치를 위한 여러 전략적 방향 중에서도 실용적 소프트웨어 개선의 측면에서 각종 사례의 비교분석 및 이를 통한 특장점 도출의 작업이 필요하다.

〈표 4〉는 상징적 토큰, 시공간 원격화, 전문가체계, 장소귀속 탈피의 관광의 근대성 개념들이 본 사례들로 연계되고 있음을 보여주고 있다. 즉 현재 이루어지고 있는 관광관련 문화 정보자원들이 관광의 근대성을 충실히 반영하고 있으며, 보다 근대화된 관광 패러다임으로 발전하기 위해서 현 자원들을 잘 활용하여, 세분화된 마케팅 대상을 바탕으로 집중화 전략을 사용해야 함을 알 수 있다. 성찰성이 반영된 근대적 여행 트렌드인 FIT여행 및 SIT여행의 인프라를 구축하고 문화 관광패러다임으로의 발전을 심화하는 차원에서 본 장에서 소개된 4개 사례들은 관광의 주제(Theme)와 각각의 과정(Process)에 있어 유의미한 사례라고 할 수 있으며, 각 사례들의 장점을 활용하고, 단점을 개선하는 방식으로 정책제안에 임하고자 한다.

---

11) 해외에서 국내처럼 편리하게 본인의 휴대폰 번호 그대로 이용할 수 있게 해주고, 통신사 간 기지국을 공유하면서 상대방 상호 고객이 상대방 통신망에 접속하여 서비스를 이용할 수 있게 해주는 서비스

〈표 4〉 각 사례별 관광의 근대성과 접목한 비교분석 현황

과정	문화콘텐츠(스타)	소비행태	편의성	중국어 관광포털
사례	숩피닷컴 3.0(가칭)	티켓링크	코스모스	Visit Korea(KNTO)
이론 적용	* 상징적 토큰 → 스타와 문화콘텐츠	* 시공간의 원격화 → IT기술의 확산	* 장소귀속 탈피 * 시공간의 원격화	* 전문가체계 → 전문 관광정보시스템
초점	* 문화상품의 효율적 전달 * 수요의 재생산 방식	* One-stop 온라인 서비스 * 소비촉진 환경조성	* 여행객 이동성 고려 * 신 모바일 정보채널	* 일차 여행정보 수집원 * 중국어 서비스 * 표준화된 검색기능
특장점	* 한류문화미디어콘텐츠 * 외국인 수요 창출 * 다양한 미디어형태 활용 * 활발한 상호작용의 '장'	* 문화상품 특화 판매 * 온라인 티케팅 사이트 * 구매결정의 정보제공 * 고객 위주의 편리성	* 관광이동 편의성 증대 * U-tourism의 진일보 * 웹 정보를 활용	* 표준화된 정보체계 구축 * 편리한 검색기능 * 한류문화에 대한 소개
고려	* 뉴미디어 활용 * Interactive 정보공유 * 포털과 연계 마케팅효과 * 중국어 서비스 지원고려	* 관광 온라인티케팅 모범사례	* 정보이용 가격정책 선행의 필요성 * 활성화 위한 홍보 필요	* 평면적 검색 및 정보소개 * 세분화 전략 필요 * 상호작용 개발 필요

자료 : 연구자 재정리

제5절 정책 제안

본 연구는 [그림 19]와 같은 일련의 전개를 바탕으로 '20~30대 젊은 중국인의 관광수요를 창출하기 위한 중국어 한류관광 종합포털'을 제안하고자 한다. 사례분석 및 현황분석을 통해 중국어로 된 정보의 한계성 및 한국 내에서 언어소통이 어려운 점은 여행정보 수집 및 관광정보 데이터의 체계적 구축을 방해하는 요인임을 알 수 있었다. 이에 중국어로 된 관광정보 채널과 여행상품으로서의 한류 문화콘텐츠와의 체계적이고 종합적인 정보 포털이 중국인 관광객들의 잠재적 수요를 장기적으로 창출하기 위한 효과적인 대안으로 제시될 수 있다. 현재 한국관광공사의 'Visit Korea'의 중국어 포털 서비스는 1차적인 정보소개 및 2차적인 정보검색의 영역으로 제공되어 있다. 본 연구의 핵심 제안인 '중국어 한류관광 종합포털'은 'Visit Korea'의 현 서비스를 개선하고 타깃 대상을 위한 주제인 한류콘텐츠를 특화함으로써 관광수요를 창출하기 위한 입체적 정보인프라 구축을 추구한다. '종합포털'이라 함은 전략 타깃 대상인 20~30대 중국인 관광객을 유치하기 위하여 '한류관광'이라는 주제를 대상으로 스타 및 한류 콘텐츠와 홍보, 정보인프라 구축, 그리고 상호작용의 모든 측면을 아우르는 종합 정보체계인 동시에 중국인 관광객을 유치하기 위한 관광의 근대적 패러다임으로 유도하는 정보인프라 구축을 의미한다.

[그림 19] 관광의 근대성에 기반한 중국인 관광객 유치 방안

근대성 개념	장소귀속 탈피	시공간 원격화	상징적 토큰	전문가체계	성찰성
이론배경	해외여행 수요급증	IT기술의 확산	문화 콘텐츠 스타의 상품성	정보인프라 구축	FIT, SIT 여행
현황분석	젊은 관광객층 화이트컬러 여행 이동성	온라인거래 및 인터넷정보수집 활성화	한류 콘텐츠 한류스타의 영향력 증대	비체계적, 비대칭적 관광정보 현황	젊은 층의 FIT, 문화여행 선호 추세
사례분석	스마트폰 애플리케이션	온라인 티케팅 전문 사이트	한류 커뮤니티 숨피닷컴	Visit Korea의 관광정보 포털	Visit Korea의 편의시설 검색기능

↓

기 능	편의성	접근성	콘텐츠, 마케팅	인프라	상호작용 개선

↓

제 안	모바일 애플리케이션	온라인 티케팅 원스톱 검색	스타관광 매거진 스타마케팅	중국어 종합 관광포털	평판포털+ 블로그/SNS+ 설문조사

↓

중국어 한류관광 종합 포털

자료 : 연구자 재정리

1. 문화 패러다임으로의 상징적 토큰 : 한류 스타관광 매거진 및 스타마케팅

관광의 근대성을 구현하는 상징적 토큰으로서 문화상품, 그중에서도 특히 한류스타에 대한 보다 포괄적이고 입체적인 콘텐츠의 제공을 본 제안의 포털사이트 내에서 현실화시킬 것을 제안한다. 현재 한국관광공사에서 제공하는 중국어 서비스 'Visit Korea'는 사례분석에서 보았듯이 주로 한류에 대한 개괄적인 분류 및 간단한 설명만 제공하고 있으며, 국적을 불문하고 동일한 한류정보를 외국어만 달리하여 소개

하고 있다. 즉 중국인 관광객만을 위한 특화된 한류 콘텐츠가 제시되어 있지 않으며, 그 내용도 아직 전략적인 방향으로 심화되어 있지 않다. 이러한 현황을 개선하고자 다음과 같은 콘텐츠를 중국어 한류관광 포털 안에 제안하고자 한다.

첫째, '온라인 스타관광 매거진'을 정기적으로 포털사이트 내에서 발행할 것을 제안한다. 매월 이달의 스타를 선정하여 스타와의 체험관광 프로그램을 편성하는 방식과 같이, 중국인이 선호하는 스타를 각 장르별로 선정하여 중국 젊은 계층의 관심을 지속적으로 끌 수 있도록 연예기획사와의 유기적 협조를 통해 온라인과 오프라인의 프로그램 연계가 이루어져야 할 것이다.

둘째, 티켓링크의 사례에서 소개된 '문화상품 달력'과 같이 매월 각 민간 여행사 또는 연예기획사에서 제공하는 한류스타 관광 프로그램 중 상위 30~50개 정도를 선정하여 한류관광프로그램을 일자별로 소개할 수 있는 '한류관광 달력'을 제공한다. 또한 사이버 한류우드의 기능을 제공하는 콘텐츠를 포털 내에 제공할 것을 제안한다.

셋째, 중국인들이 선호하는 한류 드라마, 한류스타, 영화에 대한 순위를 정기적으로 제공하면서 이 순위 안에 들어 있는 해당 문화상품들의 관광정보를 제공하도록 한다. 동시에 순위 안에 들어가 있는 한류스타의 중국 팬클럽들을 연계시켜서 한류콘텐츠의 공유 및 확대가 이루어지도록 한다. 정보공유 기여도가 크고 트래픽이 많은 팬클럽을 순위대로 올려서 한류관광 체험기, 한국관광 정보를 제공하는 정보 허브(Hub)의 역할을 할 수 있도록 유도한다.

넷째, 한류상품의 주 소비층인 청소년층과 여성층에 대한 세그먼테이션(Segmentation) 전략을 구사하여, 중국 청소년층은 한류스타와 직접 연결되는 관광 프로그램 및 문화교류의 측면으로 접근을 하고, 중국 여성층은 한류코드로 연계되는 미용, 패션 등의 한류관광을 접목시키는 콘텐츠를 개발할 필요가 있다.

이처럼 중국의 젊은 층이 선호하는 한류스타 및 한류 문화상품 위주의 콘텐츠를 다양하게 재구성하고 스토리텔링(Story-telling) 기법을 활용하는 등 미디어 콘텐츠의 재생산이 지속되어 관광의 매력요인으로 활성화시키는 전략이 필요하다.

또한, 중국인을 위한 다양한 한류관광 프로그램 및 한류관광 포털을 홍보하기 위한 방안으로 스타마케팅을 적극 활용할 것을 제안한다. 스타마케팅의 장점은 구전효과가 탁월하며, 팬클럽의 적극 참여를 이끌어내면 비용절감이 가능하다. 본 연구에서 제안하는 중국어 한류관광 포털 내에서 정기적으로 '한류스타 검색어 대회' 또는 '한류스타 체험기 대회' 등의 스타를 활용하고 중국의 잠재 관광객과 함께하는 프로모션을 중국의 상위 검색엔진 사이트와 함께 진행하는 방식도 고려할 수 있다. 이는 한류스타 문화상품의 속성상, 키워드(Key word)를 통한 연관 검색어 및 태깅(Tagging) 효과가 한류관광의 양적 확산과 다양한 정보제공 및 재생산을 선도하는 특성을 반영한 것이다.

성공적 영어 한류 커뮤니티로 소개된 '숨피닷컴'과 같은 대표 한류 커뮤니티 사이트와 연계하여 기존의 유수한 자원을 활용하는 방식의 프로모션을 진행하는 방식도 효율적인 홍보 전략이 될 것이다. 특히 스타의 팬클럽을 관광으로 연계시키는 적극적인 프로모션을 시행할 수 있는 방안을 모색할 필요가 있다.

2. 장소귀속 탈피의 활성화 방안 : 편의성과 접근성을 위한 원스톱(One-stop) 중국어 정보인프라

정보인프라 구축은 정보 이용자가 신뢰할 만한 정보가 체계적으로 구축되어 있는 환경 속에서 효율적이고 편리하게 정보를 취득할 수 있는 정보체계라고 할 수 있으며, 이러한 정보체계 구축은 건전하고 활발한 정보유통의 기본 요건이라고 할 수 있다. 본 연구에서는 정보인프라 구축을 3개의 제안을 통해 제시하고자 한다.

첫째, 한류관광에 대한 모든 콘텐츠, 관광 프로그램, 관광정보에 대한 '원스톱(One-stop) 검색 서비스'를 포털 내에서 구현할 수 있도록 제안한다. 이 서비스는 중국인 관광객의 특성이라 볼 수 있는 FIT여행이 좀 더 활성화될 수 있는 정보검색체제를 구축하자는 것이다. 즉 FIT여행객들이 원하는 모든 주제들에 대해 '고객맞춤검색'이 선진화될 수 있도록 하는 것에 목적이 있다. 앞서 방한 중국인 관광객의 현황분석에서 중국인 FIT여행객들은 고소득, 고학력 계층의 화이트컬러 계층으로 볼 수 있는데, 이들은 다양한 관심사를 충족할 수 있는 SIT 여행에 대한 선호도 경향이 있다. 따라서 이들을 위해서는 기존 Visit Korea에서 제공하는 교통, 숙박, 쇼핑, 식당과 같은 여행편의시설에 대한 원스톱검색뿐만 아니라, 관광 프로그램 및 문화상품 등의 콘텐츠에 대한 맞춤 검색시스템이 다양하게 갖추어질 때, 보다 장기적인 관광수요를 유치할 수 있다.

둘째, 정보검색에 이어 티케팅까지 유기적으로 연계될 수 있는 한류관광 온라인 티케팅 서비스는 티켓링크의 사례에서 볼 수 있듯이 중국인 관광객의 편의성을 높여서 한국 관광에 대한 구매결정을 촉진하는 순기능을 할 것이다. 즉 숙박이나 교통편, 공연 등의 문화상품, 민간여행사의 여행프로그램에 이르기까지 한류관광의 범위에 속하는 모든 티케팅 서비스가 일원화될 수 있는 환경을 구축할 것을 제안한다. 온라인 티케팅에 대한 중국인 전반의 수요가 점점 확대되고 있다는 현황 분석은 일원화된 온라인 여행예약 프로그램이 주요 한류관광 소비 형태가 될 것이라는 전망을 지지해 준다. 온라인 티케팅은 입찰이나 매출규모 순으로 한류관광 온라인 전문 티케팅 사이트를 육성하여 관리하는 방식이나, 각 민간 여행사로 연계하는 방식을 고려해 볼 수 있다.

셋째, '코스모스'와 같은 스마트폰 애플리케이션을 중국어 한류관광 포털에서 다운받아 설치할 수 있는 기능을 제안한다. 한류관광이라는 테마를 가지고 추천 여행경로를 설정해주고, 여행방법에 대한 가이드라인을 정보검색이나 MP3 등의 음성파일 방식으로 제공하며, 사용자 위치기반의 로드맵을 제공하고, 이에 대해 관광상품에 대한 모바일 티케팅까지 가능한 애플리케이션의 개발을 제안한다. 이 애플리케이션은 특히 개별여행을 선호하는 중국인 관광객 계층에 입체적이고 즉각적인 정보수집채널로서 매우 유용하게 사용될 것으로 예상된다. 단, 중국인 본인이 소유한 스마트폰을 한국에서 사용할 시 로밍상태의 정보이용료가 비싸다는 단점이 발생한다. 이에 대한 해결책으로는 중국어 한류관광 포털의 사용빈도나 적극 참여도에 따른 로밍 정보이용료 인센티브나 쿠폰 발행의 방식을 고려할 수 있다.

시공간의 원격화와 장소귀속 탈피를 바탕으로 관광의 세계화, 탈중심화, 다원화 현상에 있어 '언어'는 이러한 관광의 근대화 구축을 가로

막는 요소라고 볼 수 있다. 모든 정보가 체계화되어 있어도 언어에 대한 지원이 이루어지지 않는다면 그 혜택을 받을 수 있는 관광객층에 한계가 발생하게 된다. 따라서 언어는 관광객 유치를 위한 가장 기본적인 인프라 구축에 포함된다고 할 수 있다.

본 제안의 요점은 모든 관광정보 및 서비스체계를 중국어 서비스로 일원화하고 여행객의 편의성에 주안점을 둔 애플리케이션의 개발과 관광프로그램 구매 프로세스를 개선함으로써 인터넷 활용도가 높은 중국인 20~30대 관광객층의 관광정보 수집을 활성화시켜 FIT 및 SIT 여행에 대한 선호도를 지속시키고, 이를 바탕으로 한국에 재방문 동기 유인을 만드는 것에 목표를 두고 있다. IT기술의 확장에 따른 시공간의 원격화를 바탕으로 장소귀속 탈피현상이 가속화되고, 성찰성이 반영된 여행을 추구하는 현대 중국인들을 위한 중장기적 인프라 구축이라고 할 수 있다.

3. 성찰성을 기반으로 한 콘텐츠 배급방식 : 한류관광 평판포털과 소비자 주도 개선 프로그램

콘텐츠와 홍보방식, 그리고 정보인프라가 구축된 이후에는 정보를 어떻게 유통시킬 것인가에 따라 그 결과가 달라진다. 웹 2.0[12] 이후의 인터넷 환경에서는 쌍방향적인 의사소통방식을 통해 정보의 재생산과 확산이 이루어지는 것이 적합한 방식이다. 특히 정보공유의 쌍방향적

12) 개방형 서비스 구조를 기반으로 사용자의 참여를 통해 핵심가치를 창출하는 인터넷 서비스

관계는 소비자층의 수요에 대한 실질적 마케팅 자료수집이 가능하다는 점과 직접적인 개선책으로 활용할 수 있다는 점에서 해당 프로그램 및 정보체계의 지속화 방안이 될 수 있다.

이를 위하여 본 연구는 첫째, 관광 프로그램에 대한 종합적인 평판 포털을 만들 것을 제안한다. 중국어 한류관광 포털에서 검색된 상업관광 프로그램에 대한 추천 제도를 결합하여 여행프로그램의 등급제를 구성하고 이러한 순위정보를 정기적으로 포털 내에 제공하여, 중국인 관광객들이 관광프로그램을 결정할 때 합리적 판단을 할 수 있는 준거정보를 제공하자는 취지이다. 특히 불확실한 소비환경에서 소비자는 합리적 구매를 하기 위한 판단기준으로 '지인들의 추천'을 선택한다는 것은 이미 이론적 고찰에서 언급되었다. 즉 평판을 통한 추천 방식을 활성화함으로써 또 하나의 관광수요의 동력으로써 활용하자는 취지이다.

둘째, SNS 및 개인 블로그, UCC 등 소비자로서의 중국인 관광객의 주도적 참여를 활성화할 수 있는 방안을 모색할 필요성이 있다. 웹 3.0[13] 환경에 있어서 소비자는 적극적인 정보의 생산자이기도 하다. 따라서 한류관광이라는 주제를 가지고 중국인 관광객들의 우수 개인블로그 및 우수 UCC 콘텐츠를 선정하여 프로모션 및 정보자원으로 활용할 수 있다는 점을 염두에 두어야 한다. 특히 파워블로거나 파워허브에 집중화하면 SNS의 신속한 네트워킹 및 양적 재생산의 장점을 통해 젊은 중국인을 대상으로 한 관광 동력자원으로 사용할 수 있다.

13) 월드와이드웹이 앞으로 어떻게 될 것인지를 서술할 때 쓰이는 용어이며 실시간, 모바일, 의미 검색(시맨틱 웹)을 특징으로 하는 개념

셋째, 중국인 또래집단의 관심 및 선호도 프로그램(My Friends' Travel)과, 신뢰성 있는 마케팅 정보를 활용한 맞춤 프로그램 제안 및 공동구매의 장 촉진을 기본 골자로 한 연동 사이트를 구축할 것을 제안한다. 이는 상업 여행프로그램의 체질 개선 및 중국인만을 위한 맞춤 수요를 파악하고, 상업 여행사에서 좀 더 현실성 있고 매력적인 관광 프로그램을 제안할 수 있는 기초를 제공한다는 장점을 가진다.

마지막으로, 중국인 관광객을 대상으로 한 세분화된 설문조사를 중국어 한류관광 포털에서 실행함으로써 실제 중국 관광객들이 원하는 관광 프로그램으로 개선될 수 있도록 한다. 현재는 한국관광공사나 기타 유관기관에서 실행하고 있는 '실태조사' 위주의 설문방식이 주를 이루고 있다. 그러니 본 제안은 중국인 관광객 대상으로 테마나 스타 연관 주제어 위주의 설문조사를 시행함으로써 관광프로그램의 콘텐츠에 대한 질적 개선 및 다양화를 통해 관광 프로그램을 개선하고자 한다.

본 연구의 제안은 인터넷 환경상의 편의성과 정보접근성 추구를 기반으로 한 한류관광 콘텐츠를 심화시켜 지속적인 중국인 관광객 수요를 창출하고자 함에 있다. 중국인의 인터넷 사용현황과 웹기술의 트렌드를 반영하여 정보습득의 편의성과 온라인 티케팅으로의 일원화, 문화 콘텐츠의 재생산 방식을 총체적으로 포괄하는 '중국어 한류관광 포털'을 추구함과 동시에, 본 제안은 '스타 - 문화 - IT기술 - FIT여행 선호 - 해외여행 수요증대'의 중국인 관광객의 관광 근대성을 구현하는 개념들이 모두 적용된 종합적 제안이라고 할 수 있다.

제6절 맺음말

1. 요약

본 연구는 이론적 배경을 통해, 문화콘텐츠와 정보체계 구축은 장소귀속 탈피현상을 일으키고 일반인들의 해외여행에 대한 수요가 급증하고, 이러한 수요급증은 IT기술의 확산에 의해 시공간의 원격화가 이루어지면서 더욱 폭발적으로 성장하게 될 것이며, 동시에 현대인의 성찰적 태도가 반영된 FIT여행 또는 SIT여행에 대한 선호도가 높아질 것이라는 논리적 예측을 하였다.

중국 관광시장의 현황분석에서는 실제 중국 관광시장이 관광의 근대성이 구현되는 시점에 이르렀음을 각종 통계 및 자료를 통해 확인할 수 있었다. 현황분석을 통해 20~30대의 중국인들이 방한관광의 주 수요층이며, 이들은 여행정보 수집 및 여행예약에 있어 인터넷을 가장 활발히 사용하는 계층임을 알 수 있었다. 또한 방한 중국인 관광객의 여성 비율이 신장하면서 남녀 성별 분포도의 균등화가 이루어지고 있으며, 이러한 변화는 향후 FIT 및 SIT 여행이 젊은 중국인 관광객을 끌어들이는 요소로 작용한다. 즉 현황분석을 통해 젊은 중국인의 관광동인을 창출하기 위한 인터넷 기반의 정보인프라 구축이 필수적 요소임을 알 수 있었다. 젊은 중국인 관광객을 유치하기 위한 콘텐츠적 요소로 한류코드와 관광의 관계에 대한 선행연구를 분석하면서 한류콘텐츠가 관광 만족도에 긍정적 영향을 끼치며, 한류스타와 같은 엔터테인먼트 콘텐츠는 그 파급효과로 인해 중국에는 한류관광 수요의 확대로 귀결됨을 알 수 있었다.

사례분석을 통해서는 여행을 준비하는 각 과정별로 본 정책 제안에 참고 또는 귀감이 될 수 있는 기능들을 확인할 수 있었다. 즉 중국인 관광객을 유치하기 위해서는 기본적으로 표준화된 관광정보체계가 구축되어야 하며, 이후 정보검색 및 관광소비에 이르기까지 관광객의 편의성을 제공하는 환경이 다시 관광소비를 촉진하는 효과를 발생시키는 작용을 한다. 그리고 콘텐츠의 전달방식에 있어 사용자 언어가 중요하며 이를 효과적으로 파급하기 위해서는 스타 및 한류코드를 적극 활용해야 함을 알 수 있다.

'스타-문화-IT기술의 확산-FIT 및 SIT 여행 선호도-해외여행 수요의 증대'라는 주제어의 논리적 연결을 바탕으로 중국 관광시장의 현황분석 및 한류관광에 대한 선행연구 분석, 사례분석을 종합한 결과 '중국어 한류관광 종합포털'을 중국인 관광객을 유치하기 위한 중장기적 전략으로 제안하였다. 본 제안의 '중국어 한류관광 종합포털'은 웹 1.0에서 웹 3.0에 이르는 웹기술의 주요 발전양상을 반영하고 있다. 또한 본 포털의 문화 콘텐츠적 요소로 스타관광 매거진, 스타마케팅의 적극 활용을 제안하고 있으며, 원스톱 온라인 맞춤정보검색 및 티케팅 환경과 나아가서는 모바일 정보검색환경을 포괄하는 정보인프라로서의 포털형식을 제안하고 있다. 이러한 제안의 지속화 및 재생산을 위한 방안으로는 포털 내에 한류관광 프로그램에 대한 평판 및 설문조사, 순위정보 및 중국인 관광객의 블로그 및 각종 미디어를 연계한 소비자 주도형 포털로 진화하기 위한 방안을 제안하고 있다.

2. 한계점

본 연구에서 제안하는 한류관광 종합포털은 현재 급부상하고 있는 SNS(Social Network Service)와 스마트폰 애플리케이션 활용을 통한 정보 및 구매동인의 재생산방식에 대한 열린 가능성을 제시한다. 정보 플랫폼과 콘텐츠는 관광정보 포털을 통해서 구성되고, 이후 정보유통방식의 측면에서 효과적인 재생산이 가능하다는 점에서 향후 본 연구와 연계된 SNS적 기법에 대한 대책 및 세분화된 연구가 필요하다.

또한 본 연구의 주요 대상층인 20~30대의 실질적 수입과 소비가능 여부에 대한 연구가 부족하며 이 그룹에 대한 취미, 성향, 만족도 등에 대한 1차 실증연구도 추가적으로 필요하다.

이와 더불어 현재의 한류에 대한 인기도 및 만족도가 떨어지고 있는 추세에서 새로운 부가가치를 창출할 수 있는 한류 아이템에 대한 세부적인 안도 필요하리라 본다.

3. 시사점

본 연구는 Giddens의 근대성 개념을 바탕으로 중국사회와 중국인들에게 관광의 근대성이 발현되고 있다는 전제하에서 논리의 전개를 시작한다. 따라서 중국인 관광객을 유치하기 위한 중국 관광객의 관광 패러다임의 변화에 대한 적용을 위하여 한류코드를 문화콘텐츠로 설정하고, 스타가 지니는 인지적 브랜드 및 충성도를 이용한 스타마케팅을 홍보전략으로 하고, FIT 및 SIT 여행에 대한 수요에 발맞추어 여행객의 정보검색 및 티케팅까지 일원화된 서비스환경을 구축하는 중장기 전략의 방안으로서 중국어 한류관광 종합포털을 제시하고 있다. 현행 개선의 차원에서 중국어 의사소통의 어려움과 여행정보 수집의 어려움을 해소하는 방안을, 사례분석을 통해서 일원화된 중국어 한류관광 정보 DB 구축과 중국인 관광객의 편의성을 위한 중국어 검색엔진의 필요성, 한류 관광프로그램에 대한 평판 포털기능의 구축을 통한 체질개선, 스마트폰 애플리케이션을 통한 중국인 관광객의 맞춤 관광정보 서비스에 대한 접근성 개선, 중국인 관광객의 주도적 참여를 통한 장기적인 관광수요 유치 방안을 도출할 수 있었다. 즉 관심 콘텐츠와 기술적 편의성, 정보수집의 모든 요소가 포괄되어 있는 종합적인 중국어 한류관광 포털을 집중적인 전략으로 시작하여 보다 다양하고 넓은 방한 관광수요가 자동적으로 재생산될 수 있는 환경을 구축하자는 것이 본 제안의 핵심이다.

또한 '중국어 한류관광 종합포털'이 중국 관광객의 유치활성화를 위한 초석이 되고, 나아가서는 한류 콘텐츠를 선호하는 전 세계 관광객의 수요로 연결될 수 있는 하나의 계기가 되기를 희망한다.

제9장

가족에서 행복을 찾다

–중국유학생 가족관광객 유치 방안–

이동혁 · 안병수 · 김민 (목포대학교 관광경영학과)

제1절 머리말

1. 제안의 배경

매해 중국인 유학생의 수가 증가하고 있으며, 중국의 경제 발전과 더불어 중국인의 해외 관광수요가 급증하고 있다. 이러한 상황에서 유학생 가족은 불법 체류할 확률이 적은 검증된 중국인이며, 이들의 한국 방문을 유도함으로써 한중관광을 활성화시킬 수 있다. 특히, 지리적 인접성 및 문화적 동질성을 바탕으로 한국에 대한 좋은 이미지를 각인시키는 것은 지속적인 중국인 관광객 유인을 위한 매우 효과적인 방안이 될 것이다(황호원, 2008). 따라서 중국인 유학생 가족의 한국방문을 유도하기 위하여, 기존의 한국관광 문제점을 도출하고 개선방향을 제시할 필요가 있다.

2. 제안의 목적

본 제안서는 중국인 유학생을 대상으로 마케팅을 실시하여, 이들의 가족들을 한국관광객으로 유인하는 데 목적이 있다. 보다 구체적으로는 첫째, 중국인의 한국관광에 대한 실태 및 국내 중국인 유학생을 중심으로 발굴가능한 잠재시장에 대한 조사를 실시하고자 한다. 둘째, 시장조사 결과를 토대로 중국인 유학생의 가족과 친지 방문을 유도할 수 있는 관광상품을 개발해 보고자 한다. 셋째, 이들 시장의 향후 지속적인 방문을 위해, 제안 아이디어에 따른 결과예상 및 참고사항을 논의해 보고자 한다.

제2절 상황분석

다음은 관광목적지로서의 한국에 대한 환경분석을 실시한 내용이며, 이는 다시 내부환경분석, 외부환경분석, 중국인 관광객 소비분석, 시장분석으로 구분된다.

1. 내부환경분석

한국은 동북아시아의 중심에 위치하고 있어 관광 허브지역 및 거점지로서의 충분한 잠재력을 지니고 있다. 뿐만 아니라 자연, 역사, 전통예술, 음식 등 다양한 관광자원 및 풍부한 문화유산을 보유하고 있다. 특히, 남도는 문화와 생태관광지로서의 잠재력이 높다고 할 수 있는데, 갯벌, 습지, 산림, 동굴로 대표되는 생태관광자원이 풍부하다(국토

연구원, 2004). 이외에도 삼면이 바다로 둘러싸여 있어, 바다, 섬, 해안 등이 어우러진 해양관광자원의 잠재력을 지니고 있다.

2. 외부환경분석

외부환경분석은 본 제안서의 취지에 부합할 수 있도록, 중국인 관광객을 잠재적인 시장으로 고려하고, 이에 초점을 맞춰 분석하였다.

첫째, 위안화 강세에 따른 중국인들의 해외에서의 소비력이 확대되고 있다. 2010년까지 중국의 연평균 성장률은 8%를 초과할 것으로 예측되며, 2020년 중국의 GDP는 12.5조$로 미국을 넘어설 것으로 전망된다(문화체육관광부, 2010).

둘째, 중국 내 아웃바운드 관광시장이 지속적으로 성장세에 있다. 세계적 경기침체에도 중국인의 해외여행은 연 18%씩 성장률을 유지하고 있으며, 세계관광기구(UNWTO)는 2020년 중국인 해외관광객을 1억 명(세계 4위)으로 추정한 바 있다(문화체육관광부, 2010).

셋째, 휴가기간의 확대로 관광시장이 성장하고 있는 추세이다. 중국은 춘절, 노동절, 국경절 등 3번의 휴일을 각각 1주일로 연장하였다(오영주, 2009).

3. 중국인 관광객 소비분석

〈표 1〉에 제시된 바와 같이, 중국인 여행객의 소비는 쇼핑이 가장 높은 비율을 차지하는 것으로 나타났으며, 문화활동 관련 지출은 비교적 낮게 나타났다.

〈표 1〉 중국인 개별 여행객의 지출경비 현황 (단위 : USD)

분 류	항 목	2008년	2009년
중국 여행객 지출경비	쇼핑비	588	778.1
	식음료비	168	188.5
	교통비	63	53.9
	오락관련 지출	51	69.3
	문화관련 지출	9	18.8
	한국여행사 지불비	3	6.3
	운동관련 지출	4	3.9
	기타 비용	30	30.7
	총	1,132	1,418.8

출처 : 국가통계포털 KOSIS

한편, 중국인의 한국여행 시 불편사항을 살펴보면, 가장 불편한 항목이 의사소통의 문제로 나타났다. 물가 부문은 2008년에 비해 불편사항이 줄어든 것으로 나타났다(〈표 2〉 참고).

〈표 2〉 중국인 관광객의 한국여행 시 불편사항 (단위 : %)

항 목	2008년	2009년
언어소통	68.7	68.7
비싼 물가	41.6	24
교통혼잡	10.3	7.4
안내표지판	11.5	11.2
음식이 입에 맞지 않음	16.5	26.2
상품구입 강요	1.1	1.5
택시기사의 서비스	4.2	3.1

항 목	2008년	2009년
공항(해항) 출입국수속	3.6	–
대중교통 이용	2.9	–
음식점 서비스	1.6	–
대중교통 불편	–	4
화장실의 불결	–	–
환전	–	–
음식점의 불결	–	–
방한비자 취득	–	–
관광정보입수	–	5.7
숙박시설과 서비스	–	3.7

출처 : 문화체육관광부(2010)

4. 시장분석

국내 중국인 유학생 현황을 분석한 내용은 다음과 같다. 〈표 3〉에 제시된 바와 같이, 우리나라 전체 유학생 대비 중국인 유학생의 비율은 모든 학위과정에서 월등히 높은 수치를 보이고 있다. 뿐만 아니라 매해 중국인 유학생 수가 지속적으로 증가하고 있다(〈표 4〉 참고). 그리고 중국인 유학생을 대상으로 학업을 위한 체류기간, 거주기간 중 관광횟수 등을 조사한 결과, 단기 유학보다는 장기간 체류자가 더 많았으며, 학업 중 국내 관광경험이 있는 것으로 파악되었다(〈표 5〉 참고).

요컨대, 조기유학생 비율이 점점 늘고 있는 추세이며, 중산층 가정의 증가로 교육투자비용도 증가하는 것으로 나타났다.

〈표 3〉 2008년 학위과정별 중국인 유학생 수 현황 (단위 : 명)

구분	고등교육기관	일반대학	산업대학	전문대학	계
총계	40,585	21,114	2,208	4,591	68,498
중국	29,210(72.0%)	17,037(80.7%)	2,052(92.9%)	3,759(81.9%)	52,058

출처 : 한국교육개발원(2009)

〈표 4〉 연도별 중국인 유학생 수 현황 (단위 : 명)

연 도	2008	2009	2010
유학생 수	44,746	53,461	57,783

출처 : 교육과학기술부(2011)

〈표 5〉 국내 주둔 중국인 유학생 특성 (총 403명)

구 분	분류(명)	비율(%)
성 별	남(190) / 여(213)	47.1 / 52.9
연 령	24세 이하(324) / 25세 이상(79)	80.4 / 19.6
체류기간	2년 이하(272) / 2년 이상(131)	67.5 / 32.5
관광횟수	4번 이하(293) / 4번 이상(110)	72.7 / 27.3
방문기간	2일 이하(286) / 2일 이상(117)	70.9 / 29.1
체류상태	대학(원)생(259) / 교환학(연수)생(144)	63.3 / 36.7
월평균소득	8,000(위엔) 미만(231) / 8,000(위엔) 이상(172)	57.3 / 42.7

출처 : 염용춘(2010)

제3절 SWOT분석

다음은 상황분석 결과를 토대로 SWOT분석을 실시하여 핵심내용을 요약 정리한 것으로, 이를 토대로 도출된 문제점 및 해결방안을 제시하였다.

1. SWOT분석결과 및 시사점

1) 내부적 강점요인(Strengths)

첫째, 2000년대 들어 한국은 미국에 이어 중국 학생이 가장 많이 찾는 유학국 2위로 자리 잡았다. 둘째, 우리나라는 중국과의 지리적 인접성, 문화적 동질성을 가지고 있다. 셋째, 유학생 가족들에게 한국은 자녀의 유학 대상국이기에 방문 시 친숙한 느낌을 줄 수 있다. 넷째, 유학생은 한국관광에 있어 잠재가족관광객의 유인요인이 된다. 다섯째, 친인척방문과 관광이라는 측면의 겸목적 관광기회를 제공한다.

2) 내부적 약점요인(Weaknesses)

첫째, 서울이나 부산과 같은 국제관광지로 인지도가 어느 정도 구축된 지역을 제외하고는 외국인 환대 서비스 인식이 부족한 실정이다. 둘째, 과학적인 조사 및 연구 결과를 바탕으로 한 수요 파악과 이에 따른 관광상품 세분화 개발 수준이 미흡하다. 셋째, 지역별, 국가 차원에서의 대표 관광상품 브랜드 구축이 요구된다. 넷째, 교육비를 포함한 관광, 문화 등 여가활동을 위한 높은 물가는 체류 외국인 및 관광객에게 부담을 줄 수 있다.

3) 외부적 기회요인(Opportunities)

첫째, 일본 지진여파로 인한 대체 관광지로서 기회를 활용할 수 있다. 둘째, 중국의 경제발전과 더불어 중국인의 해외 관광수요가 급격히 증가하는 추세이다. 셋째, 한류로 대표되는 K-pop과 한국 드라마의 유행으로 한국에 대한 관심도 증가하고 있다. 넷째, 중국의 경제성장과 더불어 1자녀를 둔 가정에서 자녀 유학교육에 대한 관심도가 지속적으로 높아지고 있다.

4) 외부적 위협요인(Threats)

첫째, 국제 유가의 급등으로 인한 각종 물가 비용(의식주 비용, 항공권 등)이 상승하고 있다. 둘째, 유학시장으로써 영어권 국가가 더욱 강세를 보이고 있다(예를 들어 호주, 뉴질랜드, 필리핀 등). 셋째, 낮은 서비스 수준 및 상품 강매로 대표되는 기존 중국관련 여행사들의 부정적인 이미지가 잔존하고 있다.

5) SWOT 결과분석에 따른 시사점

이러한 내용으로 말미암아 중국인 유학생 가족관광객을 유인하기 위해서는 중앙정부 차원에서 제도적 지원을 실시해야 할 것이며, 민관협력 및 지역 간 협력이 요구된다. 뿐만 아니라 잠재적 성장가능성이 큰 이 시장을 확보하기 위해서는 기본 관광인프라 확충에도 심혈을 기울여야 할 것이다. 마지막으로 방문객의 흥미를 불러일으키고 만족도를 고취시키기 위해서, 관광지의 독특한 이미지 창출과 관광객 유인을 위한 별도의 관광상품을 개발해야 할 것이다.

2. 문제점 및 해결방안

다음은 중국인 유학생 가족관광객을 유인하는 데 있어, 도출된 문제점을 해결할 수 있는 구체적 방안을 제시한 것이다.

우선, 높은 교육비 지출로 인해 유학생 가족들의 관광기회가 축소될 수 있다. 따라서 관광 포인트 제도를 도입하여 관광기회를 확대시키는 것이 필요하다.

다음으로 이들 관광객을 위한 특색 있는 관광상품이 부재한 상황인데, 체험이벤트분야를 강화한 상품을 개발하여 독특하고 기억에 남을 만한 경험을 제공해야 할 것이다. 이러한 일환으로 관광상품의 콘텐츠를 보강하는 방안을 고려해볼 수 있는데, 스토리가 있는 여행상품을 개발하는 것도 좋은 방안이 될 것이다. 대중적이지 못한 전통공연을 현대화된 전통공연으로 개최하여 보다 한국적이고 진정성을 전달할 수 있는 관광상품을 개발하고자 노력해야 한다.

한편, 빈약한 인프라에 비해 비싼 물가는 극복해야 할 과제인데, 이러한 비용을 보상할 수 있는 각종 할인 이벤트를 개최하여 물리적으로나 심리적으로 지불비용 대비 효용을 높일 수 있어야 한다. 이는 다시 방문하고 싶은 관광목적지로서의 한국의 이미지를 관광객의 마인드에 포지셔닝하는 데 효과적일 것이다.

제4절 유치 방안

다음은 앞서 언급한 할인이벤트, 체험상품, 한국적인 관광상품 개발을 통해 중국인 유학생 가족관광객을 유치하기 위한 구체적인 방안 내용이다.

1. 관광포인트 카드 발급

- 배경 : 중국 유학생들은 한국에서 공부를 하면서 등록금이나 학원비 등의 기타 교육비로 많은 비용을 소비하고 있다. 그러나 대부분의 중국 유학생들은 실질적으로 관광에 투자하는 돈은 그와 상반되게 현저히 낮은 수준이다(진평, 2007).
- 구성방안 : 유학생들은 대학교 등록금, 어학교육비 등 유학생활 동안에 고정적인 교육비 지출을 하게 된다. 이에 비례해서 5% 내외의 포인트를 적립해주고 이를 가족들과 함께 사용할 수 있도록 만든다. 이 포인트는 항공료, 입장료, 숙박시설, 서비스 등 관광에 필요한 요소들에 적용시켜 할인해주도록 하는 것이다.

  유학생들에게 교육비는 필수불가결한 지출이지만 이 제도를 도입함으로써 그들에게 국내관광에 대한 관심과 기회를 확대시킬 수 있다.

[그림 1] 관광포인트 카드 개념도

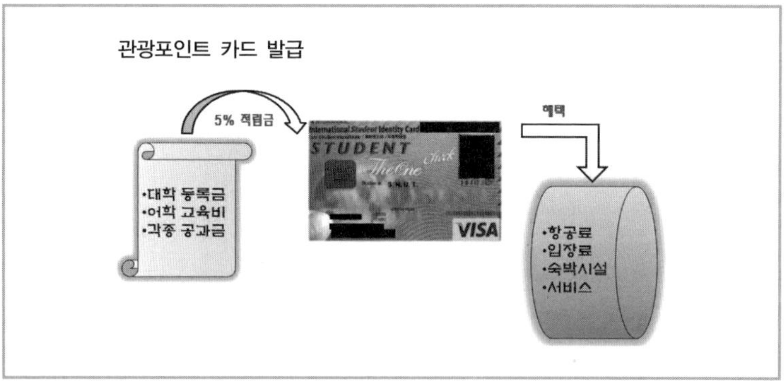

- 예상결과 : 유럽이나 호주 등 해외 여러 나라에서는 교통, 음식점, 호텔과 같은 시설을 보다 저렴한 가격에 이용할 수 있도록 하기 위한 패키지 유형의 관광카드가 발급되고 있다. 가장 활용도가 높은 카드는 유로패스나 데일리 요금제와 같은 교통편을 위한 것인데, 일정 비용을 선지불하고 구입하는 방식이다. 반면, 본 제안서에서 논의된 관광포인트 카드는 고정비로 지출되는 유학비용 및 체제비를 포인트로 전환하여 유학생 및 유학생 가족이 보다 저렴한 비용으로 관광할 수 있게 해준다는 점에서 기존의 패키지카드나 선지불카드와 다르고, 비용 혜택 또한 높기 때문에 수요의 확대가 예상된다.
- 고려사항 : 위와 같은 제도를 이행하기 위해서는 우선 유학생 및 중국에 거주하는 유학생 가족들이 관광에 대한 관심을 갖도록 한국관광에 대한 홍보가 이루어져야 할 것이다. 이를 위해서, 관광계층의 구체적인 수요요구와 만족도 등을 조사해야 한다. 〈표 5〉에서 제시된 바와 같이, 같은 남녀의 비율, 연령, 체류기간, 관광횟수, 월평균소득 등의 데이터를 설문을 통해 추출하고, 이를 참고하여 효과적인 마케팅을 실시해야 한다. 구체적으로 신문, 자가용 교통라디오 광고, 잡지, 트위터 등의 커뮤니티 후기 작성, 기존 고객의 메일, 홈페이지 이벤트 등을 통해서 타깃별 마케팅을 실시하되, 20~30대 유학생의 개인가치관, 수입, 외재요인 등을 더 세분화시키고, 취미 성향에 따른 맞춤 정보제공이 이뤄져야 한다. 데이터 추출의 경우 중국을 세분화시켜 조사할 필요가 있다. 중국은 국토가 워낙 넓어 지역마다 중국인의 특징이 다르다. 중

국의 남방과 북방이 다르고 내륙과 해안지역이 다르다. 북방 사람은 성격이 거칠고, 소탈하다. 그러나 남방 사람은 영리하고 섬세하며 부드럽고 재치가 있다. 황하 이북의 북방지역은 지나치게 침착한 반면에 적극적이지 못하다. 장강 유역을 중심으로 한 남방은 비교적 열정적이고, 개척정신이 강하다. 정리하면, 연해지방의 중국인은 내륙의 중국인에 비하여 안목이 넓고 마음 씀씀이가 크며 상업적 재능과 모험정신도 특출하다. 본질적으로 북부 중국인들은 정복자의 기질을 가지고 있고, 남부 중국인들은 장사꾼 기질을 가지고 있다. 더 나아가 화북 지방의 북경, 천진, 하북, 산서, 내몽고, 동북지방의 요녕, 흑룡강, 길림, 화동지방의 상해, 산동, 강소, 절강, 강서, 복건, 화중 · 화남 지방의 하남, 호북, 호남, 광동, 광서, 서남지방의 사천, 귀주, 운남, 서장, 서북지방의 섬서, 감숙, 영하, 청해, 신강 등으로 나눌 수 있음을 고려해야 한다.

2. 두 번째 프러포즈

- 개념 : 2번째 프러포즈는 중국인 유학생 가족 관광객을 대상으로 전통혼례를 통한 결혼기념일 이벤트(예를 들어, 금혼식, 은혼식) 및 여행서비스를 동시에 제공하고자 하는 취지의 문화관광이다.
- 구성방안 : 유학생 자녀를 둔 가정 부모의 연령층은 50대 전 · 후반으로 결혼기념일 행사를 국내에서 전통혼례로써 진행하게 하고, 여행서비스까지 제공하는 이벤트를 개최하고자 한다.

〈표 6〉은 금혼식(金婚式)과 은혼식(銀婚式)의 식순이다. 금혼식이란 결혼기념일은 부부가 결혼한 날을 기념하여 축하하는 날로써, 19세기 영국에서 시작되었다(두산백과사전). 주로 유럽의 그리스도교 국가에서 매년 결혼한 날에 축하예배를 하던 것에서 유래된 풍습이다. 결혼 50주년을 기념하는 금혼식은 25주년 기념일인 은혼식과 함께 대표적인 결혼기념일 행사이다. 금혼식과 은혼식 행사 때는 결혼식 때 참석했던 손님들을 초대해서 파티를 열고, 부부는 신랑 · 신부로 불리며 각자 결혼식 때 사용했던 물건을 한 가지씩 몸에 지닌다. 금혼식 때 신랑은 신부에게 순금으로 된 물건이나 보석을 선물로 주고, 은혼식 때에는 은으로 된 물건이나 보석을 선물로 준다. 또한 가족과 친구들도 신부에게 기념품과 꽃을 준다. 자손들은 이 두 분께 혼례를 다시 올려 드리고 축하함으로써 존경심과 감사와 사랑을 표현하는 효 실천의 의미가 강하다.

〈표 6〉 금혼식 및 은혼식 식순

	식 순
금혼식	개식사 – 화촉점등 – 신랑 입장 – 신부 입장 – 손 씻기 – 교배례[1] – 합근례[2] – 예필철상[3] – 퇴장
은혼식	신랑신부 입장 – 가족소개 – 약력소개 – 부모님에 대하여 감사의 인사 – 부모님께 드리는 글 및 답사 – 효도 서약서 – 선물 증정 – 축하 케이크 절단 및 샴페인 오픈 – 축가 및 축배 – 행진 – 기념사진 촬영 – 식사 – 여흥시간 – 폐회

1) 재래식 혼인 때 초례상(醮禮床) 앞에서 신랑 · 신부가 절을 주고받는 절차
2) 한국 전통결혼식의 대례(大禮)에서 잔을 주고받는 절차
3) 예를 마치고 초례상을 치우는 절차

[그림 2] 금혼식 및 은혼식 장면

한편, 결혼기념일을 위한 선물도 기획해 볼 수 있는데, 기간별 기념물의 종류는 〈표 7〉과 같이 구분될 수 있다(선물가게). 결혼 1주년은 아직 초보자로 종이에 먹물도 마르지 않은 상태와 같아 서로 간에 조정의 시기를 의미하여 지혼식이라 부르며, 종이제품을 기념물로 사용한다. 2주년은 고혼식으로 이제 겨우 의사소통이 이루어진 상태로 한쪽이 너무 힘을 주면 끊어진다는 의미가 있으며, 짚이나 실을 기념물로 사용한다. 하얗게 빛나는 은쟁반에 서로의 얼굴을 비추니, 비친 얼굴에 풍상세월 흔적은 남아도 거울 같은 은쟁반에 마음까지 비친다는 결혼 25주년은 은혼식이라 하고, 반백 세월을 같이하였으니 서로가 금과 같이 귀한 사람이라는 50주년은 금혼식, 날로 자라는 다이아몬드와

같아서 주위의 부러움을 한껏 받고도 고귀함에 고개 숙여 존경과 찬사를 받기에 부족함이 없다는 금강혼식은 다이아몬드혼식이라고도 하며 결혼 60주년을 축하한다.

〈표 7〉 결혼기념일 명칭 및 기념물

기 간	명 칭	결혼기념물
1주년	지혼식	종이제품
2주년	고혼식	밀짚, 면제품
3주년	과혼식	사탕, 과자 등
4주년	혁혼식	가죽제품
5주년	목혼식	나무제품
6주년	철혼식	철제품
7주년	화혼식	꽃
8주년	청동혼식	동제품
9주년	도기혼식	도기
10주년	주석혼식	주석제품
12주년	명주혼식	실크제품
13주년	수혼식	레이스제품
14주년	상아혼식	상아제품
15주년	수정혼식	크리스털제품
20주년	도자기혼식	도자기류
25주년	은혼식	은제품
30주년	진주혼식	진주제품
35주년	산호혼식	산호제품
40주년	녹옥혼식	루비제품
45주년	홍옥혼식	사파이어제품
50주년	금혼식	금제품
55주년	비취혼식	에메랄드제품
60주년	금강혼식	다이아몬드제품

출처 : 선물가게

[그림 3] 결혼기념물의 예

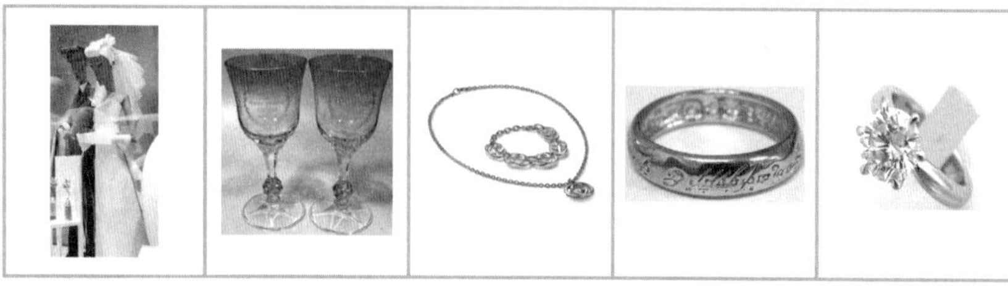

종이제품 (1주년)	크리스털 잔 (15주년)	은제품 (25주년)	금제품 (50주년)	다이아몬드반지 (60주년)

- 예상결과 : 이를 통해 인상적인 한국관광을 체험할 수 있고 그에 따라 한국관광에 대한 이미지 상승 및 재방문 가능성이 높아진다.
- 고려사항 : 세계 및 한국 풍의 다양한 결혼 이벤트 체험을 기획한다. 뿐만 아니라 결혼과 효도라는 테마로 옛 유교전통을 완고히 보전해온 한국의 유교정신과 문화체험이 가능하도록 프로그램을 기획한다. 중국의 경우, 부모가 자식을 양육하고 보호하는 것에 초점이 맞춰져 가족관계가 형성되어 왔으나, 자식이 효로써 부모님의 은덕을 보답하는 마음을 기르는 것을 강화하여, 부모 · 자식 간의 관계를 돈독하게 만드는 교육적인 요소를 염두에 두고 기획한다.

3. 한복이 살아 있다(전통문화공연 및 한복체험)

- 개념 : 이 프로그램은 가족과 함께 한국전통의 멋인 한복을 보고 입어보는 공연 및 체험 프로그램이다.
- 구성방안 : 방문객의 축제참여 기회 제공 및 각종 공연을 통한 내

국인과 외국인의 문화적 공감대 형성의 장을 마련한다. 대표 공연 프로그램(가칭 : "Enjoy Fam!")을 주요 골자로 '청소년 한국무용공연', '신바람 풍물 한마당', '개량한복 공모전 우수작 패션쇼', '한복을 사랑한 비보이', 'I LUV 한복 퀴즈대회', '외국인 한복 패션쇼', '우리 소리 전통악기 연주회', '樂, 그리고 한복'(rock 공연), '우리는 하나 – 방문객 참여 레크리에이션', '우리 멋, 우리 이야기'(전래동화 연극 : '심청전', '해님, 달님' 등), '너도 나도 강강술래', '한복의 달인 선발대회', '도전! 한왕!'(한복모델 경연대회), '오늘의 베스트 & 워스트 패션' 등을 기획하여 본다.

[그림 4] 프로그램의 예

〈개량한복 공모전 우수작 패션쇼〉

〈한복을 사랑한 비보이〉

〈신바람 풍물 한마당〉

〈우리 ㅋ멋, 우리 이야기〉
(전래동화 연극 '심청전')

- 예상결과 : 관광객에게 축제 참여의 기회를 제공함에 따라 내국인과 외국인의 공감대가 형성되어 한국관광에 대한 긍정적인 이미지를 심을 수 있다.
- 고려사항 : 한복의 아름다운 점은 동정, 깃은 직선과 사선의 아름다움, 버선코 닮은 섶코의 앙증맞음, 한옥의 처마선과 닮은 도련의 멋, 오방색을 이용한 색깔의 아름다움, 답답하지 않은 넉넉한 멋을 들 수 있다. 이는 한복의 첫 번째 장점이다. 둘째로, 한복은 건강을 지켜주는 옷이다. 한복은 평면재단으로 넉넉하게 만들어 몸을 조이지 않으므로 건강에 아주 좋다. '가슴 위는 차게, 배꼽 아래는 따뜻하게 하여야 건강하다'는 한방의 이론에 잘 맞으며, 목 부위는 시원하게 터주고, 허리끈과 대님으로 겨울의 찬바람을 막아준다. 또 '삼음교'라는 경혈자리에 대님을 묶어 비뇨기과 계통의 건강을 돕는다. 셋째로, 한복은 더불어 사는 옷이다. 넉넉한 품과 허리로 키만 비슷하면 내 옷 네가 입고, 네 옷 내가 입을 수 있는 옷이다. 넷째로, 한복은 몸을 감춰준다. 한복은 넉넉한 옷으로 뚱뚱하거나 마른 체형을 감춰주어 신체의 부끄러움을 감춰주며, 체형의 변화가 생겨도 아무 문제없이 입을 수 있다. 이러한 한복의 장점에 중국인이 선호하는 색상인 승리와 정열을 뜻하는 붉은색과 황금색을 수놓은 한복, 복주머니, 관 등의 기념품을 제작 및 판매할 수 있다.

4. J－섬 상의 아리아

- 배경 : 중국인 유학생 가족을 대상으로 사랑의 스토리가 있는 전라남도 섬 순환 코스 여행을 제공한다.
- 구성방안 : 다도해로 유명한 남도의 크고 작은 섬을 활용하여 관광코스를 기획한다. 가족의 사랑을 표현한 사랑의 스토리가 있는 남도 섬 투어는 타국에서 유학 중인 자녀와 부모가 해우하여 가족의 사랑을 확인하고 친목도모를 위해 적합한 장소일 것이다. 구체적인 프로그램으로는 스마트폰을 활용한 사진 촬영, 동영상 가족앨범 콘테스트 등을 고려할 수 있다. 방문가능한 섬으로는 섬의 명칭과 가족사랑의 테마를 결합시켜, 애증도(신안 증도에서 사랑과 미움을 확인하고 마음 열기), 애달도(愛달도 : 목포 외달도에서 가족사랑 재확인), 청산도(聽音도 : 완도 청산도에서 사랑의 소리 듣

[그림 5] J－섬 상의 아리아 코스

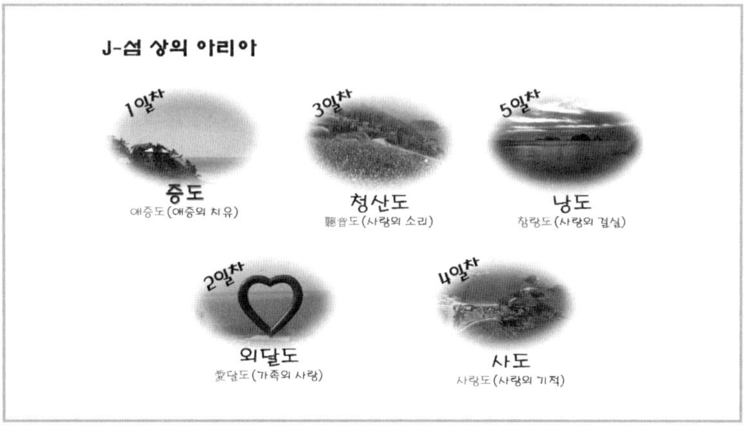

기), 사랑도(여수 사도에서 사랑의 기적을 체험), 참랑도(여수시 낭도에서 참사랑의 결실 맺기)의 순환코스를 기획한다.

- 예상결과 : 타국에서의 가족상봉을 기념하고, 사랑의 스토리가 있는 섬 순환 코스 형태의 관광으로 가족 간의 사랑을 재확인하는 특별한 경험을 통해 한국여행의 만족감을 가져다줄 것이며, 국내 유학생활에의 긍정적인 반응을 이끌어내고, 나아가 지인들에게 자연스럽게 우리나라 여행을 추천할 가능성이 높아질 것으로 예상된다.
- 고려사항 : 중국인의 여행성향에서 첫 여행은 단체여행의 형태를 보이며, 여행 후 취향에 따라 방문 목적을 정하는 패턴이 대부분이다. 이는 개인비자 신청 및 타국에서의 언어장벽이 큰 비중을 차지하기 때문에 개별 여행보다 비중은 조금 작지만 더욱 중요하다고 볼 수 있다. 보편적인 한국여행 4박 5일 코스로 구성하여 제주도나 서울에서의 운항코스를 생각해볼 수 있다. 여행코스 내부에는 단체관광의 특성상 한국어에 익숙지 않으므로, 중국어, 영어, 일본어 등이 함께 기재된 안내표지판이 충분히 설치되어야 한다. 다른 사람의 인격도 존중해주고 다른 사람으로 하여금 자신의 인격도 존중받기를 원하는 중국 사람들의 체면 중시 특성도 고려해야 한다. 주말할인, 시즌할인, VIP 관광 코스 등 등급별로 세분화된 서비스를 마련하여 원하는 서비스 수준의 비용을 치르고 만족스러운 여행이 될 수 있도록 유도한다. 또한 여행 사이에 지루하지 않도록 30분 간격으로 선내 이벤트를 개최하고, 차량이동 시에는 한 번에 최대 2시간이 넘는 이동은 자제하며, 도보로 돌아다니

는 코스에 중점을 둔다. 도시문화에 익숙한 젊은 층은 이마저도 지루해할 수 있기에, 한국의 생활문화인 전통 한옥과 궁궐 등에서 중국과 비슷하면서도 다른 점을 찾음으로써 흥미를 느끼도록 유도한다. 예를 들면, 안동 하회탈 마을과 같이 중국에서도 볼 수 없는 것과 효도와 인간의 정으로 대표되는 모르는 사람이 길을 물어봐도 같이 걸어주는 사소한 것에서 느끼는 감동과 인간미 넘치는 문화 등을 소개할 수 있다.

5. 소셜커머스

- 개념 : 관광상품을 판매하는 소셜커머스(Social Commerce)를 개설하고, 장기체류를 위한 대대적인 할인이벤트를 실시하고자 한다.
- 구성방안 : 소셜커머스의 상품을 묶어 호텔, 음식점, 관광지 등 여러 분야에 걸쳐 할인하는 대규모 이벤트성 상품 판매를 실시한다. 초기 모객이 이뤄지면 30% 할인 이벤트를 통해 국내로 관광객을

[그림 6] 소셜커머스 개념도

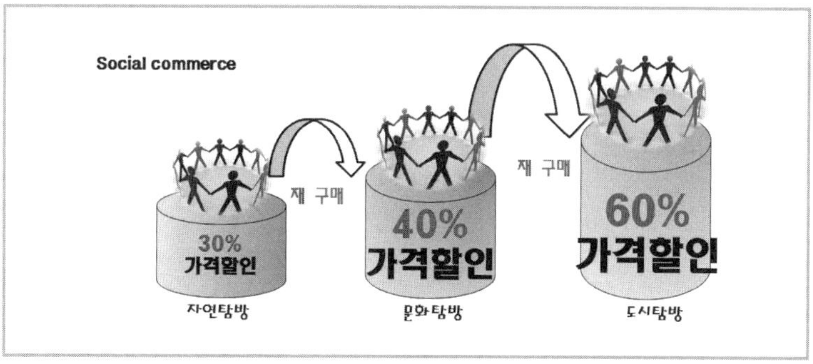

유입시키고, 그 관광객들에게 40%의 단계적인 할인판매 이벤트를 하여, 최고 60%까지 할인하는 이벤트로 장기체류 관광객을 늘리는 전략을 수행한다.

- 결과예상 : 이를 통해 저렴하게 관광상품을 제공할 수 있고 그에 따라 관광객들이 장기체류할 가능성이 높아진다. 모객의 대상이 가족이므로 높은 수익을 기대할 수 있다.
- 고려사항 : 소셜커머스는 주로 중국인을 대상으로 한 식당에서 우선 시행되어야 한다. 한국여행에 있어 언어소통이 힘들고, 음식이 입에 맞지 않음이 주된 불만사항임을 고려하여, 중국인의 입맛에 맞는 고급식당의 운용 또한 필요하다. 중국인의 경우, 일반적인 한국식인 탕과 깍두기는 대접이라 생각하지 않는 문화적 차이를 고려하여 실제로 중국인이 무엇을 원하는지 조사하고 음식의 맛과 인테리어 등을 개선한 관광식당 서비스가 필요하다. 구체적으로 중국인은 만만적(慢慢的) 사상으로 매사에 바쁘지 않고 참착하게 행동하여 식사 한번에 2시간여를 소비한다. 또한 많고 큰 것을 좋아하기에 다양한 메뉴와 많은 인원을 수용할 수 있는 대형 식당의 규모가 요구되며, 뜨거운 음식과 음료, 기름기 있는 고기와 도수 높은 술을 선호하기 때문에, 이러한 서비스를 고려하여 소셜커머스를 통한 적정가가 제시되어야 한다. 소셜커머스의 할인율에 있어서 중국인은 홀수보다는 짝수를 좋아하고 특히 부를 뜻하는 한자와 발음이 비슷한 숫자 8을 좋아하기 때문에 숫자 8을 적극 활용하며, 중국인 맞춤 상품코스개발을 통해 좋은 대접을 받기 원하는 중국인에게 원하는 서비스를 제공하도록 한다.

제5절 맺음말

중국이 주요 2개국(G2)으로 부상하면서 비자 발급 등 중국인 유학에 대한 규제가 완화되고, 중국의 취업난이 심화되면서 해외 유학을 통해 영어실력과 경력을 쌓으려는 젊은이들도 부쩍 늘고 있다. 2000년대 들어 한국은 미국에 이어 중국 학생이 가장 많이 찾는 유학국 2위에 올라섰다. 교육과학기술부 통계에 의하면, 국내 중국 유학생은 2003년 5,607명, 2004년 8,677명, 2005년 12,312명, 2006년 19,160명, 2007년 33,650명, 2008년 44,746명, 2009년 53,461명, 2010년 57,783명으로 크게 증가하고 있다(교육과학기술부, 2011). 5~6년 전까지만 해도 중국에서 해외 유학은 고위층이나 부유층 자녀들의 전유물이었다. 그러나 최근에는 중산층 자녀들이 대거 해외 유학파에 합류하면서 '평민화' 추세가 두드러지고 있다. 또 과거에는 외국 대학원 진학을 희망하는 대졸자 유학생이 주류를 이루었으나, 최근 들어서는 10대 조기 유학생 비율이 점점 늘고 있다. 중산층 자녀들의 해외 유학 증가는 중국인의 소득 수준이 향상되면서 자녀교육에 투자하려는 부모들이 많아지고 있기 때문이다.

이러한 상황에서 한국은 비용적 측면에서 미국이나 일본 등 국가보다 상대적으로 저렴하다. 또한 중국에 진출하는 한국기업이 증가하고 인력의 현지화 차원에서 많은 중국 학생들을 고용하고 있어, 한국기업에 취업하기 위한 사전 준비단계로 한국 유학을 선택하는 중국 학생들 역시 많아지고 있다.

이에 우리나라는 중국과의 지리적 인접성, 문화적 동질성을 바탕으로 유학생 가족들이 자녀가 있는 나라를 친숙하게 느낄 수 있다는 점을 활용하여 중국인 유학생 가족 관광객 유치를 위한 적극적인 마케팅 활동을 실시해야 한다. 이를 위해서는 앞서 언급한 중국 관광객의 방한 문제점에 관한 해결책을 구축해 나감과 동시에 유학생과 그 가족들에게 한국에 대한 좋은 이미지를 심어주어야 한다. 유학생들의 마인드에 포지셔닝된 한국의 긍정적 이미지는 향후 한·중 국제교류증진 및 관광산업진흥을 위한 밑거름이 되기 때문이다.

경기도박물관(2012). 『사람, 역사, 문화가 살아있는 산성도시 남한산성』. 남한산성문화관광사업단.

국토연구원(2004). 「동북아관광거점 육성전략에 관한 한 · 중 · 일 국제세미나 : 4·15 총선 공정보도를 위한 편집기자 · 사진기자의 역할」.

김도연 · 오혜경(2006). "북촌한옥 각 실의 용도 및 공간변화 특성에 관한 연구".

김명선(2008). "방한 중국인 관광객 현황분석 및 대응전략에 관한 연구". 『경기관광연구』. 12 : 66-82.

김언호 · 이재성(2008). 『헤이리, 꿈꾸는 풍경』. 한길사.

김진탁(1999). "일본의 국제관광정책 변화 추이에 관한 고찰". 『대한관광경영학회』. 13 : 179-202.

김창남(2010). 『대중문화의 이해』. 한울.

김현주(2009). "일본의 중국인 관광객 유치현황과 정책 추진방안". 『한국관광정책』. 36 : 127-130.

김호석(1998). 『스타 시스템』. 삼인.

김흥식(2009). "경기도의 대중국 관광마케팅 전략 연구". 경기개발연구원.

남기범(2005). "IT의 일상에 따른 문화공간과 관광의 변화". 정보통신정책연구원.

문화체육관광부(2010). "2009년도 외래관광객 실태조사 국가별 보고서 II".

문화체육관광부(2010). "관광동향현황 자료목록 2008-2009".

문화체육관광부 · 한국문화관광연구원(2009). "해외 주요국가의 중국인 관광객 유치정책 사례연구".

문화체육관광부 · 한국항공진흥협회(2009). "중국인 관광객 유치확대를 위한 중국 해외여행 시장조사".

박상곤 · 김상태 · 한숙영(2010). “방한 외래관광객 체류기간의 결정요인”. 『관광학연구』. 34(3) : 261-282.

신명직(2003). 『모던 보이 경성을 거닐다』. 현실문화연구.

신용석 · 김현(2007). “해외관광정책 사례연구 II(호주와 일본을 중심으로)”. 한국문화관광연구원.

신주미(2010). “중국인 해외관광 선택속성의 중요도 및 가격민감도 분석”. 한국항공대학교 대학원 석사학위논문.

야은숙(2005). “신 문화관광으로서 한류관광의 지속 발전 방안 연구”. 『관광정책학연구』. 11(3).

양승훈(2009). “관광마케팅 툴로서 대중스타”. 『호텔경영학연구』. 18(2).

염용춘(2010). “중국유학생들의 한류인식 관광지 선택속성에 관한 연구”. 배재대학교 관광경영대학원 석사학위논문.

오민재 · 이후석 · 양승용(2009). “국외 관광목적지 속성에 따른 시장세분화와 포지셔닝 연구”. 『관광연구저널』. 2(1) : 89-109.

오영주(2009). “中 국경절에 중추절 8일 연휴… 여행 늘고 결혼 붐”. KOTRA 동향자료.

옥선희(2009). 『북촌탐닉』. 푸르메.

왕닝(2004). 『관광과 근대성』(이진형 · 최석호 역). 일신사.

유지윤(2005). 『중국관광 유치확대 지원 방안』. 한국문화관광연구원.

이경희 · 박문수(2011). 『일본지진 이후 중국인 관광객 방한 수요 변화와 정책방향』. 산업연구원.

이기백(1985). 『한국사신론』. 일조각.

이양수(2011). “방한 중국인 관광객 시장세분화에 따른 효과적인 관광객 유치전략과 정책수립에 관한 연구”. 한국관광학회 제69차 제주관광학술대회 발표논문.
이찬도(2009). “아시아 시장에서 엔터테인먼트 콘텐츠 수출의 OSMU 효과분석”. 『통상정보연구』. 9(1).
이현군(2009). 『옛 지도를 들고 서울을 걷다』. 청어람미디어.
장병권 외(2010). “중국인 관광객유치를 위한 관광수용태세 개선방안”. 한국문화관광연구원.
蔣飛菲(2009). “한류가 관광지이미지와 관광만족에 미치는 영향 : 방한 중국인 관광객을 대상으로”. 동국대학교 대학원 석사학위논문.
장양례 외(2004). “한류가 한국관광이미지에 미치는 영향에 관한 연구”. 『관광경영연구』. 20.
전동매(2006). “중국 관광객 유치전략에 관한 연구”. 『한국동북아농촌』. 39 : 141-165.
정기은(2010). “중국 아웃바운드시장 변화에 따른 효과적인 중국인 관광객 유치선략에 관한 연구”. 『중국연구』. 48(3) : 479-503.
진평(2007). “중국유학생들이 지각하는 한국의 관광목적지 이미지에 관한 연구”. 대구대학교 대학원 석사학위논문.
최경은(2007). “중국인의 방한관광에 대한 한류의 영향”. 『대한지리학회지』. 42(4).
최석호(2003). “세계화와 여가의 사회적 의미 : 2002 한일 월드컵을 중심으로”. 『관광학연구』. 26(4).
최석호(2004). “Giddens의 근대성이론으로 분석한 한국의 관광자원개발과정”. 『관광학연구』. 28(1).
최석호(2006). “관광의 세계화 : 유산관광개발 한영 비교사례연구”. 『관광학연구』. 30(3).

최석호(2006). 『한국사회와 한국여가－근대적 대중여가의 형성과 문명화』. 한국학술정보.

최석호(2008). "관광패러다임 전환과 제3의 길로서 네오투어리즘". 『관광학연구』. 32(1).

한국관광공사(2008~2009). "2007-2008 외래관광객 실태조사 국별보고서(중국)".

한국관광공사(2010). "2009 한국관광통계".

한국관광공사(2010). "2009년 중국인 단체관광객 방한여행실태조사".

한국관광공사(2010). "중국관광소비자 마케팅조사－2차 시장 발굴을 위한 조사".

한국교육개발원(2009). "교육기본통계조사 보도자료".

한국문화관광연구원(2010). 『2009 외래관광객 실태조사』. 한국문화관광연구원.

한승엽 · 김흥렬 · 윤설민 · 장윤정(2007). "관광지 매력을 바탕으로 한 관광객 시장세분화 연구". 『관광연구저널』. 21(2) : 159-174.

황호원(2008). "중국인 관광객 유치전략에 관한 연구". 『항공진흥』. 47 : 152-176.

Calinescu, M.(1998). 『모더니티의 다섯 얼굴』. 시각과언어.

Rojek, C.(2002). 『포스트모더니즘과 여가』(최석호 · 이진형 역). 일신사.

Burns, John(2010). *Invent the Future : The New Normal for Hotels in 2010 and Beyond*. AMADEUS.

CNNIC(2011). *Statistical Report on Internet Development in China*.

Cohen, Erik(1972). "Towards a Sociology of International Tourism". *Social*

Research. 39(1) : 164-182.

Cohen, Erik(1979). "A Phenomenology of Tourist Experiences". *Sociology*. 13(2) : 179-201.

Delanty, G.(2000). *Modernity and Postmodernity*. Sage.

Giddens, A.(1990). *The Consequences of Modernity*. Polity.

Goodrich J. N.(1977). "Benefit Bundle Analysis : An Empirical Study of International Travelers". *Journal of Travel Research*. 16(Fall) : 6-9.

ITB(Dec. 2010). *World Travel Trend Report 2010/2011*.

Lui, Vincent, Vincent Kuo, Justin Fung, Waldemar Jap & Hubert Hsu(2011). *Taking Off : Travel and Tourism in China and Beyond*. The Boston Consulting Group.

MacCannell, Dean(1976). *The Tourist : A New Theory of the Leisure Class*. Schocken.

Plog, S. C.(1974). "Why Destination Area Rise and Fall in Popularity". *Cornell Hotel and Restaurant Administration Quarterly*. 14(4) : 55-58.

Smith, Valene L.(ed.)(1977). *Hosts and Guests : The Anthropology of Tourism*. University of Pennsylvania Press.

UNWTO(17 Jan. 2011). "International Tourism 2010 : Multi-Speed Recovery".

Urry, John(1990). *The Tourist Gaze : Leisure and Travel in Contemporary Societies*. Sage.

Yeoman, Ian(2008). *Tomorrow's Tourist*. Elsvier Science.

Yi, Jinan(2004). "Is 798 a Cultural Petting Zoo?" Zhu Yan. *798 A Photographic Journal*. Timezone 8.

798 藝術區 建設管理與公室(2011). 『最北京 798指南 2011-2012』. Timezone 8.

孫鐵(2011). 『중국사 산책』(中國史散策)(이화진 역). 일빛.
日本政府観光局(2010). 「JNTO 日本の国際観光統計 2009」.
日本政府観光局(2011). 「JNTO 訪日外客訪問地調査 2010」.
日本国土交通省観光庁(2010). 「訪日観光プロモーションの推進(都道府県等観光主管部長会議説明要点)」.
张廣瑞, 刘德谦, 宋瑞(2007). 『2007年 中国旅游发展分析与预测』. 社会科学文献出版社.
张廣瑞, 刘德谦, 宋瑞(2008). 『2008年 中国旅游发展分析与预测』. 社会科学文献出版社.
张廣瑞, 刘德谦, 宋瑞(2009). 『2009年 中国旅游发展分析与预测』. 社会科学文献出版社.
张廣瑞, 刘德谦, 宋瑞(2010). 『2010年 中国旅游发展分析与预测』. 社会科学文献出版社.
머니투데이(2011.5.5). "국토부 스마트폰 인문지리정보 코스모스 개발".
제주투데이(2011.5.9). "제주지리 어플리케이션, 왜 아이폰만?"
조선닷컴 · 삼성경제연구소(2011.5.11). "5천만 신 소비자, 중국인 관광객".
중앙일보(2011.1.16). "유튜브 한국 동영상 229개국서 8억 회 조회".
한국경제(2011.2.7). "엔써즈 숨피닷컴 인수".
교육과학기술부 대학알리미 http://www.academyinfo.go.kr/mainAction.do?process=load
두산백과사전. http://www.doopedia.co.kr
선물가게. http://www.giftsos.co.kr
숨피닷컴. http://www.soompi.com
티켓링크. http://www.ticketlink.co.kr

한국관광공사. http://www.visitkorea.or.kr
한국수출입은행. http://www.koreaexim.go.kr
PATA. http://www.pata.org
日本政府観光局. http://www.welcometojapan.or.kr/index.html
日本国土交通省 観光庁. http://www.mlit.go.jp/kankocho/ ko/index.html
中华人民共和国国家旅游局. http://www.cnta.com/
中华人民共和国国家统计局. http://www.stats.gov.cn/index.htm
中国出境旅游发展年度报告(2007-2008). http://abroad.lotour.com/n/20090226/n3 52049.shtml
中国出境旅游发展年度报告(2009-2010). http://travel.sohu.com/20100318/n270930347.shtml

저 · 역자 소개

책임편집

최석호 레저경영연구소 소장

저자

장광루이(張廣瑞) 중국사회과학원 교수
왕닝(王寧) 중국 중산대학교 경영대학 교수
김진곤 문화체육관광부 서기관
박정주 레저경영연구소 연구실장
이양수 부산대학교 관광컨벤션학과 교수
전선경 레저경영전문대학원 레저경영MBA
최석호 레저경영연구소 소장

지도교수

김영미 목포대학교 관광경영학과 교수
문보영 을지대학교 여가디자인학과 교수
최석호 레저경영연구소 소장

역자

황비 서울과학종합대학원대학교 교수

중국인 관광객 300만 명 유치 학관연계사업

주최 문화체육관광부
주관 한국관광학회
대상 이현일 · 한진희 · 신은혜 · 오솔잎 · 김민지 · 윤희진(지도교수 문보영)
금상 이성민 · 이진환·백민서(지도교수 최석호)
금상 이동혁 · 안병수·김민(지도교수 김영미)

중국인이 몰려온다!

-천만 관광객 시대의 한국관광-

2012년 12월 10일 초판 1쇄 인쇄
2012년 12월 15일 초판 1쇄 발행

편저자 최 석 호
발행인 寅製 진 욱 상

발행처 백산출판사

서울시 성북구 정릉3동 653-40
등록 : 1974. 1. 9. 제 1-72호
전화 : 914-1621, 917-6240
FAX : 912-4438
http://www.ibaeksan.kr
editbsp@naver.com

값 12,000원
ISBN 978-89-6183-656-2